領土問題から「国境画定問題」へ

紛争解決論の視点から考える
尖閣・竹島・北方四島

明石選書

名嘉憲夫

明石書店

竹島

北方四島周辺地図

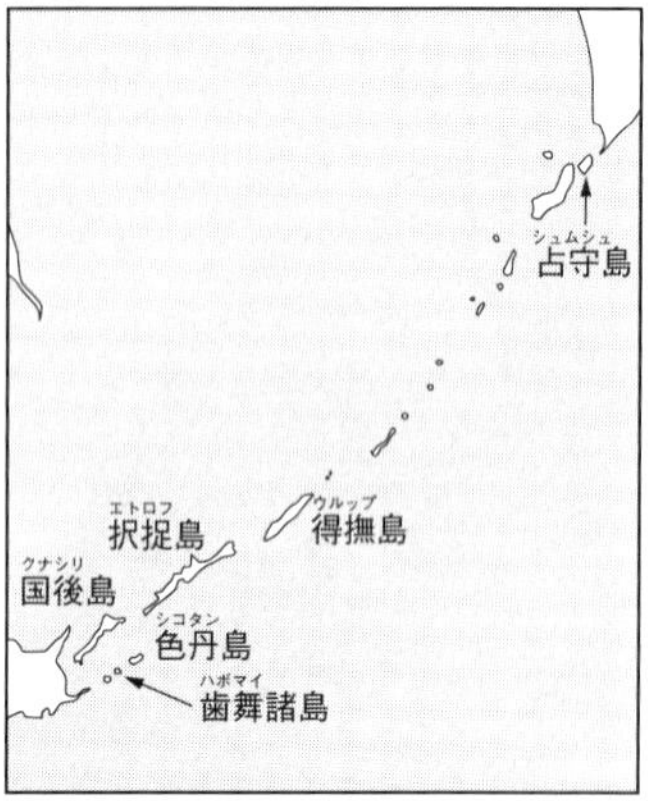

尖閣諸島

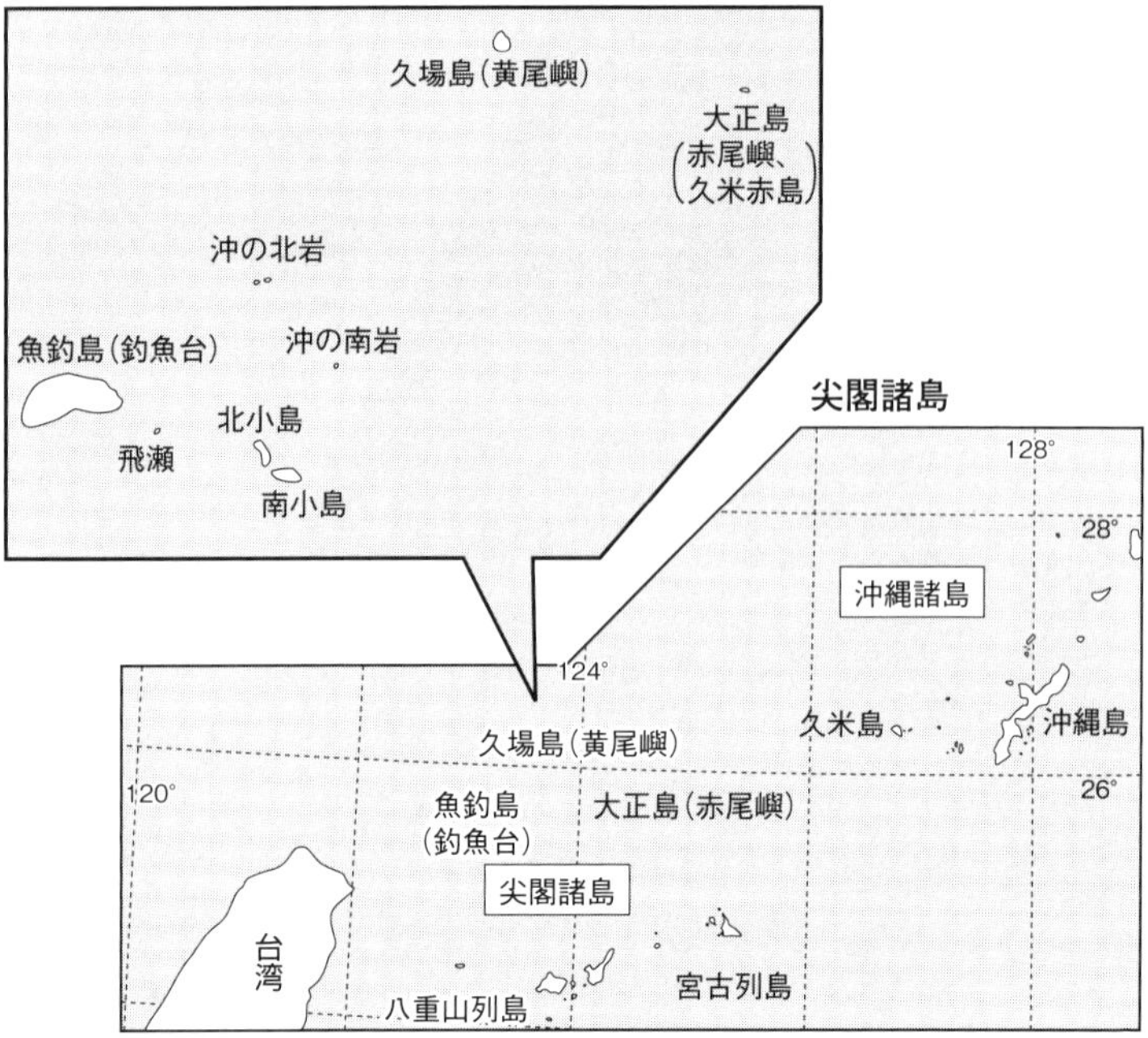

はじめに

日中関係は現在、不幸で危険な状態にある。2012年9月の日本政府による尖閣諸島の「国有化決定」以降、中国本土では、100ヵ所近くの都市で数万人にものぼる「反日デモ」が繰り返され、一部が暴徒化して破壊行為が行われた。夏以降、中国の海洋監視船が尖閣諸島の水域に日常的に現れ、2013年に入り航空機が尖閣諸島上空に侵入する事態に至った。レーダー照射という事件も起こっている。

日本では2012年11月の衆議院選挙で、「固有の領土論」の主張だけでなく、尖閣諸島に船着場を建設し、さらには公務員や自衛隊員の常駐を強硬に主張する政治家のグループが多数議員になった。2013年の島根県主催の「竹島の日」の式典には、政府からも参加した。

現在、日本と中国のそれぞれで新政権への期待が高まる一方、経済の先行きも依然として不透明で、経済格差や貧困層の拡大、高齢化の進行、財政悪化、政治不信の増大による政治の不安定化が懸念される。こうしたなかで、「尖閣問題」が今後どのように展開されるか、予断を許さない。日中両国の国民と政治指導者が、状況を賢明に判断して慎重に振舞えば、「尖閣問題」の比重は相対的に低下し、沈静化に向かうであろう。しかし、一方的な自己主張と相手側への非難・挑発を繰り返すようになると、事態は急速に悪化し最悪の事態も想定される。〝危険な状態〟が

〝危機の状態〟にエスカレートする可能性もある。

この本はこのような状況を案ずるなかで書かれた。しかしながら、「尖閣問題」を含む日本の「国境画定問題」について考えるようになったのには、いくつかのきっかけがある。もともと筆者の専門は「紛争解決」（コンフリクト・レゾリューション）の理論と解決技法の研究であるが、2010年の尖閣諸島海域における中国漁船衝突の事件は、多くの人と同様、筆者にも衝撃を与えた。中国漁船が海上保安庁の監視船に衝突した事件は〝不測の事態〟であったが、中国漁船が尖閣諸島一帯に出没している状況を考えれば、いつかは起こりうる事態でもあった。同様のことは、黄海において中国漁船と韓国の海上警備船でも起こっており、そこでは死傷者まで出ている。

問題は、日本政府が漁船の船長を逮捕し「粛々と国内法で裁く」と言い始めたことで始まった。今でも覚えているが、日本政府が中国人船長を書類送検すると報じた朝の新聞を見た瞬間、筆者は「しまった」と叫んでしまった。日中政府が1972年の国交正常化以来、尖閣問題を「棚上げ」しているなか、一方的な国内法の適用は必ず反発と混乱を引き起こすと予想したからである。結果はすでに明らかになっているように、中国政府の非難と民衆による抗議デモの発生、日本側の起訴をめぐっての政治的混乱とメディアを含む国民の反発、中国での日本人ビジネスマンの拘束、レアアース（希土類）の輸出停止、両方の側の怒りと潰されたメンツを引きずったままの曖昧な解決であった。2012年の尖閣をめぐる日中の対立は、2010年の矛盾や対立をいっそう大きくしたものである。

2010年の「尖閣問題」をめぐる日本政府の対応は、紛争解決論の立場から見て首をかしげざるをえないものが多かった。これがこの本を構想する最初のきっかけであった。しかし、後々、この問題にはさらに根の深い問題が潜んでいることに気づかされた。紛争解決の研究をしているとはいえ、それまでの筆者の研究は、貿易紛争である「日米構造協議」の研究を別にすれば、理論的なものが中心であった。当然、尖閣諸島の問題についても、〝係争地〟であることは当然として（なぜなら、相手側がクレームをつけている以上、「領土問題」は存在しないと言うことはできないから）、一般的な知識以上のものは持っていなかったし、マスメディアや日本政府が使う「日本の固有の領土」という表現にもさしたる疑問も感じなかった。

中国漁船衝突事件から数日たったある朝、尖閣諸島や竹島について解説した新聞記事を見て、釘付けになった。それまで何気なしに読んでいたわずか数行の文字が、突然強烈な意味を放ち始めたのである。おそらく、当の記事を書いた記者本人をはじめ、日本人の多くが意識もしない日本の近代史の重要な側面を、それらの文字は語っていた。そして、そのことゆえに、尖閣や竹島、そして北方四島の問題もこれまで解決できなかったし、その問題に気づかなければ今後も解決できないであろうと思えた。

それは、「1895年に、日本政府は閣議決定で尖閣諸島を沖縄県に編入した」、そして「1905年に、日本政府は閣議決定で竹島を島根県に編入した」という文章である。歴史好きの人を別にすれば、多くの日本人は、この二つの年が何の年か、すぐには思いつかないであろう。18

95年は日清戦争の年であり、1905年は日露戦争の年である。つまり、尖閣諸島と竹島問題は、多くの日本人が信じているように単純な「無主地の先占」や「固有の領土」の問題ではなく、「戦争を通じて行われた編入」、少なくとも「戦争に関連して起こった領土変更」であることを示している。この二つに北方四島の問題を加えると、現在日本が抱えている〝領土問題〟にはすべて戦争が関わっていることがわかる。しかし、多くのメディア人や政治家、そして研究者の一部もこの意味を深く掘り下げず、〝領土〟についての表面的な議論に終始しているようにみえる。

この二つに加えてもう一つのきっかけが、結果的にこの本を書く強い動機になった。それは古本屋で偶然見つけた『資料で読む世界の8月15日』を読んだことである。ここで読者にお聞きしたい。「先の日本の戦争（アジア太平洋戦争）が終った日はいつですか?」。もう一つの質問は、「ロシアや韓国、中国との〝戦争状態〟はいつ終りましたか」。これらの質問にどう答えるかによって、尖閣、竹島、北方四島の問題の解釈も変わってくるであろう。結論を先に言うと、尖閣、竹島、北方四島の問題はすべて「戦後処理」の問題であり、政治家の怠慢と大方の国民の無関心から「戦後処理はまだ終っていない」という見方も可能である。私たちは、先の戦争がいつ終ったのかについての〝国内的合意〟も〝国際的合意〟もまだ形成していない。1956年の日ソ共同宣言や1965年の日韓基本条約、1972年の日中共同宣言と1978年の日中友好平和条約で、一応、日ソ、日韓、日中の戦争状態は終ったとされる。しかし、正確に言えば、日本とロシアは国交を回復したのであって、平和条約によって完全に戦争状態を終らせたのではない。さらに言えば、これらのいずれの国とも条約によって「国境を画定」していない。つまり、厳密に言えば、日本とこれらの国は「国境の確定」を含む平和条約によって、戦争状態を完全には終らせていないのである。第二次世界大戦の戦後処理はまだ終っていない。終らせていない。

さらには、尖閣、竹島、北方四島の問題は、日本の近代史をどうみるか、戦後処理をどう理解するか、それらを受けて、ポスト近代の社会のあり方をどのように展望するかという問題にも関係し、こうした根本的な問題を検討することなしには、これらの問題は解決できないであろう。

こうした問題意識をもって関係資料を集め、論点の整理をし始めたのであるが、その際に思い出したのが、アメリカ留学中に筆者のドイツ人のルームメイトが言った言葉である。“Germans started the war and lost the war. That's it.”（ドイツ人は戦争を始め、戦争に負けた。そういうわけだ［それ以外に何の議論のしようがあるだろうか、現実を受け入れるしかないではないか］）。ドイツの終戦過程について調べてみると、驚くべき事実が目に入った。敗戦によって、ドイツは国土の20％を失い、旧領土から1千万人もの住民が追放され、移動の最中に数十万人もの人間が命を落としたと言われる。ドイツの戦後は、この過酷な現実を受け入れることから始まった。そして、周囲の国々と一つひとつ懸案を解決し和解を進めていった。粘り強く一歩一歩、時には侮蔑と非難に耐えながら、また時にはブラントのように実際に膝を曲げて。[1] そして、隣国と協力し50年かかってヨーロッパ連合を作り上げ、そのなかでの繁栄と平和を築き上げようとしてきた。

勘の良い読者はもうお気づきになられたであろう。残念ながら、日本は戦後処理をまだ終らせていない。近隣国との和解のプロセスも完全には進んでいない。本来なら20世紀のうちに終らせるべき問題が、21世紀の現在まで持ち越され尾を引いているのである。そして現在の世代がその〝負の遺産〟を背負わされ、隣国との〝いがみ合い〟の種に苦しめられているのである。

本書では、日本が抱える「国境画定問題」を、紛争解決論の理論的枠組みを用いて、従来とは異なった視点から検討してみたい。歴史的文書や解釈については、歴史研究者によるこれまでの研究結果に依拠し、この本では繰り返さない。詳しい歴史的文書や経過の解釈について興味のある読者は、巻末の参考文献を参考にしてほしい。本書の関心は、「今後、この問題を解決するにはどうすればいいのか」にある。歴史的文書に依拠して過去の〝個別の事実〟を指摘することは必要ではあるが、問題の解決のためには必ずしも十分ではない。むしろ「これまでのそうしたアプローチでは解決できない。これまでも解決できなかったし、今後も解決は難しいであろう」というのが、本書の趣旨である。「こうすれば解決できる」と提案するのではなく、「このように考え、このようにコミュニケーションすれば、問題を解決する可能性が高まるであろう」と考えるのが本書のスタンスである。なぜなら、実際の当事者の双方が〝新しい相互作用のプロセス〟をつくりだすことによってしか、問題は解決できないからである。

多くの人々と同様、筆者も日本が向かいつつある方向や、かつて珍宝島（ダマンスキー島）をめぐって1969年に中ソが衝突したような事態が発生することを憂慮している。「国境画定問題」をどう考えどう解決するかは、日中双方の一人ひとりの国民にとって、今後の国民生活のありかたに直結しうる重要な問題の一つであろう。隣国と平和で友好的な状態を保てない国家は不必要な緊張状態を抱え、国内の政治や経済にもさまざまな歪みをもたらすであろう。それはちょうど、隣近所の人々と問題を抱えた家族が、不必要な緊張とストレスを抱えて暮らすのに似ている。生産的な活動に費やされるべき貴重な精神的・物的資源を、そのような家族は猜疑心と敵対心の維持に使うのである。

本書が日本の「国境画定問題」を考えるにあたって、これまでと多少とも異なった視点や材料を提供できれば本望である。

２０１３年６月　　筆者

注

1　１９７０年12月７日、西ドイツ首相ヴィリー・ブラントは、西ドイツ＝ポーランド条約調印のため、ワルシャワを訪れ、ゲットー記念碑の前でひざまずいて祈りを捧げた。後にそのときの心境を聞かれたブラントは、事前に考えたことではなく、記念碑の前で何かしなければならないと強く感じ、思わずひざまずいたと答えている。〝ひざまずく行為〟は、改悛と許しを請う姿勢として理解された。

目次

第2部 過去

第５章　帝国の膨張期における尖閣諸島、竹島、久米赤島、沖ノ鳥島、新南群島の編入過程

凡例：〔　〕は筆者による挿入を示す。

第1部　現在

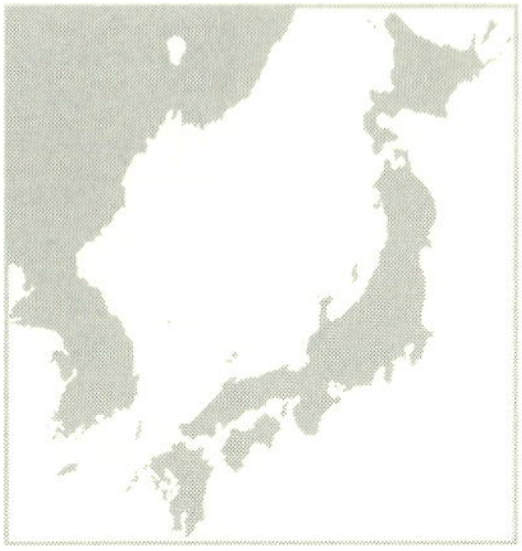

・第1章　国境画定問題の現状はどのようなものか？

第1章　国境画定問題の現状はどのようなものか？

1．何が問題で、どのように解決していくか

近年、尖閣（釣魚）諸島、竹島（独島）、北方四島（南クリル諸島）[1]をめぐって、さまざまな議論がなされているが、そのなかのいくつかは奇妙な感じがする。そうした議論のなかでは、幾層にもわたる複雑な前提や歴史的解釈の枠組みが無視され、〝事実〟と称される内容が一方的・恣意的に主張されている。時には、単純な〝歴史的事実〟さえ無視されて、後から加わった都合のよい解釈が延々と主張される。

こうした議論が奇妙なもう一つの理由は、さまざまな点で〝紛争解決の基本原則〟からはずれたやり方で主張されていることである。問題解決的交渉の基本原則は、「原則立脚型交渉」（もしくは「利益重視型交渉」）を創始したロジャー・フィッシャーらによって提唱されて以来、少なく

とも外交交渉の担当者にとって常識であるはずであるが、それがことごとく無視されていることである。まさに「そうしたやり方では合意できないし、問題を解決することもできない」とフィッシャーらが批判したやり方が、何年も続けられている。

本書の目的は、上記の島嶼《とうしょ》の〝領有権をめぐる問題〟を「紛争解決」（Conflict Resolution）の視点から検討することである。これらの島嶼の領有権をめぐる問題については、すでに多くの歴史家や法学者、元外交官が詳細に論じている。歴史的資料にもとづいた基本的事実も明らかになっている。まだ公開されていない史料があり、未発見の史料の存在の可能性もあるが、これまでのこの方面の研究は緻密で意義深いものも多い。歴史的資料にもとづいた研究は今後とも必要であり、さらなる発展も期待される。

先人たちの優れた歴史的研究や考察に学び、それらを受け継ぎつつ、この本で示したいことは次の三つである。（1）確かに〝歴史文献的事実〟は重要である。しかし、異なった前提や基準を用いれば、異なった見方もありえるということ、（2）自分の側の見方と相手側の見方が違うのは当然であり、一方の側の主張が〝真実であり正当である〟ということは必ずしも言えないということ、（3）最も重要なことは、お互いの考えや感情、利益を尊重して話し合い解決することである。

この三点を念頭に置きつつ、これらの島嶼の〝領有権をめぐる議論〟の問題点を一つひとつ検討していきたい。さらには、紛争解決論の理論的モデルの要点を順次追いながら、解決の道筋について読者とともに考えてゆきたい。この章で、全体的な結論について述べ、ついで各章で細かな検討をしていく。本書の目的は、島嶼の領有権の〝解決をめぐる問題〟について一つひとつ検討していくことであり、〝解決策を提示すること〟ではない。紛争解決論の視点から、筆者なりに「このような政策が望ましいのではないか」という見方は提案されるが、それはあくまでも参考意見にしかすぎない。

また、紛争解決の姿勢や原則については、日本側についてだけでなく、もう一方の当事国である中国側や韓国側、ロシア側についても当てはまる。例えば「相手側の考えや感情、利益を尊重するという原則」は、交渉によって物事を解決しようとすれば、どの国であれ従わなければならない原則である。そのような基本原則を守らないから紛争が起き、また、ひとたび紛争が起きた後も、うまく解決することができないことが多い。しかしながら、この本では、日本の側から問題を解決するにはどうすればよいかという問題意識を中心にして論じたい。なぜなら、私たちは、自分の側の物の見方やコミュニケーションの仕方を変えることはできるが、相手側のそれを変えることは容易ではないからである。相手側にこちら側の希望を述べることはできる。その希望を相手が理解して、相手が自らの考え方やコミュニケーションの仕方を変える可能性はある。しかし、相手がどのような物の見方をし、どのようなコミュニケーションの仕方を取るかをコントロールすることはできない。だからこそ、これらの島嶼問題は戦後70年近くたっても解決できない状態が続いているのである。

今後とも日本は、三つの島嶼の〝領有権問題〟について、解決に向けて関係国とともに努力せざるをえない。日本（そして、できれば相手国の）国民や政治家、外交担当者の一人ひとりが、この問題について、自らの考え方の筋道に気づき、その気づきにもとづいて相手側と交渉していくことによって、解決の可能性は高まるに違いない。それでは、読者とともに、これらの問題を〝どのように考え、どのように解決すればいいのか〟、一つひとつの側面を検討していきたい。

2．「領土問題」か「国境画定問題」か
——問題のフレームと思考フレームの問題

これまで、尖閣諸島、竹島、北方四島の問題について、「三つの島嶼の領有権問題」と表現してきた。しかし、本書のタイトルがすでに示しているように、これらの問題は正確には「三つの国境画定問題」と表現される必要があるように思える。この問題に関する類書の多くは「領土問題」という言葉を使っている。私たちは問題そのものの理解と分析に入る前に、すでに「前提」を作り、その「前提」にしたがって思考と感情のフレーム、したがって「問題の構成のフレーム」を作ってしまう。ひとたび「問題の構成のフレーム」をつくると、後は一連の〝自動思考〟にしたがって思考と感情の論理が展開されていく[2]。

これらの三つの島嶼の問題が、「領土問題」という言葉で枠付けされると、どのようなことが起きるか？（1）まず、これらは「日本が抱える領土問題である」、もしくは、「日本には領土問

題が存在する」という思考が始まる。（2）次に、「本来は、これらの島嶼は日本の領土であるが、相手側が（不当に）占拠している」、もしくは「不当に占拠しようとしている」と感じる。（3）そして最後に、「もしそうであれば、当然取り戻さなければならない」「毅然として言うべきことを言わなければならない」というように思考が展開する。普通はここらあたりで終るが、人によっては、（4）「相手側が返還に応じない以上、日本側も軍事力をつけて力で対抗しなければならない」と、さらに〝自動思考〟が進む。こうなると、問題の解決はそっちのけで、「いかにして日本の領土を守るか」という防衛論にまで変質してしまうのである。

「国境画定問題」という問題設定には、次のような内容が含意される。（1）第二次世界大戦で日本はドイツやイタリアとともに連合国と戦い、そしてポツダム宣言を受け入れて終戦（敗戦）を迎えた。（2）戦前の帝国としての日本はそれによって崩壊し、日本の戦後の領域は本州、四国、九州、北海道の四つの大きな島とそれに付属する小さな島々に限られるとされた。（3）しかし、付属する小さな島々がどれを指すかは、これまでのいくつかの宣言文や条約文によって明示されず、連合国の間でも合意されていない。当然、日本とロシア、韓国、中国との間でも、この「国境画定問題」は合意されていない。さらに付け加えれば、（4）したがって、日本は早急にこの「国境画定問題」を交渉によって解決し、隣国との友好関係を確固たるものにして、21世紀のさらなる発展を目指す必要がある、と。

このように、三つの島嶼問題に「領土問題」という言葉を使うか、「国境画定問題」という言葉を使うかによってさえ、理解や含意が異なってくる。つまり、問題の前提そのものが変わってくる。そして前提が異なれば解釈が異なり、解釈が異なれば態度も解決方法の提案も異なってくる。「三つの島嶼の領有権問題」という表現は、「領土問題」と「国境画定問題」の間の中間的で、どちらかというと事務的・法律的な感じがあるが、人によって感じ方は違うかもしれない。重要なことは、どのような言葉や概念でもって、経験的世界に発生した問題を枠付け《わくづ》け（フレーミング）するかということである。私たちは物事を考える前に、その出発点における〝言葉遣い〟ですでに前提を作り、その前提にしたがって思考と態度のパターンを作る――このことに気づくことが問題解決の第一歩である。

こうした点は重要であるが、これまで三つの島嶼問題について論じた著作や論文のなかでは、意外と見過ごされてきたように思える。あまりにも当たり前すぎて、ことさら問題にする必要もなく、すぐにそれぞれの国の領有権の根拠の検討に入るのが従来のスタイルであった。しかしながら、実は三つの島嶼問題の全体が、このような小さな前提や推論の仕方の違いの積み重ねによって形作られ、その結果、解釈の違いの応酬に終始して解決のつかないものになってしまっているようにみえる。したがって、この本では、三つの島嶼問題を改めて「国境画定問題」と位置づけて検討していきたい。

この問題の検討の順序は、大きく三つの歴史的時期に分けられる。まず尖閣諸島と竹島、北方四島についての（１）〝取得〟以前の状態、（２）〝取得〟の経緯、（３）今後の展望である。

（1）と（2）については、すでに多くの研究者によって明らかにされているので、本書では最低限の事実を確認するにとどめる。本書の関心は、これまで三つの島嶼問題が、実は「戦後処理の問題」であり、それがまだ終了していないということ、したがって、歴史の次の段階に進むために「戦後処理」を早急に行なう必要があるということ、そのためには、紛争解決の基本原則にしたがった交渉をする必要があるということ、この三点である。

3. いわゆる「棚上げ」について

2012年の尖閣諸島をめぐる政策行動に関しては、三つの問題点があったように思える。一つは、尖閣諸島の問題を「棚上げするという合意」はなかったとする解釈である。これについては、岡田充や矢吹晋らが過去の記録を丹念に検証して、「棚上げ」について日中で「合意」や「了解」があったとしている。孫崎享《まごさきうける》もそのことを指摘している。[3] 1972年の日中国交正常化の際の周恩来首相と田中角栄首相の会話、外務大臣の回顧録、鄧小平副首相の談話などをみれば、「合意もしくはなんらかの了解があったか、なかったか」検証できる。歴代の外務省の官僚の多くもそのように理解してきたはずである。ここにきて、もし「そのような合意はなかった」と主張する政治家がいるなら、証拠と理由を示して説得力のある議論を展開しなければならないであろう。

「棚上げするという合意もしくは了解はなかった」とする主張の一番の問題は、外交の基本を理解していないことである。つまり、相手国とコミュニケーションをして〝解釈について合意をする〟というプロセスがまったく無視されていることである。国内における契約について考えれば、このことはすぐにわかる。どのような契約も完全ではない。同じ字句の条文でも、契約当事者によって「解釈」が異なる可能性がある。時には、〝条文には書かれない了解〟がある場合もある。当初は担当者の間で同じように解釈されていた条文や条文外の了解が、時が経ち状況が変わるにつれて「解釈」が変わってくる可能性がある。しかし、状況の変化につれて「解釈」を変える必要が出てきた場合、それが契約もしくは約束事であるかぎり、「自分はこのように解釈してもよいように思えるが、あなたはどう思いますか、あなたの解釈はどのようなものですか」と相手とコミュニケーションする必要がある。もしそのプロセスを省いて、自分の側に都合のいいように勝手に条文や了解を解釈するとすれば、当然相手との間で紛争が起きる。この場合、一番重要なことは双方の解釈について〝相手と何らかの合意をする〟ということである。日中国交正常化の際や鄧小平の談話の際に、もし「日本政府は棚上げに合意していない」というなら、そのことを表明すればよかったであろう。そうすれば、双方が「棚上げに関しては合意していない」という合意（了解）ができるのである。

最も重要なことは、隣国と友好関係を維持しさらに発展させようと思うならば、たえずコミュニケーションをして〝合意を作る〟というプロセスを大切にすることである。たとえ双方の考えや感情、利害の不一致があるにせよ（実際は、それは個人間でもたえず起こるし、ましてや政府間・国家間ではしょっちゅう起こる）、それらについてコミュニケーションをし、お互いの考えや感情、利害を理解して調整していくことである。こうした一つひとつのコミュニケーション行動が、国家間の信頼関係を築いていくことになる。隣国と友好関係を築くということは、このような地道な行動を積み重ねていくことであり、逆に言えば、このような地道な行動を積み重ねていくことによってしか、隣人との信頼と友好関係は作れないということである。ある問題に関して、お互いが関与しているにもかかわらずコミュニケーションをせず、勝手な解釈をして勝手な主張をするようであれば、とうてい信頼関係や友好関係は作れないであろう。このことは個人間、企業間、政府間でもまったく同じである。「我々とそちらでは、この問題に関して考えが違う、利害も異なる、ですから話し合いましょう」という態度と、「我々とあちらでは、この問題に関して考えが違う、利害も異なる、だから話し合わない」とする態度では、まったく別の結果を招くであろう。

1993年当時、イスラエルの政治家たちは、「イスラエルを認めない敵とは交渉しない」としていた。しかしラビン首相は、「敵だからこそ交渉するのだ」と言い、パレスチナ暫定自治合意を実現させた。一方、1938年1月、日中戦争を終わらせようとして始まった和平交渉が暗礁に乗り上げると、近衛文麿首相は「国民政府を対手《あいて》とせず」とする声明を発表して、自ら戦争を終らせる機会を閉ざしてしまった。常識的に考えればすぐにわかるであろう。いったん始めた戦争を終らせようとすれば、相手側と交渉しなければならない。一方的に撤退するのであれば別であるが、交戦中の相手と交渉しないということは、いつまでも戦争が続くということである。利害と感情が複雑にからみ簡単には解決しないから、相手と交渉するのである。

紛争解決論は、コミュニケーションの重要さをくり返し強調する。それは〝合意を作ること〟こそが、紛争の解決を可能にするからである。

4．尖閣問題に関する〝俗論的政治学〟による議論と〝反省的政治学〟による議論

尖閣諸島をめぐるこの間の議論をみていて痛感するのは、自らの思考フレームや分析モデル、理論的前提などを問わない〝もっともらしい議論〟が多いことである。そうした議論においてよく使われるのが、「固有の領土」「国家主権」「国益」「中国の脅威」「海洋権益の確保」「第一列島線の制圧」「覇権の拡大」などといった用語である。いわゆる「現実主義政治モデル」を適用して、実際に起こった事実をすべてその枠組みで解釈し、テレビや新聞で〝俗受けするような〟議論を行なう。

こうした議論の問題点は、けっして自らがよって立つ〝前提〟や〝思考枠組み〟、〝理論的モデル〟の内容を問わないことである。心理学で言うところの一種の「自動思考」でもって、ある刺激が与えられたら、そこから相手の意図を勘ぐる。相手は高圧的な加害者であり、自分は善良な

被害者である。相手国はその邪悪な性格でもって周囲の国々を支配しようとしているが、自分の国はそれに抵抗しようとしている「まっとうな国」である、といった思考方法である。

　こうした自らの〝前提〟や〝思考枠組み〟、〝理論的モデル〟を問わない議論は、〝俗論的政治学〟による議論とでも呼べるものであろう。どのような社会科学的モデルも一連の理論的前提や分析カテゴリー、推論形式をもっている。したがって、ある理論的前提から出発して、特定のカテゴリーで現実の現象（データ）を分析し、一定の推論を行なうのは当然である。問題は、自らの理論的前提や分析カテゴリー、推論形式に自覚的でない場合に起こる。〝自分のものの見方は誤っているかもしれない〟、〝相手の意図や行動の解釈について、別の解釈の枠組みもありうるかもしれない〟とは考えない場合に、〝俗論的政治学〟の議論が始まる。こうした議論では、いわゆる〝戦略的自動思考〟でもって、〝相手の意図はこうである〟、〝相手は優位に立とうとしている〟〝相手がこうすれば、自分はこうする〟、〝相手がこうしたら、自分の側はこう出る〟といったように自信たっぷりな説明を行なう。自らの議論の前提や枠組みを決して疑わないから、こうした議論は〝俗論的政治学〟による議論になるのである。このような議論は、市井《しせい》の人々や政治家だけでなく、時には外交専門家とよばれる人々の間でさえ行なわれる。

　一方、自らの〝理論的前提〟や〝分析カテゴリー〟、〝推論形式〟をたえず自問し相対化する議論を、〝反省的政治学〟による議論とでも呼びたい。「反省的」（reflexive）とは、オックスフォード米語辞典によれば、「（社会科学の方法もしくは理論で）、研究されている対象に対して、［方法や理論」自体もしくは研究者のパーソナリティや研究者の存在の影響を考慮に入れること」（of a method or theory in the social sciences）taking account of itself or of the effect of the personality or presence of the researcher on what is being investigated）とされる。したがって、〝反省的政治学〟による議論とは、自分の議論が、ある一定の理論的前提や枠組みでもって行なわれていることを知っており、したがって、多くの場合、十分な検証を経ない仮説にすぎないことを自覚しているような政治学の議論である。

国際政治についての議論は、自然科学とは違って、多くの場合、十分なデータによって「検証」（もしくは反証）することが困難な「仮説」や「推測」にすぎない。もちろん、ある一定の操作的方法によって得られた〝限定されたデータ〟の分析結果を示すことはできる。その場合でも、そうしたデータは現実から切り取られた一部のデータにすぎず、現象を成り立たせているさまざまな前提が吟味される必要がある。歴史的現象がただ一回の出来事であり、それを取りまく社会的文化的条件や経済的状況が特殊である以上、政治学的推論は、常に〝他の条件を同じであると仮定すれば〟という条件のついた陳述にならざるをえないのである。

〝反省政治学的な思考〟とは、このように政治的現象の観察と分析が、実は自分自身の理論だけでなく、その理論を成り立たせている前提そのものによっても〝限定されている〟ことを常に意識しているような思考である。そして〝反省政治学的な議論〟は、そうした思考方法にもとづいた議論である。[4] 例えば、〝反省政治学〟的な視点から、「固有の領土」という言葉について検討すると次のようになる。

5．「固有の領土論」の問題――〝政治的〟で〝ほとんど無意味な〟言葉

「固有の領土」という言葉は〝政治的言葉〟であると同時に、〝ほとんど〝無意味な〟言葉である。歴史認識としても問題のある言葉と言えよう。「固有の領土」という言葉は、人々の思考を停止させ、問題の分析にも理解にもあまり役に立たない言葉ではないだろうか。それは明治時代の「主権線」「利益線」という言葉、昭和初期の「生命線」といった言葉のように、ほとんど内容はないが絶対的な響きを持って議論を不可能にする言葉であり、自分とは違う考えのものを攻撃し排除するような政治的な言葉の一種である。

「固有の領土論」は、岡田充の言うような「領土ナショナリズムの魔力」を生み出す。その魔力は、岡田によると、「とられるかもしれない」という被害者意識を誘発し、「とられてはならない」との反射的回答を瞬時に引き出すような反射ゲームを作り出す。問題の領土が、〝本当に我々のものなのか、彼らに理はないのか〟という思考を困難にする。[5] 和田春樹は「固有の領土」という言葉を、「翻訳不可能な言葉」であり「交渉の言葉ではなく、喧嘩の言葉」、「固有の領土論」を「最後通牒的な要求、……軍事行動を招きかねない主張」であるとしている。[6]

筆者は最近、日本語にも通じたアメリカ人の英語教授、オーストラリア出身でハーバード大学

卒の歴史学者、イギリス人の大学英語講師、元国際ジャーナリストで国際経済を教える日本人の大学教授などに、「固有の領土」の英語訳について聞いてみた。いくつかの候補としては、the Japan proper、the mainland Japan、the inherent territory of Japan、the integral part of Japanese territory、the historically-owned Japanese territoryなどがあげられた。最初の二つの訳語は通常「日本本土」という意味で使われ、最後のものは不自然な訳で使われない。三つ目の「inherent」という訳も問題である、なぜなら、アメリカ人の英語教授によると「inherent」という意味は、permanent and essential（恒常的で本質的）という意味を含むが、ほとんどの国の領土は〝恒常的〟でも〝本質的〟でもないから、不適切である」。これよりは「the historical territory of Japan」の方がいいが、「歴史的な領土」というのも時代を特定しなければ意味がない。「固有の領土」にもっとも近い英語の訳は、四番目の「the integral part of Japanese territory」ではなかろうか。しかし、これは単に「現在の日本の領土の不可分な部分」という意味にしかすぎない、日本政府の言う「固有の領土」というのとは意味が違うのではないか、ということであった。歴史学者のP．スイッペル教授は、「固有の領土という言葉はfuzzy（曖昧）な言葉である。それは〝歴史の言葉〟でも〝国際法の言葉〟でもない（That word is not for history, not for international law）」と述べた。歴史学者の立場からすれば、どのような国家の領土も固有であったものはなく、また国際法上もそのような概念は無意味である、というわけであろう。

「（竹島や尖閣諸島、北方四島は）歴史的にも国際法上も日本の固有の領土である」とする主張は、これらの島々は歴史のある時点で獲得された土地であるにすぎず、したがってそれ以前は「日本国」の領土ではないという事実を無視している。また「国際法上も固有の領土」という表現もほとんど意味がない。なぜなら、そもそも、ある土地が「その国家にとって固有」ということは、法的に議論の余地はないということである。ある土地について二国以上が領有権を主張するという事態は、その土地がどちらにとっても「固有であるかどうか」わからないから発生する。したがって、紛争発生以前に存在した二国間条約や国際協定、実効支配の事実を、法的な見地から検討すればいいだけの話である。国際法の条文や体系の中に「固有の領土」という概念は存在しない、ということである。どちらの国の主張により説得力があるかという議論はできるが、「固有の領土」であるかどうかはわからないということである。結論として、和田の言うように「固有の領土」という言葉は外国語に翻訳困難であるように思える。少なくとも、筆者が聞いた三人の外国人の教授によると、「固有の領土」という場合の「固有」に対応する〝一語の形容詞〟はないのではないかということである。「固有」を意味する英単語を「領土」に結びつけると、すべて論理的に矛盾する言葉になってしまうのである。

ヨーロッパ連合（EU）と東アジアの地域統合の比較を専門にする羽場久美子もまた〝「固有の領土論」の危うさ〟を指摘する。羽場によると「固有の領土」をめぐる対立はヨーロッパにもあるが、多くの議論は、先史や古代史の文脈において先住民族の居住や民族系統との関連でなされるという。19世紀や20世紀に国家が押さえた領土を「固有の領土」ということはありえない。なぜなら、19世紀のヨーロッパは、先住民族や小国、無人の山や川や島を近代化に成功した大国が領有していく過程であり、それらを「固有の領土」と呼べば対立と紛争を挑発することになるからである。南北アメリカやオーストラリアでも「固有の領土」を言い始めれば、ヨーロッパからの白人の移民たちはすべて出て行かざるをえなくなる。ロシアや中国も領土を変えていった国である。歴史的に国境紛争のない地域はない。「固有の領土」を強調し始めると、それは容易に戦争の原因になる。過去の教訓は、紛争地域の国境線の紛争は問題の最終的な解決ではなく、新たな対立を生み出すことである。それゆえ、近代以降における「固有の領土論」は国際政治史ではタブーである。領土抗争はヨーロッパでもアメリカでもタブーであり、欧米はそれに火種を与えないように極めて繊細な注意を払っているという。[7]

羽場は、このように〝「固有の領土論」の危うさ〟に警鐘を鳴らすが、さらには、そのような議論によって引き起こされた現在の日本の状況を、ヨーロッパの歴史的状況と比較して次のように言う。「こうした抗争地域を、一方が「国有化」宣言し、金で買ったらどうなるか。近隣三国と紛争を起こしながら、それとは異なる一国とだけの軍事同盟を主張すればどうなるか。……日本という固有名詞を外し、例えば欧州の国際政治で、これを歴史的にみれば、極めて危うい戦争前夜の状況である。……日本は、いつからこのように危うい国際関係の上に立つようになったのだろうか。」と。[8]

「固有の領土論」は、このように戦争を引き起こす思考と行動を引き起こす可能性のある危険な政治的な言葉であるだけでなく、誤った歴史認識に基づいたほとんど意味のない言葉でもある。なぜなら、「固有の領土」と言った場合、「それはいつから、どういう意味で〝固有〟なのか」という定義をしなければ、具体性のない空疎な言葉であるからである。「固有の領土」と言えば、当然それは「日本の固有の領土とはどこか」という問いを惹起する。そうすると、「日本という国はいつから始まったのか、その範囲はどこか」という問いに答えなければならない。しかし、これについて答えられる人はほとんどいないのではないだろうか。実際、歴史家の網野善彦は、このことについて実に興味深い議論を行なっている。

網野によると、本来「日本」は地名ではなく、特定の国の名前「国号」であるという。彼は毎年、学生（そして国家公務員の研修生など）に「日本という国の名前が決まったのは何世紀か」という質問をするそうであるが、答えは紀元前1世紀から始まって19世紀までばらばらであるという。やや多いのは3世紀と15世紀で、おそらく卑弥呼と足利義満の「日本国王」を意識したものであるらしい。網野によると、日本という国名が決まったのは、飛鳥浄御原令《きよみはらりょう》という法令が施行された689年であるから、7世紀である。対外的には、大宝律令が制定された翌年の702年に、遣唐使が中国の皇帝に「日本からの使いである」と述べたのが最初である。それまでは「倭国」と呼ばれ、実際、聖徳太子が送った遣隋使も「倭国王の使い」と言っており、決して「日本からの使い」とは名乗っていない。聖徳太子も自分では「倭人」と言っており、「倭人」イコール「日本人」ではないから、「日本人」ではない。当時の東北人も南九州人も「倭人」ではないはずである。

網野が指摘するのは、7世紀の「日本国」の範囲は、ヤマトと言われた後の畿内を中心にして、異族「蝦夷《えみし》」の住む東北と「隼人《はやと》」の住む南九州をのぞいた本州、四国、九州の範囲であったことである。おそらくこの時初めて、朝鮮海峡が国境であるという意識を持ったと考えられる。というのも対馬に朝鮮半島に向かって、防人《さきもり》の守る城が作られているからである。ただ津軽海峡はまだ国境になっていない。「日本国」の支配者にとって、中部から関東までの「東国」は異質な地域であり、半分は征服、半分は連合の形で支配していた。「天皇」という君主号、戸籍制度と租税制度、都《みやこ》を備えた古代小帝国としての「日本国」は、8世紀から9世紀にほぼ１００年かけて、東北と南九州を侵略して版図に入れた。そして後に「五畿七道」とよばれる行政区画を設け、国・郡・郷の制度をしいた。8~9世紀の日本国の範囲は、北は東北北部を境界地帯とし、南は喜界島までと考えられる。その後、領土の拡大が進み、津軽半島や下北半島に「郡」ができて国家の行政制度が及ぶのは、11世紀から12世紀になってからである。[9]

網野の議論は興味深い。現在「日本」と呼ばれる国が成立したのは7世紀であること、それまでは「倭」と呼ばれる地域にある豪族連合の国家があり、それが対外的には「倭国」と名乗ったこと、その日本国の範囲は東北と南九州を除いた範囲であったこと、その「日本国」が次第に東北と南九州を侵略・併合して国家領域に入れていったこと、その領域が、12世紀から13世紀頃までに本州の北端まで達したことなどが述べられている。この時期も東北地方にはアイヌの人々も住んではいたが、行政的には、陸奥国・出羽国として組み込まれていた。しかし、現在の北海道は含まれていない。実際、山川出版社の『詳説日本史研究』の表紙裏の地図をみると、8世紀から9世紀の「五畿七道」の行政区域が書かれているが、北海道と沖縄は含まれていない。もちろん、竹島や小笠原も描かれていない。

これらのことは何を示しているか。古代においてさえ、「日本国」の領域、したがって〝固有の領土〟とされる範囲は、まず7世紀頃の東北地方と南九州を除いた領域があり、次にヤマト政権が侵略して併合していった地域である東北北部から喜界島に及ぶ領域、そして最後に、11～12世紀の本州の北端までの領域という三つの領域の範囲があるということである。このうちのどれを〝固有の領土〟と呼ぶかは、立場や視点にとって変わるだろう。

6. これまでの〝領土問題〟の議論の仕方――〝問い〟か、〝答え〟か？

〝領土問題〟は、お互いが「自分のものである」と主張しているかぎり解決できない。お互いが「どのようにすれば解決できるのか」と考えることによってのみ、はじめて解決の可能性が生まれる。物事を考える場合、実は「答え」よりも「問いの仕方」の方がはるかに重要なことが多い。「問いの仕方」が誤っていれば、いかにもっともらしい理屈を述べようとも、「答え」が誤っている可能性が高い。だが本人はそれに気づかないでいる。そして議論は延々と続くのである。元外務省国際情報局長で、防衛大学校の公共政策学科長や人文社会学群長を歴任され、いくつかの国の大使も務められた孫崎享は次のように述べている。

私は二〇一〇年、二〇一一年、幾度か講演をした。私は講演の時には聴衆に質問をすることにしている。この中でしばしば領土問題に言及した。

「尖閣諸島は日本固有の領土ですか」と問うと約九〇％の人が「そうだ」と答える。では、「尖閣諸島はいつから日本の領土になっていますか」と問うと皆、びっくりする。尖閣諸島は日本固有の領土である、古代からと思っている。私は「一八七〇年代以前には、尖閣諸島は日本の明確な領土ではありませんよ」というと、皆「そんな馬鹿な」という反応を示す。しかし、「沖縄はいつから日本になりましたか」と問うと、かなりの人がはっとする。

尖閣諸島の領有問題は、「尖閣諸島が台湾に属するか、沖縄に属するか」である。日本が、琉球王国を強制廃止して琉球藩を設置したのが一八七二年、明治政府が琉球藩の廃止を宣言し、鹿児島県に編入したのが一八七九年である。琉球は大国中国と日本の間に挟まれて長い間、微妙な外交を続けてきた。琉球王国（一四二九年から一八七九年）は中国との間で、宗主国・属国関係の一種の冊封関係にあった。「歴史的に琉球が中国に属していたか、日本に属していたか」と問われれば、中国に属していたと言える時代が長い。琉球が日本領でない時期に尖閣諸島は日本領でありえない。尖閣諸島が日本領になるのは一八七二年以降である。

日本人のほぼすべてが「尖閣諸島は日本古来の領土である」と思っている。しかし、「古来とはいつですか」と問うと、この信念が崩れる。

次いで、「尖閣諸島は日本固有の領土であるとして、中国も自国領だと言っています。では彼らは何を根拠としていますか」と問うと、ほとんどの場合回答がない。尖閣諸島は武力紛争に発展する可能性を持つ。しかし、相手国がどの様な主張をしているか知らない。それで、「武力紛争辞さず」である。[10]

このように、ほとんどの人（孫崎によると、講演に来た約九〇％の人）が、最低限の歴史的知識もなく、またほぼ全員が相手国の主張の根拠も知らないままに「尖閣諸島は日本固有の領土である」と思い込んでいるのである。単に思い込んでいるだけでなく、「日本の固有の領土である尖閣諸島の問題に難癖をつけて奪おうとしている中国はおかしい。毅然として言うべきことは言わなければならない。防衛を強化して絶対に領土を守らなければならない」と声高に主張している人もいる。一般民衆だけでなく、多くの政治家やマスメディアもまた似たようなことを行なっている。そうこうしているうちに、どんどん両国の緊張が高まり、危険な状態になっているのが現在の状況である。このことに政治家と国民のどれだけが気づいているのだろうか？

日本がかかえる三つの〝領土問題〟について、「どちらの国のものか」という質問はあまり意味がない。むしろ次の単純な三つの質問から始めた方が適切なように思える。

一、相手側はどのように言っていますか？　その主張にあなたは説得されましたか？
二、あなたはどのように言っていますか？　その主張に相手側は説得されましたか？
三、もし相手側の主張にあなたが説得されず、相手側もあなたの主張に説得されないとすれば、この問題についての紛争はいつまで続くと思いますか？　紛争が続いている間、それぞれの国、そして両国はどれだけの利益を得、どれだけの利益を失いそうですか？

これらの三つの質問に加えて、もう一つの関連した質問をすれば、この問題の本質がより明瞭になるであろう。「第二次世界大戦後、ドイツは国土の約20％を失いましたが、その領土の返還を主張していますか？　もしくは、主張すべきだと思いますか？」。最後の質問を含む四つの質問にどう答えるかによって、日本の〝領土問題〟の解決の仕方が異なってくるだろう。「答え」よりも「問い」の仕方が重要であるとは、こういう意味である。ところが日本の政治家や官僚、マスメディア、民衆もこういう質問の仕方はしない。もっとも、質問をするだけまだましかもしれない。多くの国民は、単純に「尖閣、竹島、北方四島は日本のものである」と断定することから始める。そして「相手は不法占拠している」「不当に領土を要求している」とする。そこには議論の中身の検証も何もなく、ただ声高な主張があるだけである。

7. これまでの〝領土問題〟の議論の仕方の特徴

尖閣、竹島、北方四島についてのこれまでの議論の仕方には、三つの特徴がある。これらは、同じことの三つの側面でもあるが、とりあえず「歴史主義」「文書主義」「法律主義」とでもしておこう。わざわざもったいぶって「主義」などと言わなくてもよいではないかとも思えるが、実際、これまでの議論をみてみると、それほど議論の仕方のパターンが固定化している印象を受ける。

最初の「歴史主義」というのは、「これまでの過去がこうであったから、今後もこうあるべきである」とする姿勢を指している。国内の土地紛争でもそうであるが、所有に関する現在の不明瞭な状態を解決しようとすれば、過去の状態に遡って検討するのは当然であろう。その土地の状態が〝歴史的にみてどうであったか〟がわからなければ、現在はわからない。解決のための判断の基準になる〝過去の事実〟を認定しなければ、その先へは進めない。基本的な〝過去の事実〟について確定することは、議論の出発点であり、それについてさえ合意しなければ、それ以上議論は進まない。1895年に日本政府が尖閣諸島を編入したという事実、1905年に竹島を編入したという事実、1945年の8月から9月にかけて、ソ連が北方四島に侵攻したという事実は、最も基本的な〝経験的事実〟である。しかし、尖閣諸島や竹島をただ〝編入した〟のか、

〝占拠した後に編入した〟のかについては、解釈が分かれるであろう。

しかしながら、紛争解決論の視点からすれば、「過去がこうだったから、未来もこうなるべきである」とする議論の仕方は、事の半分しか語っていない。「過去がそうであったとしても、別の未来もありうる。そこには〝新しい選択肢の創造〟という要因がはさまれている」と考えるのであるから。過去と未来の間には、〝ある種の飛躍〟があり、その〝飛躍〟を可能にするのが、個々人や政策形成者の〝想像力〟と〝創造力〟である。そういう意味では、これまでの〝領土問題〟に関する議論は、議論の半分に終始している。

最初の特徴に関連した次の特徴は、これまでの議論の多くが「歴史資料」に依拠してなされていることである。これも議論の出発点としては当然であろう。当事国のいずれも、尖閣、竹島、北方四島についての過去の記録や条約、地図を引っ張り出して自説の根拠とする。そうした根拠に基づいて自説の正当性を主張し、相手の主張の不当性または「根拠の薄さ」を指摘する。何事についてであれ、文書史料を根拠にして議論するのが基本中の基本であることには変わりはない。しかし、文書史料に基づいた議論は、紛争を解決するための議論の出発点にしかすぎないという点については、しばしば忘れがちである。

それにはいくつかの理由がある。まず、歴史的な文書というのは、その時点でたまたま残りまた発見された文書にしかすぎないという点である。真に重要な文書は破棄されたかもしれないし、まだ発見されていないかもしれない。また、ある歴史的文書が偽作であったり歪曲誇張された文書であることもある。したがって、歴史資料は常に他の文書と相互参照（クロスレファレンス）されて、その適否を判断されなければならない。〝経験的現実〟を〝言語シンボルによる表現である文書〟がどれだけ正確に表現したものであるかは、常に議論の的になる。さらに言えば、互いの利害と国民感情が強く絡む〝領土紛争〟にあたっては、どのような文書や地図を示されても、相手側が納得しないことも多い。そこには常に、与えられた文書史料をどう解釈するかという問題が絡むからである。現に、尖閣と竹島については、歴史家たちの誠実で実証的な研究の蓄積があるにもかかわらず、日本、韓国、中国のいずれの政府も相手方の主張に納得しない。

これまでの議論の最後の特徴は、「法律主義」とでも呼ぶべきものである。例えば日本政府は、尖閣諸島、竹島とも当時はいずれの国にも属しない「無主地」であり、「編入」は国際法に照らして正当であると主張する。しかし、中国や韓国は前近代の時代から自国民がかの島嶼に出入りしており「無主地でない」と主張している。近年では、国際法学者の間でさえ近代国際法の「無主地概念」は西欧列強による植民地支配の正当化に使われた概念であるとする批判が強まり、領土紛争解決の根拠としての優先順位は弱まっている。実際、19世紀から20世紀にかけて、世界のさまざまな場所が「無主地」として西欧列強に占拠され併合されたが、そこには何百年、時には何千年も前から独自の社会組織を作って生活していた人々も多くいたのである。

また「実効性」についての主張も、何を持って実効支配とするかは解釈が分かれる。「尖閣諸島は1895年以降、竹島は1905年以降日本が実効支配していた」とする主張がある。正確に言えば、尖閣については、１８９５年から１９４５年までの50年間であり、アメリカによる沖縄支配の期間は日本政府は実効支配を行なっていない。仮に１９７１年を国際法で言う「クリティカル・デート」（紛争発生の決定的期日）とすれば、それ以降の支配はカウントされないことになる。竹島については、１９４５年の敗戦から１９５２年までの占領期における帰属を未確定とすると、日本による竹島の支配は１９０５年から１９４５年までの40年間にすぎなくなる。一方、韓国による竹島支配は、１９５２年以来すでに61年続いている。北方四島については、旧ソビエト＝ロシアが67年実効支配しているにもかかわらず、「不法占拠している」とされる。自国の〝実効支配〟は領有権の正統な根拠であるが、相手国の〝実効支配〟は〝不法占拠〟であるから、相手国の領有の正当な根拠にならないというわけである。

もちろん、こうした主張は歴史的事実をどう解釈すればよいのかという「解釈の問題」でもある。「法律主義」の問題は、実はこのことに関係してくる。国内であれば、権利義務に関する対立する主張は、裁判に訴えれば裁判所が判断してくれる。たとえ一方の側が法の解釈に納得しなくても、裁判所が決着を付けてくれる。しかし国際関係では、紛争当事国が合意したときだけ国際司法裁判所に紛争を付託できるのであり、合意しなければ付託できない。付託できないということは、裁判所の国際法解釈による「法的決着」ができないということである。国際法による最終的判決が下されないということは、いまだ発展途上にある現行の国際法の規定を、それぞれの国の政府が〝自国に都合の良いように解釈する結果になる〟ということを意味する。

国内における紛争解決についても言えることであるが、法律の規定は重要だが、結局、紛争を解決する判断基準の一つにしかすぎない。それ以外の判断基準がいくつもあるのである。国際紛争においても、国際法の解釈をいくら持ち出しても、相手国がそれに納得しなければ、紛争は解決できない。国際法は万能ではないし、仮に国際法上の解釈による主張が従来の判例からして妥当なものであるにせよ、相手側が納得しなければ〝説得力〟にはならないのである。

以上のことを考えれば、冒頭に述べた「〝領土問題〟は、お互いが「自分のものである」と主張しているかぎり解決できない」という意味が理解できるであろう。まず、お互いの主張の根拠となる「歴史資料」の内容についての字句的解釈があり、次に、それらが〝現実の経験的事実〟をどれだけ反映しているかについての解釈、次いで当時の国際状況についての〝時系列的な流れ〟における〝歴史的事実と称される事象〟についての解釈、最後に、〝歴史的事実と称される事象〟に関する国際法の視点からの解釈がある。このように、幾重にもわたる「解釈」の層がある。それらについて一つひとつ、お互いの解釈を付き合わせて合意を作っていくという気の遠くなるような作業を続けていくことによってしか、領土問題は解決できない。第二次大戦後すでに67年も経つが、竹島と尖閣については、こうした解釈についての合意の最初の一歩も踏み出せていない。前者については韓国が、後者については日本が「領土問題は存在しない」と主張しているのであるから。北方四島については、一時期ロシアは「領土問題は存在しない」と主張していたが、現在では領土問題が存在すること、そして「日ソ共同宣言」が議論の出発点になることは認めている。ただ「北方四島を不法占拠している」ということについては認めていない。

以上の結論として言えるのは、ある有名な言葉をもじって言えば、「〝領土問題〞に関して、これまで政策形成者たちはさまざまに解釈してきたにすぎない。重要なことはそれを解決することである」となろう。多少強い表現を使えば、次のようにも言える。どんな愚かな人間でも自己主張はできる。どんな愚かな政府でも自国の政策を主張することはできる。物事について、自己の考えや解釈を大声で主張することはたやすい。相手と交渉することによって物事を解決することは、はるかに難しい。領土問題に関して自国民を無知な状態にして煽ることはたやすい。しかし、困難ではあるが真に重要なことは、相手国と粘り強く交渉し、一歩一歩、一つひとつ合意を作って解決することであると。

このことは、ドイツに関する先の最後の質問を考えれば、もっとよく理解できるであろう。第二次大戦で失った20％という膨大な領土とそこから追放された一千万人もの人々の労苦を考えれば、当然「自国の固有の領土を取り戻せ」という声が起こってもおかしくはない。しかし、そうした主張をすることは大戦前のドイツに戻せということであり、当然そうした主張は隣国の主張とぶつかざるをえない。国同士の主張がぶつかりあえば、何年も領土紛争が続くということになる。もしそのような事態になれば、それはドイツにとっても他のヨーロッパの国々にとっても、領土をめぐって何百年もの間争ってきたかつての状態が再燃することを意味する。もしそのような事態になれば、当然現在のドイツの繁栄もヨーロッパの繁栄もなかったであろう。

ところが東アジアでは、相変わらず半世紀前に終らせるべき議論が現在でも延々と続いている。領土問題が折に触れて燃え上がり、あまつさえ軍事的衝突の危険さえ起き始めている。日本の政治家、官僚、マスメディア、国民の一人ひとりが、こういう状況で本当にいいのか、自分たちと自分たちの子どもたちの利益のために、一握りの領土問題をめぐる争いが今後とも続いてもいいのか、真剣に考える時が来ているように思える。もちろん、中国や韓国、ロシアの政治家や官僚、マスメディア、国民の一人ひとりについても、ぜひ考えてほしいことである。未来は過去の単純な延長ではないし、過去の出来事の解釈も現在の状況の解釈も一つではありえない。〝領土問題〟をどう考え、どう解決するか、これは政治家や官僚だけでなく、私たち一人ひとりにとっても一つの大きな挑戦である。この挑戦をうまく乗り越えれば、日本を含む東アジアの未来は明るくなるであろう。しかし、私たちが硬直した思考でもって考えれば、これらの問題の解決は難しくなり、私たちの未来も危うくなるであろう。過去の歴史をみれば、どの国にとっても〝歴史の分岐点〟とでもいうべきものがあることがわかる。日本の〝領土問題〟に関しても、どのように考え、どのように解決できるか、国民の一人ひとりが考える時期に来ているように思える。

8. 尖閣、竹島、北方四島の問題についての本書の理解

文献考証の方法には二つの方法がある。一つには、さまざまな歴史資料（テキスト）をつき合

わせて異同を比較し、最後に最も初期のオリジナルに近いと思われるテキストを確定する方法である。もう一つは、さまざまなテキストの異なった部分をすべて削除し、最低限の共通部分だけを残す方法である。どの方法を取るかは、研究者と研究の目的による。

尖閣、竹島、北方四島の問題についても、さまざまな歴史的文書を調べて、どちらの主張が歴史的事実に沿っているかを戦わせるのが従来のアプローチであった。そうしたアプローチは標準的ではあるが弱点もある。〝どこまで行っても決着の着かない水掛け論〟になる場合があることである。やや皮肉っぽい見方をすれば、〝ああ言えばこう言う〟式の揚げ足取りの議論になったりする。

この問題についての本書のアプローチは二番目のアプローチに近い。さまざまな歴史的事実や文書の解釈をつき合わせて「領有権」についての異同を確定するというよりも、そういった解釈についての議論をすべて捨て去ることから始める。そして、解釈に関するすべての議論を切り落として〝最後に残る一つの議論〟に絞るのである。それは、二つの国の領域が接する国境地帯に「国境線を引くに当たって、外交交渉があり、それによる合意がどれだけあったか」というただ一点である。もし外交交渉がなければ外交交渉をすればよく、また、合意がなければ合意を作ればいい。そして合意を作るためには、〝問題解決的な交渉〟を行なう必要がある。このように、これらの問題をただ「交渉の有無」と「合意の有無」の問題に絞ることによって、解決の糸口がつかめると考えるのである。

尖閣、竹島、北方四島の問題についての本書の理解を、もう少し詳しく述べると以下の通りである。近代の国際政治が想定する「線としてイメージされる国境」というものは、前近代の社会にはなかった。国家と国家の境は漠然とした面のようなものであり、ある国家への住民の帰属も曖昧であり、時として「二重帰属」「三重帰属」というものもあった。近代的国民国家の形成にあたって、排他的な「国境線」の画定が進められた。通常、ある国家とある国家の接する「境界領域」には、両方の住民が出入りして農林採集業や交易を行なうので、当然、両方の住民による活動記録や地図が作られる。それらの記録や地図はほぼ正確なものもあるにちがいないが、不正確なものもあるだろう。過去の記録や地図がどれだけ正確なものか、第三者を交えて〝相対的な適否〟について双方が解釈を述べることはできるが、完全には確定することはできない。つまり「どこが、どの国の、固有の領土」かは、原理的に確定できない。〝原理的に確定できないもの〟を、いくら議論をしても確定することはできない。したがって、こうしたアプローチには限界があると。

国家と国家の隣接する領域に関して一番重要なことは、「国境線を画定するためのコミュニケーションがあったかどうか」であり、お互いが「その線について合意したかどうか」である。「固有の領土」「無主先占の法理」「実効支配の有無」といった議論は、一方の国が自国の領有を正当化するときに使う議論であり、相手国が納得しない限り、意味のない議論になる。明治期の日本は、千島諸島と樺太、小笠原諸島については、関係国と外交交渉をして合意に達した（もっとも小笠原諸島については通告に近いが）。琉球国については隣国である清と外交交渉はしたが合意には達しなかった。尖閣諸島と竹島については、日清戦争時と日露戦争時に秘密裏に一方的な編入を行なった。戦後は、サンフランシスコ条約で放棄した千島諸島の範囲について、連合国の間でも、日本とソ連＝ロシアの間でも合意がなされていない。したがって、改めて合意をつくればいいのである。

韓国と日本の間でも、隣接地域での国境線についてまだ合意されていない。今後、何らかの形で合意すればよい。日本と中国（そして台湾）の間でも、東シナ海における２００海里経済水域もしくは中間線についての国境線について合意が成立していない。したがって、双方が交渉し合意をつくればいいのである。過去の歴史的事実は、交渉するときの参考資料の一つにすぎない。もっと重要なことは、さまざまな国境紛争がどのように解決されたかについての事例である。そしてもし事例がなければ、新たな事例を作り出せばよいのである。

以上のことをわかりやすく言えば、次のようになる。筆者が小学生の頃、それまでは何もなかった隣の土地との境に、叔父が塀を建てようとした。土地の境を示す木杭が打たれていて、境界は一見、明瞭なようにみえた。その時、叔父はどのような行動を取っただろうか？　境界を示した境がはっきりしているので、「ここまでが自分の家の敷地だ」と言って、すぐに子どもたちと一緒にブロック塀を積み始めただろうか？　もちろん、そんなことはしなかった。隣の土地の地主を呼んで境界線を確認し、合意を作ったうえでブロック積みを始めたのである。

国家と国家の間の境界を決めるのも、まったく同じ原理であるように思える。「ここまでが我々の領土だ」と一方が宣言しても意味はない。〝意味がある〟のは、「私たちは、ここまでが私たちの領土だと考えていますが、皆さんはどこまでが皆さんの領土だと考えていますか？ 今後良い関係を作り、両国のいっそうの経済的、人的、文化的交流を促して共に繁栄発展するためにも、国境線を合意して画定したいのですが、いかがでしょうか？」という行動である。もし筆者の叔父が、相手側と合意を得ないで勝手に塀を作ったとしたら、自ら紛争の種をまいたのも同然であろう。いくら「ここは私の固有の土地だ、登記簿にもチャンと書いてある。あれこれ言われる筋合いはない」といったところで、何らかの不明な点が見つかれば相手側は納得しないであろう。仮にその時は相手側との信頼関係があったとしても、世代が代われば、子孫は別のことを言い始めるかもしれない。

以上が、尖閣、竹島、北方四島の問題についての本書の基本的な理解である。読者の皆さんは、「交渉と合意による国境の画定」ということが、これらの問題を理解し解決する鍵であることを理解されたと思う。それでは、さらに詳しく、これらの問題を検討してみよう。

注

1 尖閣諸島の中国名は釣魚諸島、竹島の韓国名は独島、北方四島のロシア名は南クリル諸島である。本書では、特に断らない限り、煩雑さを避けて日本側の呼び名で表記する。

2　〝自動思考〟というのは、もともと臨床心理学の概念で、ある人が強いストレス要因にさらされたときや神経症的な状態になったときに、一定の（多くの場合、ネガティヴな）思考が自動的に展開されていく状態を指す。

3　孫崎享（２０１１）、岡田充（２０１２）、矢吹晋（２０１３）。

4　国際政治学の分野でその方法の模範を示したのが、１９６２年のキューバ危機の政策過程について研究したグレアム・アリソンの『決定の本質』（１９７１）である。アリソンは、国際政治における政府の政策形成過程の記述と説明において、研究者は自らの用いる「概念レンズ」に自覚的であることの重要性を提起した。そして、同じ政策現象が、「政府合理的行為者モデル」、「組織過程モデル」、「官僚政治モデル（政府内政治モデル）」によって、異なって記述され説明されることを示した。

5　岡田充（２０１２）、３―４頁。

6　和田春樹（２０１２）、28―35頁。

7　羽場久美子（２０１３）、42―45頁。

8　同前、45頁。

9　網野善彦（１９９６）、79―85頁／（２００１）、11―38頁。

10　孫崎享（２０１１）、12―13頁。

第2部 過去

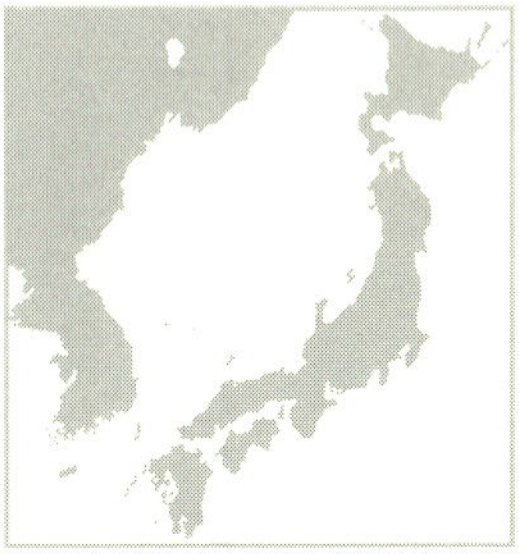

・第2章 国境線の伸張

・第3章 イタリア、ドイツ、日本の国境画定過程の比較

・第4章 〝国民国家〟の国境画定

・第5章 帝国の膨張期における尖閣諸島、竹島、久米赤島、沖ノ鳥島、新南群島の編入過程

・第6章 〝帝国の残《ざん》滓《し》〟の後始末としての国境画定問題——ウヤムヤにされた〝帝国の清算〟

第2章　国境線の伸張

1.「固有の領土」ではなく「国境の画定」へ

前章で、「固有の領土」という考えは、ほとんど無意味な言葉と述べた。それは問題の分析と理解を困難にし、人々の感情を煽る言葉であり、具体的に定義されなければほとんど無内容な言葉である。それは国家間の交渉による解決を困難にして、事態を悪化させる言葉でもある。

しかしながら、ここでは議論をもう少し深めてみたい。私たちの実際の生活において、ある特定の言葉や用語は、分析の手段として使うこともできるし、政治的闘争の手段として使うこともできる。例えば、「分離主義」（セパラティズム）という用語は、もし分析のための言葉として十分定義されれば有用である。逆に、自分たちと考えの違う人たちや特定の政策を政治的に攻撃するためのレッテルとして使うのであれば、ほとんど無意味であろう。そうした言葉は、政治的な闘争の手段としては〝有用である〟かもしれないが、共同で現実を分析し理解するための手段としては〝有害であろう〟。〝単なる記号〟にすぎない言語に意味を持たせるのは、ある理論的フレームワークであり、その理論的フレームワークをお互いが共有するという事実である。そうしたことを前提として、今一度「固有の領土」という言葉について考えてみよう。

ある政治共同体もしくは国家の「固有の領土」という言葉を使う場合、常に「どういう意味で、いつから〝固有〟ということなのですか？」という質問を続ける必要があると述べた。過去のさまざまな国家の栄枯盛衰の歴史をみると、厳密に言えば、〝ある国家の「固有の領土」というものはない〟とも言える。しかしながら、常識的な意味で、私たちは〝ある国家の「固有の領土」というものはある〟と考えているし、そのような常識的な意味でお互いにコミュニケーションをする。問題はその後である。「固有の領土」という言葉（概念）が当てはまるのは、ある国家の「中心地帯」であって、「国境地帯」ではないということである。このことを多くの人々は混同し、その混同を政治家が利用する。

例えば、近代において、パリがフランスの「固有の領土」であるとする考えについて、ほとんどの人は疑問を抱かないであろう。しかし、ベルギーとの国境地帯やバスク人の住むピレネー山脈地帯、アルザス・ロレーヌ地域のどこまでが「固有の領土」であるかについては、議論が分かれるに違いない。モスクワが、少なくとも近代以降のロシアの「固有の領土」であることを疑う人はいないであろう。しかし、コーカサス地方や中央アジア、極東地域のどこまでが「固有の領土」であるかは、はっきり言えないであろう。中世以降、現在までの京都や江戸・東京が日本の「固有の領土」であることは疑いえない。しかし、国境地帯である小笠原や千島、尖閣、竹島はどうだろうか。はっきりとは言えないであろう。

なぜはっきりとは言えないのであろうか？「はっきり」ということは「一義的であり自明である」ということである。世界中の国々や民族の歴史をみれば、このことの意味がわかる。ある国家や民族の居住地が比較的長い間持続した「中心地」を特定することはできる。しかし、国家の周辺地帯にある〝国境線〟は、隣接する国家や民族の力関係によって変化する。たとえ特定の川や山があっても、少しずつ現状が変わり、実際には「どこまでが〝国境線〟なのか」わからないこともしばしば起こる。国家の周辺地帯における国境線というものは、〝伸び縮みする線〟のようなものであり、それゆえ、その一帯の領土も拡大と縮小を繰り返す。そうした場所に「固有の領土」といった概念は当てはまらないのである。歴史を通じて、すべての国が国境の変遷を経験しているのであり、そのたびに国境地帯の領土も変化している。

ある国際関係論の専門家が「中国にとって『国』とは中華文明の光が及ぶ範囲で、勢力によって国境は拡大、縮小してきた。『固有の領土』という概念自体、存在しない」[1]と述べているが、これは日本を含むどの国にとっても言えることである。ただ国境線の変化の程度とその具体的なあり方が違うだけである。確かに中国の場合、帝国中心に対して周囲の東西南北の国境線が膨張と縮小を繰り返してきた。一方、日本の場合、7世紀に「日本国」が成立して以降、最初は北の蝦夷と南の隼人と戦って国境を決め、古代中世を通じて一貫して北の蝦夷に対抗して国境線を広げていった。近世になると、秀吉・家康とも朝鮮や蝦夷地、琉球を勢力圏とみなして、「日本型小華夷秩序」を形成した。江戸時代に小笠原諸島が発見された。明治時代に入ると、北方のロシアと南方の清国、西方の朝鮮、東方のアメリカという東西南北で、国境線を競い合った。歴史家の誰もが知っているように、明治維新以降の１００年間は国境の膨張と縮小の歴史である。

大江志乃夫は、明治時代になっても「小中華」の国を自負する皇国日本が、周辺国に〝文明〟を及ぼそうとして帝国的な膨張を行なっていったことを指摘している。大江によると、戦前の日本は「本土を中心とした同心円的拡がり」を示していた。その構造は、沖縄や千島を内国に取り込み、その外郭に皇民化された朝鮮・台湾などの直轄植民地があり、その外縁に帝国日本を中心とする「文化ノ融合」した日満華の「東亜新秩序」領域、その外周に東亜新秩序を支える東南アジアの「資源圏」、さらにできればその外に「補給圏」を形成するというものであった。[2]

１９４５年以降の日本の歴史は、膨張した国境が縮小していく歴史である。問題は、縮小していく国境のどの地点までを「中心（核）」とし、どの地点を「外郭」もしくは「周辺」と考えるかである。しかしながら、仮に〝日本国〟の「中心部分」を「固有の領土」と考えても、その範囲については歴史的に変化してきたとしか言いようがないであろう。ましてや、すでに述べたように「中心部分」以外の「周辺」や「国境地帯」には、「固有の領土」という表現は当てはまらないのである。

しかしながら、野村甚三郎のように「国家とは「安全保障上、経済上、精神的・文化的な」アイデンティティの〝器〟であり、国境とはその外壁である」[3]と定義すると、その「外壁」はまさに〝固有の領土〟の外側を守る強固な壁ということになるであろう。「外壁」ということは、それが強固な建造物で持続し簡単には動かないということを含意する。しかし、国家と国境がそのようなものであったためしはほとんどない。古代のギリシアのポリスは、城郭で囲まれたポリスの周辺に農地が広がっていた。いつもはポリスの外の農地で農業をし、戦争になるとポリスの城砦内に立てこもるのが常態であった。

中世ヨーロッパにおいては、「領主のすむ居城」の周辺に農奴の住む領地があり、さらにその外側に森や沼地が広がっていた。漠然とした領地や領土の境はあっても、国境に縄が張ってあったり鉄条網で仕切られていたわけではない（もちろん、時にはそういうこともあったかもしれないが）。中世の人々が旅をしていると、いつのまにか見知らぬ「土地」に入りこみ、「ここはどこの国ですか？」とか「ここの領主はどなたですか？」と村の住人に聞くのである。

ヨーロッパの中世の領邦国家においては、都市とは領主の居城とそれを取り囲む城砦であり、都市の周辺に農奴の住む領地が広がっていた。城塞都市と領地の連なりが「国家」なのである。つまり、古代の都市国家も中世の領邦国家も、その構造は、中心の城砦都市とそれを取り囲む農地・森林・河川、時には海域を含む領域なのであり、当然その範囲は伸び縮みする。

近代国家についても、首都を含む中心領域と周辺領域・国境地帯の二重（または三重）構造になっている。周辺領域や国境地帯、特に国境地帯について、「固有の領土」という表現は当てはまらないであろう。本来「固有の領土」という概念が当てはまらない地域に、「固有の領土」という言葉を使うのは、自分の側の主張を有利にするための政治的なレトリックにすぎない。しかしながら、当然、相手の側もそうした政治的レトリックを使う。かくして、双方が「固有の領土」というレトリックを使って世論を動員し、相手側に圧力をかける。それでも足りなければ、活動家や海洋巡視船、航空機をつかってデモンストレーションをする。さらにそれでも不十分であれば、軍隊を集結させたり軍事演習を行なう。最後は何かのきっかけを口実にして、武力衝突を起こすのである。武力衝突が国境地帯での衝突だけに留まればいいが、時にはそれが国家間戦争になる。

これが、これまでの人類の歴史であった。「固有の領土」を主張する人たちは、本人も気づかないうちに、こうした抗争とエスカレーションのプロセスの一端を担ってしまうのである。そして、社会学で言う「予言の自己成就」のように、最初は「そうでなかったこと」が、双方の相互作用を通して、あたかも最初から「そうであったかのように」自分に対しても相手に対しても振舞う。つまり、国境地帯に「固有の領土」といったものはなかったのに、あたかも、それがもともとからあったかのように錯覚して、大声で主張し始めるのである。

しかしながら、そうしたエスカレーションのプロセスを変える方法が一つだけある。「固有の領土」という考えを国境地帯に当てはめることをやめ、本来の「国境の画定」という考えを用いて相手側と交渉することである。キーワードは、「固有の領土」ではなく、「国境の画定と安定」である。国境を画定して安定させ、そしてお互いの安全で友好的な関係を作るのである。本来、交渉による合意によってしか画定しない「国境線」を確定し、そして、それによって囲まれた「内側の領域」を領土として確定するのである。こうした考えやアプローチは、「固有の領土がある」と思い込んでいるアプローチとは、まったく別のそして逆のアプローチであろう。「自分のものである領土」を主張し、相手との力関係によって国境線を引くのか、もしくは、本来「合意によってしか成立しない国境線」を、交渉によって引くのか、ということである。それぞれの国家にはどちらのアプローチを選ぶかという選択肢がある。それを決めるのは国家の指導者たちと国民であろう。

2. 「日本国」の形成と国境線の変化

現代日本のほとんどの人は、現在の〝島国日本〟の地図を念頭においており、それ以外の国境の姿を想像できない。大陸の多くの国では歴史を通じて国境線が変化しており、異なった時代の国境線の地図も示されるので、人々もそのことを理解している。例えばデンマークなどは、現在はユトランド半島の先っぽに位置する小国と思われがちだが、15世紀頃は、スウェーデン、ノルウェーの地域を版図におさめる「バルト海の大国」でもあった。近代の国民国家が成立する以前のヨーロッパでは、姻戚関係で結ばれた大小の王侯貴族が支配する「家産国家」が普通であり、たえず戦争をして国境線が変化した。20世紀の二つの世界大戦によっても国境線は変化し、人々もそのことを知っている。アジアや中東の国々も、歴史を通じてたえず国境が変化している。ところが日本の場合、まるで中世ヨーロッパの人々が「天動説」を信じて疑わないように、多くの人は古代から「日本という国」があり、その「国境」も今と同じでほとんど変わらないと思っている。ただ戦前の一時代だけ台湾や朝鮮、満州、南洋諸島などを領有したが、それらは植民地であって、敗戦によって放棄したので元の日本の領域に戻ったと思い込んでいるのである。先に、定義なしに使われる「固有の領土」という観念が、いかに曖昧なものであるかについて述べたが、このことをもう少し詳しく検討してみよう。

現在「日本」と呼ばれる国が成立したのは7世紀であると、網野善彦が指摘したことはすでに述べた。それ以来現在まで、日本は、小さな漸次的変化はありつつも、大きく分けて三つの国家領域と国境の時代を経ている。網野が使った「古代の小帝国」という言葉に刺激を受けて、ここでは一応「古代・中世的帝国の時代」、「近世的帝国の時代」、「近代的帝国の時代」としておきたい。

ヨーロッパ史における「帝国」とは、個別の王国や公国の上位に位置する権威で束ねられた〝政治的共同体〟という意味であり、必ずしも〝侵略・支配を行なう帝国主義的な国家〟という含意を含まない。例えば「神聖ローマ帝国」がそうである。もちろん、古代の「ローマ帝国」や

「ロシア帝国」「中華帝国」のように、周辺の国家や民族を侵略して併合し、一元的な皇帝支配を実現するような国家も帝国と呼ばれる。また近代的な「植民地帝国」にも帝国という名称が使われる。この場合〝大英帝国〟（British Empire）のような俗称の場合もあれば、戦前の日本のように、正式な国号（「大日本帝国」）の場合もあるが、いずれも「植民地帝国」としての性格としては共通のものがある。「帝国」の定義について議論をし始めると収まらないので、ここでは一応、日本の国境の変遷について時代区分をするための中立的・便宜的な表現として使いたい。（「近代的帝国」については、第5章で詳しく論じる）。

本書の関心は、今後、尖閣、竹島、北方四島の国境画定問題をどうするかにある。ここでは、そのための参考として、過去の大きな時代区分と国境の変遷をみてみたい。名称と同様、時代の区分もあくまでも便宜的なものであり、今後歴史学者による検討がさらに必要であろう。以下がその区分である。

第1期　古代・中世的帝国の時代
　7世紀末の古代国家の成立～17世紀初頭の徳川幕藩体制成立期
第2期　近世的帝国（日本的華夷秩序）の時代
　17世紀初頭の徳川幕藩体制成立期～19世紀中葉の明治維新
第3期　近代的帝国の時代

19世紀中葉の明治維新～１９４５年までのアジア太平洋戦争敗戦
（1）集権国家成立期　　　　　　（１８６７～１８７３年）
（2）国境画定期　　　　　　　　（１８７４～１８８１年）
（3）対外膨張期（帝国の形成）（１８８２～１９４５年）
（4）対外縮小期（帝国の崩壊）（１９４５～２０１３年現在）

3. 古代・中世的帝国の時代の国境

まず「古代・中世的帝国の時代」の国境をみてみよう。網野は古代の「日本国」の成立に関して次のようにも言っている。７世紀以前には「倭」という国名を使って隋以前の中国大陸の帝国に朝貢していたヤマトの支配層は、飛鳥浄御原令を定めて小さいながらも自らの帝国を作るのだという姿勢を打ち出した。自らを中国への朝貢国と位置づけていた状態から脱却をはかり、自立した小帝国形成への意欲が「日本」という名称に込められている。日本国は小帝国として東北・南九州を「侵略」し、新羅への侵攻も計画した。８世紀から9世紀初めにかけて、異種族である東北の「蝦夷」と南九州の「隼人」を征服していった。日本国の「古代帝国主義」による侵略に対して、東北人が一世紀にわたって抵抗を続けた結果、日本国は東北全土を領土にすることはできなかった。

日本国は、自分たちの支配下に入った地域に国・郡・郷（最初は里）という行政単位を設定したが、東北北部はその枠組みに入らず、そこにある集落は日本国からは「村」と呼ばれていた。「村」は、中世まで公的な国制の外にある集落の呼称だった。日本国全体としては国・郡・郷の制度は9世紀には確立したが、津軽・下北に郡ができ陸奥国の中に入るのは12世紀以降である。8世紀から使われた「国《くに》」の名前は、824年に、最終的に六十六カ国・二島（壱岐、対馬）に落ち着いたが、この時点で確立した「国《くに》」の枠組みは強固で、ついに現在に至るまで破られていないと言うこともできるほどである。近代になり、明治政府が二つないし三つの国を合わせて作った県もあるが、その大部分が完全に融合できていない。例えば、愛知県の尾張と三河はそもそも言葉も意識も違うし、いまだに何かにつけて対立する。7世紀末に誕生した日本国の制度的枠組みが、基本的にはほとんど変わっていないとも言えるのである。

古代世界は、12世紀末の鎌倉幕府の誕生によって変化した。鎌倉幕府は、奥州藤原氏を滅ぼし、現在の中部・関東・東北一円を直接統治し「東国」と呼んだ。その後さらに、関東、関西、中国、九州といった地域が自立性を強めていった。15世紀には北海道に「夷千島王」を名乗る人物が出現し、南方では琉球王国も誕生した。「この頃になると、日本列島には「日本国」以外の国家が現れ、列島全体に実に多様な地域が分立していたことが明瞭になってくる」のである。[4]

網野の古代史観を参考にしつつ、さらに中世まで含めると、一応、次のように言えるのではないか。もし「日本の固有の領土」という言葉を使うとしたら、7世紀、689年の浄御原令の成立時前後の国・郡・里（郷）で示された範囲を指すこともできる。その後、ヤマト政権による東北と南九州の侵攻・併合によって日本国の領土は拡大していった。12世紀頃にやっと、津軽・下北が日本国の行政区に形式的に含まれた。しかし実際には、「開放国境」（オープン・ボーダー）で、アイヌの人たちは自由に行き来していた。13世紀から15世紀にかけて、和人が徐々に蝦夷地に進出して拠点を築いていった。１４５７年には和人とコシャマインの戦争が起こり、アイヌと和人の勢力範囲が漠然と形成された。

南方の沖縄地方では、12世紀頃から按司《あじ》と呼ばれる豪族が現れ、やがて中山、北山、南山と呼ばれる地域王権にまとまった。１３７２年に中山の察度《さっと》王が明に入貢すると、他の王権も続いて入貢した。15世紀にはいると佐敷地方にいた尚巴志《しょうはし》が沖縄を統一し、１４２９年に琉球王国が成立した。琉球王国はやがて、宮古・八重山などの先島や奄美諸島も版図に入れた。琉球は日本国とも交易を行なったが、中国の皇帝の冊封を受けて朝貢する国家でもあり、室町幕府にとっては支配の及ばない異国であった、と。

４．近世的帝国の時代の国境――日本型華夷秩序

日本国では中世から近世に移行する過渡期に、豊臣秀吉の支配が行なわれた。秀吉は１５９０年に小田原城を下して「内国平定」を実現した。翌１５９１年には、全国の大名に対し検地帳

（御前帳《ごぜんちょう》）と国絵図《くにえず》の提出を命じた。御前帳は全国の土地台帳であり、これによって石高と軍役が定められた。秀吉はすでに、対馬の宗氏を介して朝鮮国に入貢と明出兵の先導を求めていたが、これが拒否されると、１５９２年と１５９７年に15万もの大軍で朝鮮半島を侵略した。この時、琉球国にも軍役《ぐんやく》と兵糧米の負担を強制したが、琉球国はそれに応ぜず、やむなく兵糧米の半分を送っただけであった（残りの半分は薩摩から借りて送った）。１５９３年、秀吉は蝦夷の和人地を治める蠣崎慶広《かきざきよしひろ》に対し、蝦夷地での交易権を認める朱印状を発給した。

１６００年の関が原の戦いに勝利した徳川家康は、１６０３年に征夷大将軍に任ぜられ江戸に幕府を開いた。１６０４年、家康は北海道南部の渡島半島を根拠地とする松前慶広（蠣崎から改名）に黒印状を発給し、アイヌ交易権を保証すると同時に和人の蝦夷地渡航を制限した。榎森進によると、松前藩は寛永期（１６２４～４４）に、蝦夷島を和人専用の地域である「和人地」と「蝦夷」（アイヌ民族）の居住地である「蝦夷地」の二つの地域を明確に区分し、両地の境に番所を設置して、アイヌと一般和人との往来を厳しく取り締まった。

近世を通じて次第に、徳川幕府（直轄地の長崎）―オランダ船・中国船、島津氏（薩摩藩）―琉球、宗氏（対馬）―朝鮮、松前氏（松前藩）―蝦夷地（アイヌ民族）という「鎖国」制下の「四つの口」を媒介にした異国・異域（異民族）との対外関係を軸にした日本型華夷秩序が形成されていった。そのなかで、アイヌ民族は、松前藩を介して幕藩体制そのものと対峙関係におかれるともに、政治的身分的には「化外の民としての蝦夷」として位置づけられた。[5]

浪川健治もまたこうした近世の体制を日本型華夷秩序と性格付け、「通信の国」と規定された朝鮮・琉球と幕府の間では、通信使や慶賀使の来訪という国家間の儀礼行事があり、国家を形成していなかったアイヌ民族との間では、幕府の巡検使に対して松前地と蝦夷地の境で「御目見《おめみえ》（ウイマム）」の儀式が行なわれたとしている。浪川によると、当時の蝦夷地は「幕藩体制的な支配秩序が及ばない化外の地」というだけでなく、「言語・風俗など文化様式の異なる異民族の領有する地＝外国としてとらえられていた。実体的には、少なくとも近世初頭の蝦夷地は、しだいに和人によって侵食され自立性を失っていくとはいえ、アイヌ社会の排他的・独占的な領土（アイヌモシリ）であった」。[6]その後、1669年のシャクシャインの蜂起（寛文蝦夷蜂起）を鎮圧した松前藩は、各地のアイヌ首長層に「子々孫々までの無条件の忠誠」や「他藩との交易の禁止」などの服従を要求した起請文《きしょうもん》を提出させたうえ、定期的な藩主への謁見を強要し、交易の際には制法・法度の伝達を行なうなど政治的経済的支配を強化していった。[7]

平山裕人は、17世紀の「アイヌモシリ」は、現在の北海道からサハリン南部、千島列島を含む領域であったとしている。18世紀に隣接国家による「アイヌモシリ」の争奪が始まり、19世紀には、サハリン北部は清帝国の冊封体制、千島中北部はロシア帝国の勢力圏、サハリン南部・北海道・千島南部は江戸幕府直轄というように分割が進んだという（図2—1参照）。[8]この状態は、中東のクルド人の居住する山岳地帯のクルドスタンが、近代になってトルコ、シリア、イラン、イラクという国家によって国境線が引かれ分割された状態に似ている。

図2−1　18世紀のアイヌモシリ

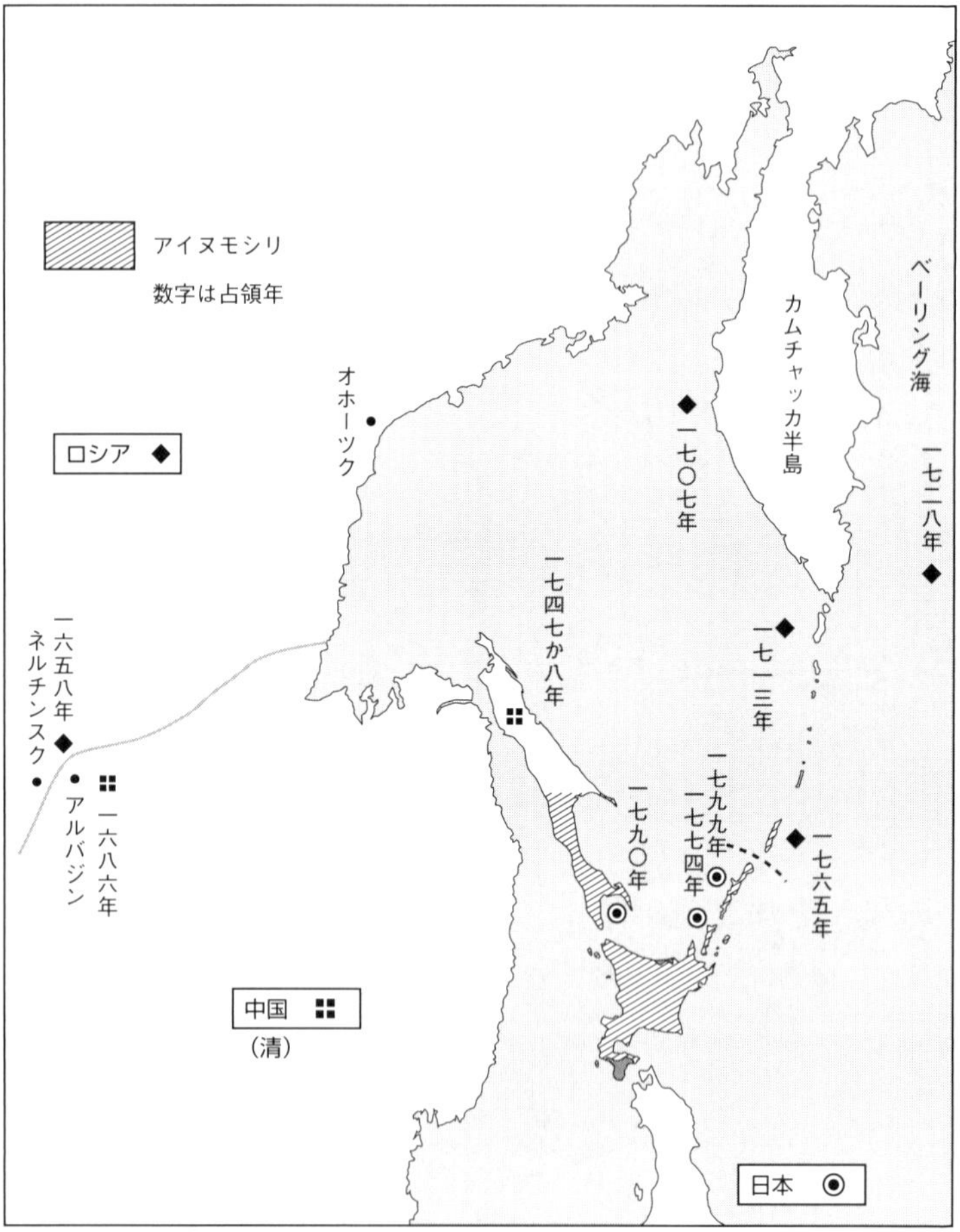

出所：平山裕人『アイヌ史を見つめて』1996年、439頁より

浪川によると、日本近海にロシア船が出没するにつれ、幕府は体制外にあったアイヌを幕藩体制の政治的・軍事的支配下に取り込み、蝦夷地への内国統治を強化するため蝦夷地の直轄化に踏み切った。それは、1799年〜1821年の前期幕領期、松前藩への復領期をはさんだ1854年〜1868年の後期幕領期に分けられる。そして「ロシアの「外圧」は日本型華夷秩序・意識に特質づけられていた近世国家と蝦夷地の関係を崩壊させ、蝦夷地＝内国の論理が主張され、〔幕府の〕アイヌへの対応もまた、隔絶・華夷主義から、民族性の否定＝「国風」化へと根本的に変化し」ていった[9]。そして、1799年以降の幕府直轄以降、蝦夷地は「内国」のなかの「異域」としての性格を強めていったとされる[10]。

秋月俊幸もまた次のように指摘している。「一八世紀末ころまでの日本の識者たちの多くは、北海道（南端の松前地区を除く）でさえも日本の領域とはみていなかった。仙台藩士林子平は、蝦夷地を朝鮮、琉球と並べて「夫此三国ハ壌ヲ本邦ニ接シテ実ニ隣接ノ国也」（『三国通覧図説』）といい、地理学者古川古松軒も「今世にいう蝦夷の地は、必ず松前侯の支配あるにもあらず。島のあるじというものなし」（『東遊雑記』）と書いていた。しかし、ロシアの千島併合と蝦夷地への接近の事実が知られるにつれて、彼らはロシアに先んじて蝦夷地を確保することの急務を唱え始めた。」[11]

ロシア船の出没によって、日本国の国境を画定する必要に迫られるようになり、それが1855年の日露通好条約に結果した。しかしながら、この条約ではエトロフ島とウルップ島の間が国境と定められたが、サハリンはまだ両国民の雑居地であった。1856年、幕府はアイヌに対する「蝦夷人」「夷人」という呼称を「土人」に改めた。「夷人」が西洋列強の外国人をさげすむ言葉として使われるようになったため、「改俗」を必要とするアイヌの人々に対し、「内国人」とは区別するために、あらたに「土人」という呼称を用いるようになったのである。[12] こうしたなかで戊辰《ぼしん》戦争が勃発し、蝦夷地とアイヌの人々を巻き込む領土と国境の再編が行なわれるのである。

この頃の日本国の南方の状況はどうだろうか。1606年島津藩主は徳川家康から琉球出兵の許可をもらい、1609年、薩摩の島津氏は3千の兵をもって琉球を侵略した。琉球国王の尚《しょう》寧《ねい》と三司官は、島津氏に忠誠を誓う起請文を提出させられた。1611年までに島津は検地を行なって石高を定め、さらに「掟十五ヶ条」をもって琉球支配の方針を定めた。紙屋敦之によると、薩摩藩は当初、琉球を日本に同化させることを企図したが、幕府の対明政策が挫折した1615年を境に、琉球に固有の政治形態と風俗を認める政策に転換し、1624年にはそれが確定した。1644年の明清交代の後、幕府は琉球が清と冊封・朝貢関係に入ることを容認した。1646年に、薩摩は琉球に対し新たな「掟五十七ヶ条」を定め、琉球に派遣した在番奉行が琉球に関与することを禁じて、琉球が「自立」した国家であることを確認した。一方、幕府の徳川氏は「征夷大将軍」にして「日本国王」であった。徳川氏が国王と観念されていたことは、禁中並公家諸法度（1615年）に「国王」とあり、天皇と将軍のことと観念されていたことにより明らかである。ただ対外的に「日本国王」と称することにははばかりがあり、1635年に「大君」号が考案され、朝鮮と琉球との外交で用いられたという。[13]

それでは、この頃の朝鮮国との国境はどうなっていただろうか。ここでは池内敏の緻密で実証的な研究成果に依拠して述べたい。池内の『竹島問題とは何か』は２０１２年末に出版され、竹島問題に関するこれまでの歴史的研究の蓄積にもとづく最新の成果といえる。筆者が参考にした他の文献と比較した範囲では、池内の議論が一番説得力があるように思える。彼の江戸時代の日本国と朝鮮国の国境の画定についての内容は興味深い。

池内によると、１６２５年、鬱陵島（当時は竹島と呼ばれていた）への渡海免許（江戸幕府年寄連署奉書）を得た鳥取藩領米子町人の大谷家と村川家は、毎年一回鬱陵島へ渡海してアシカやアワビ、竹を取っていた。１６４０～５０年代には隠岐から鬱陵島に渡る途中にある竹島（当時は松島と呼ばれていた）も活用するようになっていた。ところが、１６９２年頃から、大谷・村川両家は鬱陵島で朝鮮漁民と競合するようになり収獲を挙げられなくなったので、鳥取藩に対処を求めた。鳥取藩から訴えを受けた幕府は、当初、朝鮮人の鬱陵島渡海禁止を求める日朝交渉を対馬藩に命じた。交渉は難航したが、１６９６年、江戸幕府は鳥取藩主宛の個別法令の形で逆に「日本人の竹島（鬱陵島）渡海禁止」（元禄竹島禁止令）を命じた。この禁止令発布の過程を細かに検証すれば、禁止令に「松島渡海を禁止する」という文言はないものの、鬱陵島と松島（現在の竹島）のいずれもが「鳥取藩領外」であることを確認し、それら両島への大谷・村川両家の渡海を禁止したことは明瞭である。大谷・村川家以外の日本人の両島への渡航はありえないことを前提にした禁令である以上、元禄竹島禁止令は日本人の両島への渡海を禁止したことと同義である。その後の1837年、石見浜田藩領・今津屋八右衛門の鬱陵島渡海事件をきっかけにして、元禄竹島禁止令が再確認され、こちらは全国法令として出された（天保竹島渡海禁止令）。

以上の経過をみると、江戸幕府が二度にわたる渡海禁止令によって鬱陵島を朝鮮領と確認し、また竹島を「日本の領土外」としたことは明らかであるとする。[14]

池内の知見を採用すると、幕府支配下の日本国と朝鮮国の〝国境〟は、現在の竹島と隠岐諸島の間にあったことになる。ここで重要なことは、対馬藩を介して幕府と朝鮮国が交渉を行なっていることである。決して一方的に、「ここからここまでが、我が国の領土」だと宣言しているわけではない。次章で詳しく述べる小笠原諸島の件についてもそうであるが、隣接国との国境画定に関して、幕府は国境問題を解決する本質をよく理解し、基本を押さえている。つまり、自国一国の都合だけでは国境は画定できず、相手国と外交交渉をして決めなければならないということである。国境・領土問題について議論をする場合、よく「当時の国際法によれば」と言う人がいる。例えば「国際法によれば、無主地の先占について、他国への通告義務はない」というふうに。しかし、少なくとも17世紀の鬱陵島と松島（現在の竹島）の問題については、幕府の方がずっと〝文明化され外交儀礼にのっとった誠実な態度〟をとっているようにみえる。

「当時の国際法によれば」という言葉を連発する人々の言う「国際法」とは、実際には19世紀の〝文明国とされたヨーロッパの国の間でのルール〟であり、〝半文明国〟や〝野蛮国〟とされた多くのアジアやアフリカ、オセアニアの国々には適用されないものであった。それは、ドイツのビスマルクが明治の遣欧使節に言ったとされる「ヨーロッパの国々は、自分たちに都合のいいときには国際法を持ち出し、そうでないときは武力を用いる」ことを正当化するようなものであった。17世紀の幕府と朝鮮国は、鬱陵島と松島の問題に関して、19世紀の西欧国家よりもずっと誠実で外交の基本を抑えた対応をしているといえる。

以上をまとめると次のように言えるのではないだろうか。近世初頭の17世紀における日本の「領域」は、本州、四国、九州、北海道の一部で構成され、蝦夷や琉球は、朝鮮とともに「異国」であった。しかしながら、この日本型華夷秩序も中華型華夷秩序と同じで、支配者同士の身分的な臣従関係が基本であり、そうした臣従関係の及ぶ範囲が国同士の境界も作った。実際に物理的な周辺地のどこまでが「国境」かについては曖昧な面もあった。〞地球上のすべての地表と河川・海域を国境線で区切る〟という考えは、近代に出てきた発想である。

蝦夷と琉球は、経済的にも文化的にも次第に「日本国」との関係を強めていき、その性格も幕末につれて変化していくのであるが、それでも近世初期に成立した幕府―松前藩―蝦夷地、幕府―薩摩―琉球という封建的な法的関係の基本的枠組みは維持されていた。この状態が、明治維新まで続いたのである。[15]

注

1 朝日新聞、2012年10月31日、朝刊20面。
2 大江志乃夫(1992)、3—31頁。
3 野村甚三郎(2008)、268頁。
4 以上は、網野(2001)、26—30頁、46—52頁の内容を要約したものである。
5 榎森進(2008)、166—168頁。
6 浪川健治(2004)、35—36頁。
7 同前、56—57頁。
8 平山裕人(1996)、436—447頁。
9 同前、78—79頁。
10 榎森、前掲、306—309頁。
11 秋月俊幸(1992)、122頁。
12 浪川、前掲、84頁。
13 紙屋敦之(2009)、2頁。
14 池内敏(2012)、302—303頁。
15 18世紀と19世紀の二度にわたる幕府の蝦夷地直轄の性格については、現時点での筆者の知識は限られており、ここでは暫定的な結論としたい。

第3章　イタリア、ドイツ、日本の国境画定過程の比較

1．なぜイタリア、ドイツ、日本を比較するのか？

「文書主義」の問題点は、文字で書かれた史料に過度に依存することである。文書の一部分だけをみて勝手に解釈することは控えなければならないが、史料の解釈が一義的であるのはまれであろう。どうしても、読む者の読解力に依存してしまう。他の関連文書との相互参照（クロスレファレンス）もしなければならないが、どれぐらいの範囲でそれを行なうのかも偶然性に左右される面がある。外国の図書館や旧家にある文書が見つかったという情報が入っても、すぐには手に入らない場合もある。そうした場合、入手可能な資料にだけ依拠するので判断は暫定的なものになるはずだが、それを忘れて断定的な物言いをしてしまうこともある。文書は重要だが、それだけに依存してはいけないということである。

最も重要なことは、歴史的文書を、〝実際の時系列の経験的現実〟(歴史的事実)との関連において理解することであろう。そのやり方についても、二つの方法がある。一つは、史料が書かれた当時の世界において、似たような政治状況に置かれた国々の政治行動を比較することである。もう一つは、19世紀から20世紀初頭にかけての日本の国境画定過程を、時系列的なコンテキストのもとで理解することである。この章ではまず前者の方法にもとづく比較を行ないたい。

19世紀から20世紀にかけての国民国家の形成時期において、さまざまな国が、まさに千差万別とでも言えるほどにさまざまなプロセスを経て国境を画定していった。ここでは、19世紀後半に国家的統一を果たしたイタリアとドイツ、日本の国境画定過程を比較してみたい。この三つの国を比較するのには理由がある。これまでにも、ドイツと日本の政治システムや近代化の過程はよく比較されてきた。欽定憲法である明治憲法が、プロシア憲法そしてドイツ帝国憲法から学んだものであることは周知の事実であるし、兵制などもよく比較される。

それらに比べると、イタリアとドイツ、日本の国境画定過程についての比較は十分にされていないのではないかと思える。なぜ他の国々とではなく、この三国の19世紀から20世紀にかけての国境画定過程を比較するのかについては十分な理由がある。まず、歴史学者がしばしば指摘するように、この三国はいずれも、19世紀の後半に「国家的統一」をはたして「国民国家の形成」につなげていった〝最後の国家群〟であることである。国家統一が既存の強力な領邦国家の軍事力によって行なわれた点も似ている。その結果も、ドイツの場合は「ドイツのプロシア化」、イタリアの場合は「イタリアのピエモンテ化」、日本は「日本の薩長化」であった。[1]
　1870年前後という時期に国家的統一に成功しなかった国々や地域のほとんどは、その後、植民地や半植民地、保護国・保護領といった形で国際政治システムに組み込まれていった。19世紀後半という時期に「国家的統一」に成功したこれら三国は、後に〝帝国主義国化〟して列強の植民地獲得競争に参加する。これら三国は、〝遅れてきた帝国主義国家〟になり、後に〝持たざる国々〟として、〝持てる国々〟である英米仏中心の世界秩序にたいして現状打破勢力になった。さらにファシズム国家になって三国同盟を形成し、第二次世界大戦時の枢軸国として敗戦国になった点などにおいても共通性がある。
　ここではまず、19世紀におけるこれら三国の政治的状況の類似性について述べ、次に、その結果として、これら三国の国家統一＝国境画定過程の類似性について述べたい。19世紀後半のイタリア、ドイツ、日本の政治社会状況は、さまざまな点で類似性がある。よく言われるのは、当時のイギリスやフランスに比べて、これらの国々においては①近代的市民革命を担うはずの自由主義勢力が比較的弱かったこと、[2]②家父長的権威主義という文化的土壌が根強かったこと、③地域性の強い封建的領邦国家の集合体であったことなどである。実際、ウィーン会議で設立させられたドイツ連邦は、プロシア、オーストリア、ザクセンなどの5王国を含む39の大公国、公国、侯国、自由都市の連合体であった。イタリアは、メッテルニヒに「イタリアとは地理的名称にすぎない」とまで言われたほど、外国支配の地域や教皇領を含むさらに分裂した状態に置かれていた。

一方、当時の日本も、徳川家を筆頭とする約270もの藩に別れ、「御国《おくに》」と言えば「藩」、「君上」と言えば「藩主」を指すほどに、武士たちが「「御国意識」に金縛りになっていた」時代であった。[3]

一方において、このような国内の政治社会状況があり、他方にはすでに国家的統一を遂げた強国との競争という国際状況があるなかで、国家の指導者層が「統一への時間的プレッシャー」にさらされていたという点も、これら三国に共通する点である。国が領邦国家に分裂し、近代的国家の統一を中心的に担うはずの「市民層」の勢力が弱く、人々の意識も家父長的権威主義に強く影響されているなかで国家的統一を実現しなければならないとすれば、どのような可能性があるだろうか。

そうしたなかで行なわれたのが、強力な領邦国家が主導する武力を背景とする国家統一である。ドイツの場合には、人口においても面積においても他を圧倒するプロシア王国の軍事的主導によって、ドイツ帝国の統一が実現された。イタリアは、北部地域では、ピエモンテのサルデーニャ王国の武力によって併合が進められ、南部地域ではガリバルディの〝千人隊〟の武力によってブルボン朝勢力が駆逐された。イタリアの国家統一の方法として特徴的なのは、「実質的にはサルデーニャ王国への中・南部イタリアの併合という形で遂げられた統一」ではあるが、[4]ガリバルディによる支配地域のサルデーニャ国王への献上と各地方での住民投票による承認、1861年に開かれた国会での国王推挙というプロセスを経たことである。日本の場合には、薩摩と長州の軍事力に土佐藩が加わる形での武力で徳川幕府が倒された。ドイツやイタリアのような憲法制定や議会開設もなく、王政復古と薩長専制政府の成立という形で国家的統一が実現された。帝国憲法が制定され議会が開設されたのは、約20年後の１８９０年である。

こうした事実は歴史研究者にとっては常識的なものである。しかしながら、こうしたプロセスが、国家統一を実現するうえで欠かせない「国境の画定」という面にどういう影響を与えたかという点については、従来あまり注意が払われなかったように思える。イタリア、ドイツ、日本の国家統一以前の政治的社会的状態やその後の近代化の過程、ファシズム体制の成立の比較については多くの研究がある。しかし、肝心の「国境画定プロセス」の含意（インプリケーション）については、あまりに当たり前すぎて研究者の注意を引いてこなかった。しかし、これら三国の「国境画定プロセス」の比較こそが、現在の日本の「国境画定プロセス」を理解する重要なカギを握っているように、筆者には思えるのである。

2. 19世紀のイタリア、ドイツ、日本の「国境画定プロセス」における共通性

19世紀の後半においてからくも国家統一を実現したイタリア、ドイツ、日本の三国には、国境画定プロセスにおいて二つの共通点がある。一つは、隣接国家との国境が法的関係においても物理的領域という点においても「曖昧性」もしくは「二重性」という性格があったことである。二

つ目は、その結果として、国境画定のためには外交交渉をせざるをえなかったこと、交渉によって解決できない場合には戦争によって解決したという点である。もちろんこの二点は、近代国家の成立に当たって、どの国も大なり小なり経験することである。違いは、隣接国家同士が、歴史的過程を通じてどの程度〝自然的国境〟や人民の帰属についての合意があるかであり、その程度に応じて交渉と戦争のさまざまな組み合わせのヴァリエーションが生まれるという点だけであろう。しかしながら、同じ時期に似たような国内政治の状況と国際政治の状況に置かれた国々を比較するのは、特別の意義がある。現在と未来における政治的課題の解決に当たって、そうした国々の比較は、他の国との比較からは得られない洞察を与えてくれるからである。それでは、次にその共通点について、表3―1にそってみてみよう。

長らく国家的分裂と外国支配の状態に置かれたイタリアでは、1848年にイタリア統一を目指すリソルジメント運動が各地で高揚し、オーストリア支配から脱する独立戦争も起きた。翌年には、マッツィーニなどの共和主義者がいったんローマを占拠したが、フランスの介入もあり、蜂起はことごとく失敗に終った。そうした失敗の後、北部のピエモンテにあるサルデーニャ王国の宰相であったカヴールは、国際関係を無視した方法ではイタリア統一はできないと考え、1858年、フランスのナポレオン3世に近づいて「プロンビエールの密約」を交わした。これは、サルデーニャ王国がサヴォイアとニースをフランスに割譲する代わりに、北東イタリアのロンバルディアとヴェネチアを支配するオーストリアとの戦争にフランスが協力するというものであっ

表3−1　イタリア、ドイツ、日本の国境画定過程の比較

イタリア	ドイツ	日本
1859　ソルフェリーノの戦い （伊仏連合軍対オーストリア軍） ロンバルディア併合　[北部] 1860　交渉・条約により、サヴォイアとニースをフランスに割譲　[西部] 両シチリア戦争（対ブルボン朝戦争） シチリアと半島南部を併合　[南部] 1861　イタリア王国成立		
	1864　プロシア・オーストリア＝デンマーク戦争 （普墺連合軍対デンマーク軍） シュレースヴィヒ＝ホルシュタイン分割統治　[北部]	
1866　プロシア＝オーストリア戦争 （普伊連合軍対オーストリア軍） ヴェネチア併合　[北東部]	1866　プロシア＝オーストリア戦争 オーストリアを排除した「北ドイツ連邦」の形成　[北部] 1866　（〜70）　プロシアとバイエルン、ヴュルテンベルク、バーデン、ヘッセン・ダルムシュタットとの交渉　[南部]	1868（〜69.5）戊辰戦争 （薩長土軍 対 徳川桑名会津軍） 徳川家を排除した「王政太政官政府」成立 1869. 6　版籍奉還 1869. 8　蝦夷地を北海道、北蝦夷地を樺太州と改称
1870　イタリア王国軍・教皇領に進駐、ローマを併合	1870　（〜71）プロシア＝フランス戦争 1871　ドイツ帝国成立 アルザス・ロレーヌ併合　[南西部]	1871　廃藩置県　明治集権国家成立 1871　台湾原住民による琉球の宮古漁民殺害事件発生 1872　琉球国王を琉球藩王に宣告
		1874　台湾出兵（「日本国属民」の言質を引き出す） 1875　交渉により北海道確定・千島諸島領有　[北方] 1876　列国への通告により小笠原諸島領有　[東方] 1877　調査により朝鮮との国境画定　[西方] 1879　武力占拠により琉球併合 1880　琉球分島案をめぐる日清交渉不成立 1881　日本公使、北京から引きあげる。 1889　大日本帝国憲法体制成立 1894　（〜95）　日清戦争 尖閣諸島を占拠編入し、台湾を併合する。[南方] 日清間の琉球帰属問題"自然消滅"

た。1859年のソルフェリーノの戦いでイタリアはオーストリアに勝利するのであるが、変心したナポレオン3世がオーストリアと単独講和を行なったため、イタリアはロンバルディアしか併合できなかった。

1860年には、サルデーニャは、条約通りにサヴォイアとニースをフランスに割譲し、西部の国境を画定した。同年の5月、共和主義者ガリバルディの〝千人隊〟(赤シャツ隊)が、ジェノヴァからシチリアに上陸してブルボン朝の軍隊と戦い、さらに南部イタリアに進撃して一帯を制圧した。後にカヴールの仲介で、ガリバルディは支配地域をサルデーニャ国王に献上した。これでシチリアから半島南部にかけての国境が決まった。同じ頃、サルデーニャ王国はイタリア中部にある諸州の併合や教皇領マルケとウンブリアの制圧を行なっていた。

ここで注目すべきことは、サヴォイア王家によるイタリア王国への併合を問う住民投票が、イタリアの統一過程で行なわれたことである。1860年に、エミーリア、トスカーナ、マルケ、ウンブリア、南部イタリア、シチリアなどで住民投票が行なわれ、圧倒的多数でヴィットーリョ=エマヌエーレ王のもとでのイタリア王国への併合が支持された。[5] 1861年2月〜3月にピエモンテのトリノで開かれたイタリア国会は、ヴィットーリョ=エマヌエーレ王に「イタリア国王」の称号を献じた。これによって、教皇領とヴェネチアを除いたイタリア王国が成立した。イタリア王国は、1866年のプロシア=オーストリア戦争の際にはプロシア側について戦い、ヴェネチアを獲得した。1870年のプロシア=フランス戦争時に、教皇領に駐屯したフランス軍が撤退した隙に、イタリア王国軍は教皇領に進駐してそれを併合した。これで一応、イタリア本土の統一は終了したのである。

以上をみるとわかるように、イタリアは、ソルフェリーノの戦い、プロシア＝オーストリア戦争への参戦、両シチリア戦争という三つの戦争と一つの外交交渉によって、それぞれ北部、北東部、南部の国境を画定した。もちろん、イタリア王国の国境は19世紀のこの三つの戦争と一つの外交条約によって完全に確定したわけでなく、トリエステ地方やトレンティーノ（南チロル）などが「未回復のイタリア」（イタリア・イレデンタ）問題として、20世紀に持ち越された。トレンティーノは、第一次世界大戦の際、イタリアが英仏露の三国協商側につくことの見返りに、戦争後、敗戦国オーストリアから割譲された。トリエステに関しては、実に複雑な経過をたどった。「CASIOブリタニカ国際大百科事典」によると、トリエステ地方は市民の3分の2はイタリア系であり、第一次世界大戦まではオーストリア＝ハンガリー帝国の一部であった。1915年にイギリス、フランス、ロシア間で密約が結ばれイタリアのものであるとされ、1918年11月にイタリアが占領した。1919年、サン＝ジェルマン条約によって正式にイタリアの領有となった。ところが、第二次世界大戦中に英米ユーゴ軍が占領し、大戦後は、郡部の住民がスラブ系であることからユーゴスラビアが領有を主張してイタリアと争った。1947年の対イタリア平和条約は、北部のトリエステ市とその近郊を独立させ、これをいずれにも属さない自由地域とすることを定めた。しかしこれでも解決せず、北半分を英米軍、南半分をユーゴ軍が占領する状態が続いた。1954年、イギリス、アメリカ、イタリア、ユーゴ間にロンドン協定が成立し、トリエステ港は自由港、トリエステ市を含む北部の大部分をイタリアが、残りの部分をユーゴスラビアが領有することになった。両国は、最終的に1975年にこの状態を承認し、紛争は決着した。

ドイツの国家統一過程も複雑な過程をたどった。1848年のベルリン三月革命を契機に、自由主義者たちが各地からフランクフルトに集まり、「統一と自由」をかかげて国民会議を開催した。「フランクフルト国民議会」と称されるこの会議は、1849年に立憲君主制のドイツ憲法を定めてプロシア国王に国王就任を要請した。しかし要請は拒否され、さらに会議そのものも弾圧を受けて解散させられた結果、ドイツ統一の機運は消失してしまった。1861年に宰相についたビスマルクは、「現下の大問題は言論や多数決ではなく、……鉄と血によってのみ解決される」とプロシア議会で演説し、実際にその方向で政策を進めた。現状打破の第一歩は、シュレースヴィヒ＝ホルシュタイン公国問題の解決によって始まった。ドイツの北西、デンマークとの国境地帯にあるホルシュタインは、ドイツ人とデンマーク人が同居する地域であり、デンマーク王と同君連合を形成するとともにドイツ連邦にも加入していた。1863年、デンマークが新憲法を制定してシュレースヴィヒを併合すると、ドイツ人居住者たちは臨時政府を樹立して、ドイツ連邦に支援を求めた。1864年、プロシアとオーストリアは共同で出兵してデンマーク軍を破り、プロシアがシュレースヴィヒを、オーストリアがホルシュタインを管理した。

しかし、ビスマルク政府は、分割統治という不安定な状態の解消とドイツ統一の主導権を握るため、１８６６年に今度はオーストリアと開戦した。プロシア＝オーストリア戦争で勝利をおさめたプロシアは、ハノーファー、クールヘッセン、ナッサウ、フランクフルトを併合し、マイン川以北にオーストリアを排除した北ドイツ連邦を組織した。しかしながら、南ドイツ地域には、まだバイエルン王国やヴュルテンベルク王国、バーデン大公国、ヘッセン・ダルムシュタット大公国などの独立領邦が存続していた。プロシアは１８６７年から１８７０年の間に、これらの領邦と交渉し、連邦への参加を取り付けていった。

S．ハフナーによると、「１８６６年以前には容赦なく北ドイツ諸国を併合し、その君主たちを退位させ、北ドイツ連邦の弱小パートナーの手綱を厳しく締めつけていた［ビスマルク］が、今では突然…バイエルン国王やヴュルテンベルク国王、バーデン大公、ヘッセン・ダルムシュタット大公と辛抱強く、ながながと交渉し、彼らに相当の譲歩をした。そうした諸国はすべて、ある程度独自の主権を有し、バイエルンは、現実的な国家としての独立性さえ有した」のである。[6]

１８７０年、ビスマルクはスペイン王位継承問題を利用し、あたかもフランス皇帝がプロシア国王を脅迫したかのような電報を偽造してドイツの世論を煽った。逆にそれを聞いたフランス側も激昂して戦争が始まった。最終的に、南ドイツ諸国も味方につけてプロシア＝フランス戦争に勝ったプロシアは、１８７１年にアルザス・ロレーヌ地域の併合を含んだドイツ帝国を成立させ国家統一を実現した。

図3－1　サルデーニャ王国によるイタリア統一の過程（1859～1860年）

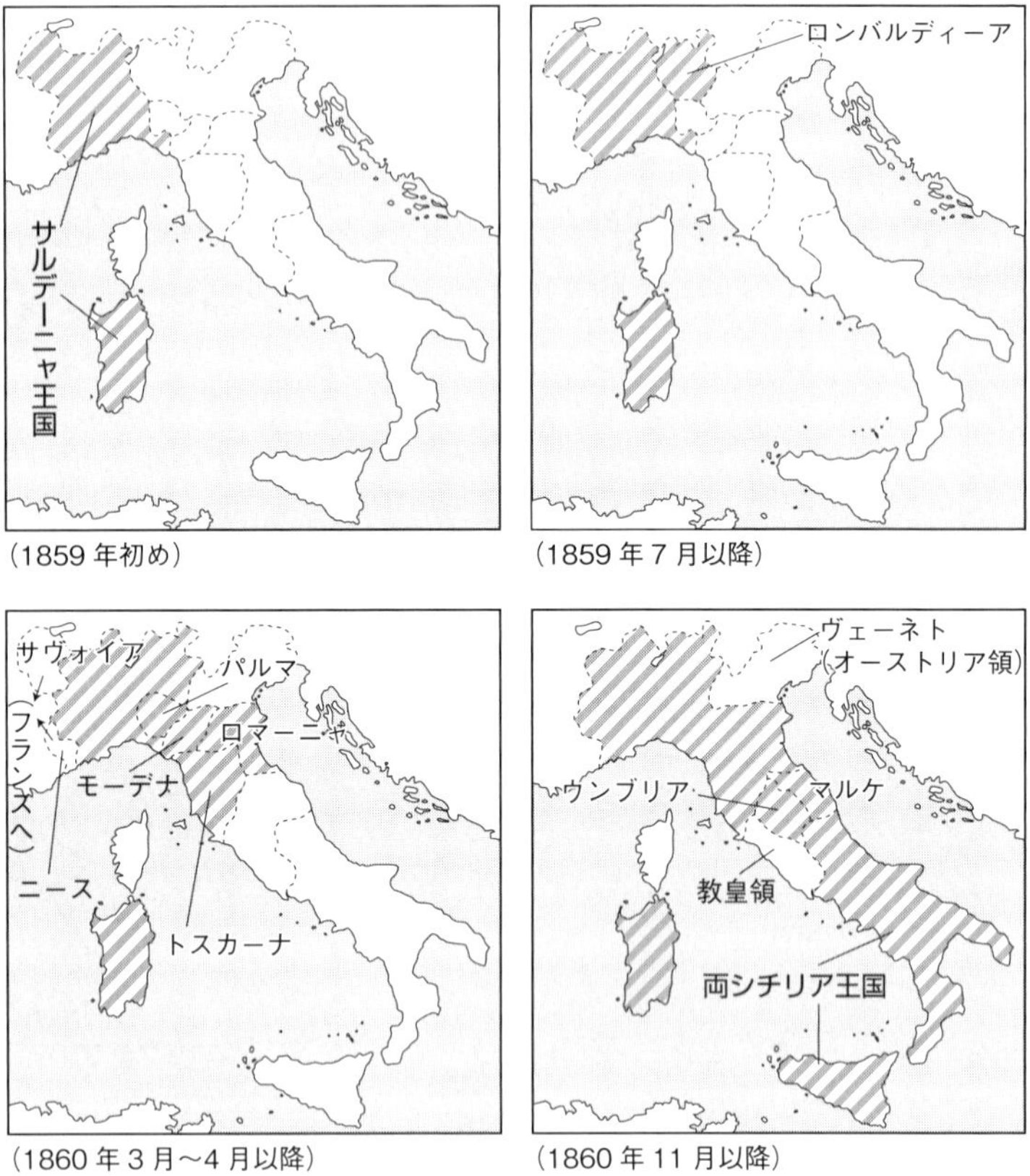

出所：北原敦編『イタリア史』395頁より改変

以上のことは次のことを物語っている。ドイツは、三つの戦争と一連の交渉によって北部、南部、南西部の国境を画定した。20年以上にわたる複雑な経過を経て、１８７１年になんとか国家的統一を実現したドイツであるが、アルザス・ロレーヌの併合は、ドイツとフランスの間に深刻な不信感をもたらし、それが第一次、第二次の世界大戦勃発の遠因の一つになったということである。第二次大戦の後、アルザス・ロレーヌは再びフランスの領土になった。おそらくこの問題

図3−2　1816～1918年のドイツの領域の変遷

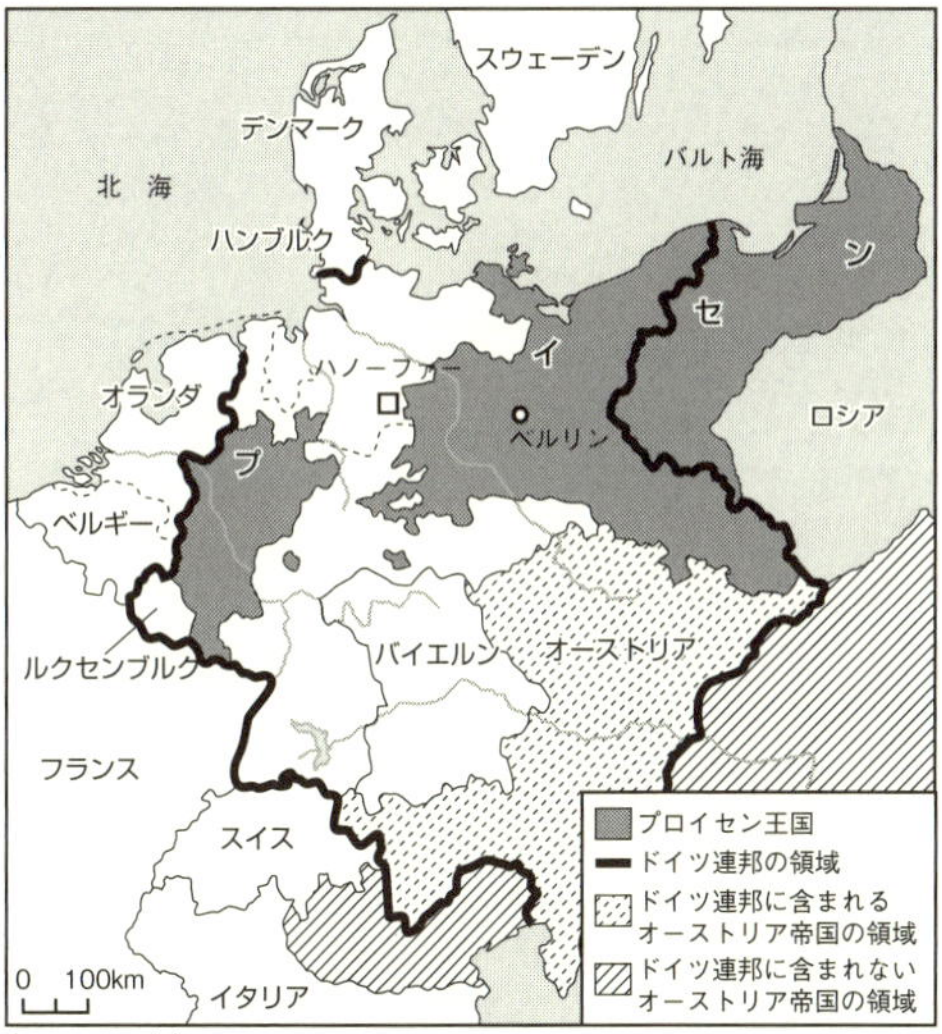

（1816～66 年）

（1866～1918年）

出所：木村靖二編『ドイツ史』221頁，230頁より改変

が最終的に解決したといえるのは、第二次大戦後の欧州共同体の形成と1975年の全欧安全保障協力会議（ヘルシンキ会議）であろう。

日本の場合も、近代統一国家の形成は複雑な過程をたどった。天保の大飢饉のさなかの1837年に起こった大塩平八郎の乱は鎮圧され、1839年には、幕政を批判した渡辺崋山ら「尚歯会」が弾圧に追い込まれた。1841年に、幕府老中の水野忠邦は幕政改革を始めたが、わずか三年で失敗に帰した。1853年のペリーの浦賀来航は、大小約270の藩を率いて250年続いた幕府支配に衝撃を与えた。以後の15年間、幕府と諸藩、脱藩浪士の間で開国、攘夷、尊王、佐幕、倒幕と入り乱れて抗争が続いた。

1867年の12月、王政復古のクーデターが起き、翌年の1868年から約一年半、戊辰《ぼしん》戦争が続いた。戊辰戦争は、薩摩藩・長州藩・土佐藩の連合軍と幕府・桑名藩・会津藩の連合軍が、諸藩を巻き込んで戦った戦争である。戊辰戦争は一般には「内戦」と考えられているが、その性格は、ドイツ統一戦争の際のプロシア＝オーストリア戦争に類似しているように思える。

1869年5月、五稜郭に立てこもった旧幕府軍の降伏によって戊辰戦争が終ると、8月には王政太政官政府はそれまでの蝦夷地を「北海道」、北蝦夷地を「樺太州」と改称した。北海道の範囲は、1855年の日露通好条約によって定められた択捉島以南の千島諸島、東西蝦夷地、松前藩領を含むものであった。1871年に廃藩置県が実施され、はじめて明治集権政府が成立した。明治政府は1875年にロシア政府と樺太千島交換条約を結び、樺太をロシアの領土とする代わりに千島諸島全域を日本の領土とした。これで、北方の国境は確定した。
日本の東部海上にある小笠原は、19世紀の中頃から欧米系の住民が住み着き、イギリスやアメリカも領有権を主張していた。しかし、幕府は古い記録を根拠にして自国領であると主張し列国へ通告を行なった。その後、いったん八丈島の住民などを移住させたが、生麦事件などによってイギリスと戦争が起きるかもしれないと心配し、住民を引き上げさせた。1875年、明治政府は軍艦を小笠原に派遣して住民に「回収」を宣告し、翌1876年に列国に通告して領有を正式に確定した。

日本の南部地域の国境に関してはどうだろうか。17世紀の薩摩藩の侵攻後、琉球王国は薩摩と中国の両方に対して「朝貢」を行なう「二重朝貢」の関係を維持していた。1872年、明治政府は新政府成立の慶賀のために上京した琉球使節に対して、琉球国王である尚泰を「琉球藩王ト為シ叙シテ華族ニ列ス」という詔勅を与えた。1874年、明治政府は、1871年に起きた台湾原住民（生蕃）による琉球の宮古島船員殺害事件を口実に台湾に軍隊を送り、清国から琉球人民が「日本国属民」であるとの言質を引き出した。さらにそれを布石にして、1879年、内務省官僚が率いる警察官と軍隊による首里城の占拠によって琉球王国を併合した（この過程は通常「琉球処分」と呼ばれている）。

1880年には、清国と日本の間で「琉球分島改約案」が交渉されたが、最終的に決裂し、翌1881年、日本政府は宍戸《しど》璣《たまき》公使を北京から引き上げさせた。その後、日本政府は一貫して琉球談判結了の態度を維持した。しかし、中国政府の方は日本による「琉球の併呑」を認めず、戦争に訴えることも含めてその後も琉球国復興を考えていた。[7] 実際はこのような状態ではあったが、一応1881年を国境画定期の最後とすることもできる。その後も琉球王国の抵抗と清国の抗議は続き、最終的に琉球国の帰属が確定したのは日清戦争における日本の勝利であった。

西方の日本と朝鮮の国境についてはどうだろうか。内務省は、「竹島外一島」に関する国境の確定について、1876年10月5日から1877年3月20日まで、約半年間をかけて慎重に調査を行なっている。後に詳しく述べるが、池内敏によると、この場合の「竹島」は現在の鬱陵島を指し、「外一島」は現在の竹島を指すという。池内によると、当時の内務省は、江戸幕府が二度にわたる渡海禁止令によって鬱陵島を朝鮮領と確認し、竹島を日本外の領土と確認したことを踏まえ、1877年に「日本海内竹島外一島は本邦関係これ無き義と心得べし」としたという。[8] つまり鬱陵島と竹島を日本の版図外とすることによって、自主的に国境を画定したのである。

図3―3は、1868年時点と1881年時点での日本の国境を示している。点線は暫定的な国境、実線は確定した国境である。

以上をまとめると次のようになる。イタリアは三つの戦争と一つの外交交渉によって、統一国家の北部、西部、南部の国境を画定した。ドイツは三つの戦争と一連の外交交渉によって、帝国の北部、南部、南西部の三つの国境を画定した。日本は戊辰戦争、台湾出兵、日清戦争の三つの戦争と一つの外交交渉、一つの領有宣言・通告、一つの調査によって、明治国家の北方、南方、東方、西方の四つの国境を画定した。三国に共通するのは、近代国家の成立と国境画定に三つの戦争が関わっていることである。三つの戦争が関わっているだけでなく、そのようなやり方で実現した国家的統一も、国境画定問題を最終的には解決しなかったという点でも共通している。

イタリアは「未回復のイタリア問題」をずっと抱え、それが第一次世界大戦の参戦の理由の一つになった。第一次世界大戦で、トレンティーノ（南チロル）やトリエステを獲得したものの、隣接地のフィウメはさらに「未回復地」にとどまり、１９２０年代の戦間期にダヌンツィオやム

図3−3　1868年、1881年の日本の国境

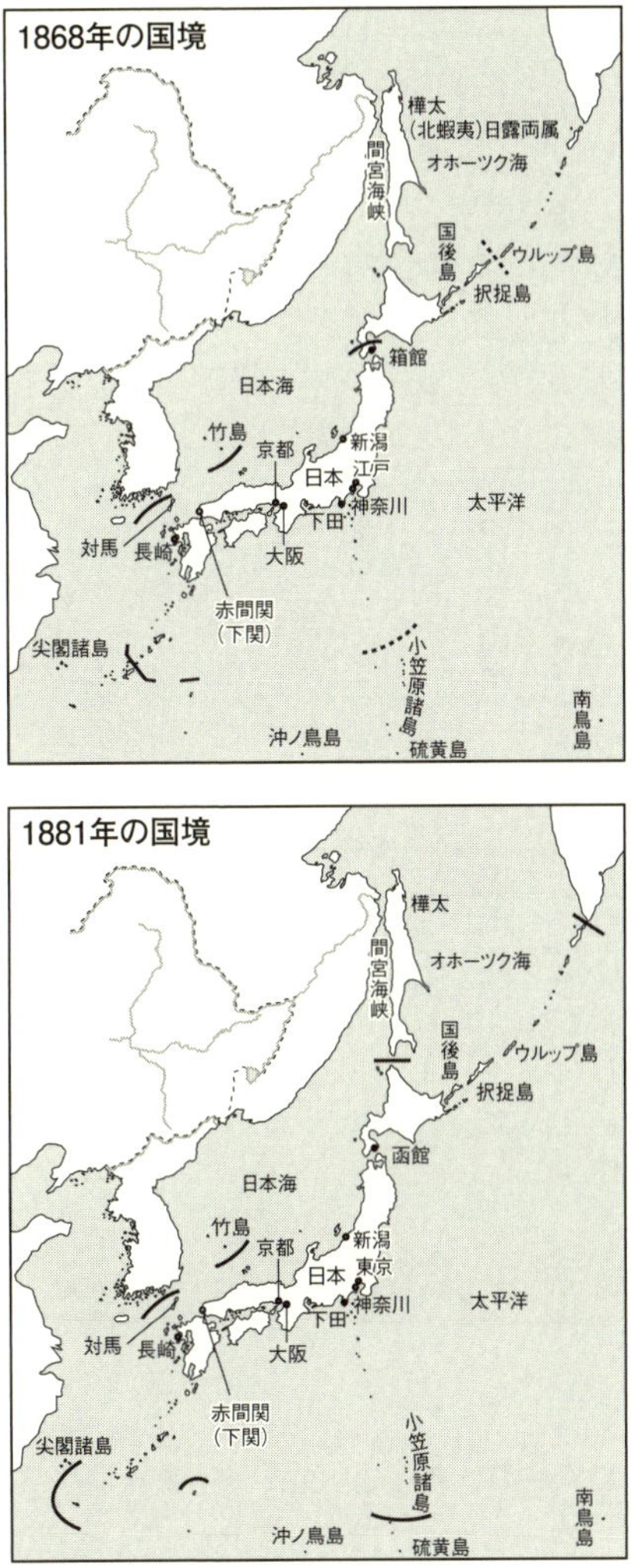

出所：伊藤隆・百瀬孝『資料検証日本の領土』41頁をもとに筆者が作製

ッソリーニなどの国家主義者に利用される口実の一つになった。ドイツは、アルザス・ロレーヌを併合したためにフランス人の憎しみを買い、その問題もまた第一次世界大戦勃発の原因の一つになった。交渉ではなく、戦争によって獲得した領土や画定した国境は、戦争に負けた方の恨みによって不安定なものになりがちであること、未決定の領土問題・国境画定問題を解決したはずが、次の戦争の種をまいていたのである。

日本の場合、台湾出兵と日清戦争による南方の国境確定は、武力による琉球併合とともに、現在まで日本と中国、沖縄の人々の間で複雑な感情問題を引きずらせている。特に、明治国家の〝国家的統一の最終局面〟であると同時に〝帝国主義的侵略の開始〟でもあるという結節点に位置する日清戦争は、現在まで複雑な影響を日中関係にもたらしている。安岡昭男によると、日清戦争の結果、琉球問題は自然消滅になったが、清国政府は正式には日本の琉球領有を承認しないままであったという。[9] おそらく、琉球・沖縄の帰属をめぐって日本と中国の間で正式な条約による合意が成立しなかったことが、現在でも尾を引いている。琉球帰属紛争に関しては、100年以上の前に起こったことではあるが、日中の間で〝法的には〟いまだに「グレーゾーン」のままであるということも可能であろうからである。もう一つの問題が尖閣問題である。尖閣諸島は日本政府が主張するように「無主の地を先占によって編入」したのか、中国政府の言うように「日清戦争中に掠《かす》め取ったものか」、この議論が再燃したのが現在の状況である。前近代において、琉球が中国の版図に含まれていたとすれば、当然、尖閣諸島を含む一帯の海域も中国の版図に含まれていたはずだからである。

近代の国家統一の過程でおきた国境画定問題は、少なくとも国家政府レベルではイタリアとドイツではすでに解決している。日本だけがいまだにこうした問題を引きずっているのである。引きずっているだけでなく、この問題を政治的に利用する扇動政治家とマスメディアが国民を煽り、21世紀の今日まで苦々しい対立感情と不信感を間欠泉のように噴き出させているのである。

3. 近代日本の国境画定問題を考えるためのモデル

尖閣諸島や竹島の問題は、一部の人たちが主張するように、誰も住んでいない無人島を先占して国家領域に編入したというものであろうか？　実際は、ある領域を国家の版図に組み入れるという過程は、孤立または独立した単一の国家行為ではなく、ある特定の時代における特定の隣接国との関係においてなされる行為である。〝時代状況〟と〝国家関係の特質〟というコンテキストを無視した主張は、国境画定問題の本質を見誤る恐れがある。この場合、近代日本が、〝どのような時代〟に〝どのように形成されていったか〟を考えることは、国境画定問題を考えるに当たって重要な洞察を与えてくれるであろう。

大江志乃夫は、常識にしたがえば、近代国家にとって主権がおよぶ領域を決定する国境画定と国家間の国交調整問題とはまったく別の次元の問題であるが、近代日本の場合はそれらが同時に進んだと指摘する。その理由は、東アジアの世界帝国である中華帝国の崩壊過程が、同時に近代帝国主義による中華帝国の最終的分割過程と重複しているからであるとする。近世の「小中華帝国」であった日本が近代的主権国家に成長する過程は、広大な多民族国家の清国を宗主国とし、その外縁に宗属関係で結ばれた属邦、さらにその外周を古くからの漢文化圏に属する諸邦が囲むという同心円的な構造で形成されていた東アジアの伝統秩序と衝突せざるをえなかった[10]。

国際法学者の松井芳郎は、現在の尖閣問題の淵源《えんげん》を19世紀におけるヨーロッパ的国際秩序と異質の国際秩序である東アジア中華帝国秩序の齟齬《そご》に求める。松井によれば、中華帝国が支配する地域は、ヨーロッパ的国際秩序の意味における「領域」ではなく、「版図《はんと》」であったという。「領域」は明確な境界＝国境を持ち、その内側で政府による実効支配が行なわれるが、「版図」は皇帝の統治の恩恵に浴する者や集団が住む空間であり、明確な境界を持たない。日本政府が先占によって尖閣諸島を領有したと主張するとき、それはヨーロッパ的国際秩序の「領域」観を前提にして、そこがどの国の実効支配も及ばない「無主地」であったとの理解に立っている。一方、中国政府は、当時尖閣諸島はすでに中国領だったのであるから先占を言う必要もないと主張する。その根拠として、近世を通じて中国から琉球王国に派遣された冊封使節が尖閣諸島を航路標識としたこと、明の時代に倭寇に対して設けられた沿岸防衛区域に尖閣諸島が含まれていたこと、中国漁民が荒天時に避難場所として利用したことなどを挙げる。このような事実は、ヨーロッパ的国際秩序における実効支配には当たらないが、華夷秩序において尖閣諸島が中国の「版図」であったという理解を正当化することはできる。尖閣紛争は、こういった意味で「国際秩序観」の衝突でもあるという。[11]

こうした東アジアにおける国際秩序の性格と同時に、日本が国民国家を形成しようとした19世紀後半から20世紀前半の時代状況も、日本の国境画定の性格に影響した。歴史学者のマーク・ピーティーは、日本が帝国として膨張する過程の〝歴史的タイミング〟を重視する。一般に、1870年代から第一次世界大戦前の1914年頃までを「帝国主義の時代」と呼ぶが、ピーティーは次のように述べている。「日本の帝国主義的野望の対象となった手近な地域は、無主地の砂漠やジャングルではなく、他の国の支配下にあるかその影響下に取り込まれてしまっていた。そこで日本は武力に訴えて、他の勢力からこれらの領土を一つ一つ奪い取っていくしかなかった」[12]。無主地とされた砂漠やジャングルに〝無主地とされた無人島〟という表現を加えると、尖閣諸島と竹島をめぐる当時の状況がよりはっきりするであろう。

ピーティーが日本の帝国主義的政策の〝歴史的タイミング〟に目を向けるとき、彼の念頭にあったのは1894―95年の日清戦争から1918年の第一次世界大戦終了時までである。しかし、実際には、東アジアにおける伝統的秩序の再編成は1870年代から1922年までの約50年間という時代状況に影響されたのである。日本が北海道の領有と開拓を急いだのも、ロシアの南進に対抗するためであり、琉球を併合したのも、中華帝国の一部をむしりとって南方の拠点を確保するためであり、小笠原の領有宣言をしたのも、イギリスとアメリカに対抗して東方の国境を固めるためであった。

近代日本の国境画定の性格とその時期をまとめて図にすると、これまで述べたことの意味がよりわかりやすくなるであろう。図３―４は、近代日本の国境の形成過程を、主要な政策事項と国境画定の内容、国境画定の実施時期とそれらの変化を図にしたものである。この図では、１８６７年の王政復古のクーデターから１８７３年までを「集権国家成立期」、１８７４年の台湾出兵から１８８１年の日清間の「琉球分島改約交渉」不成立までを「国境画定期」、１８９４年の日清戦争から１９４５年の敗戦までを「対外膨張期」（帝国の拡大期）としている。１９４５年の敗戦以降は、私たちが今生きる「対外縮小期」（帝国の解体期）である。この「帝国の解体期」はまだ終了していないというのが、本書の考え方である。それでは、次章以降で、その具体的な内容についてみてみよう。

図3−4　近代日本の国境の変化

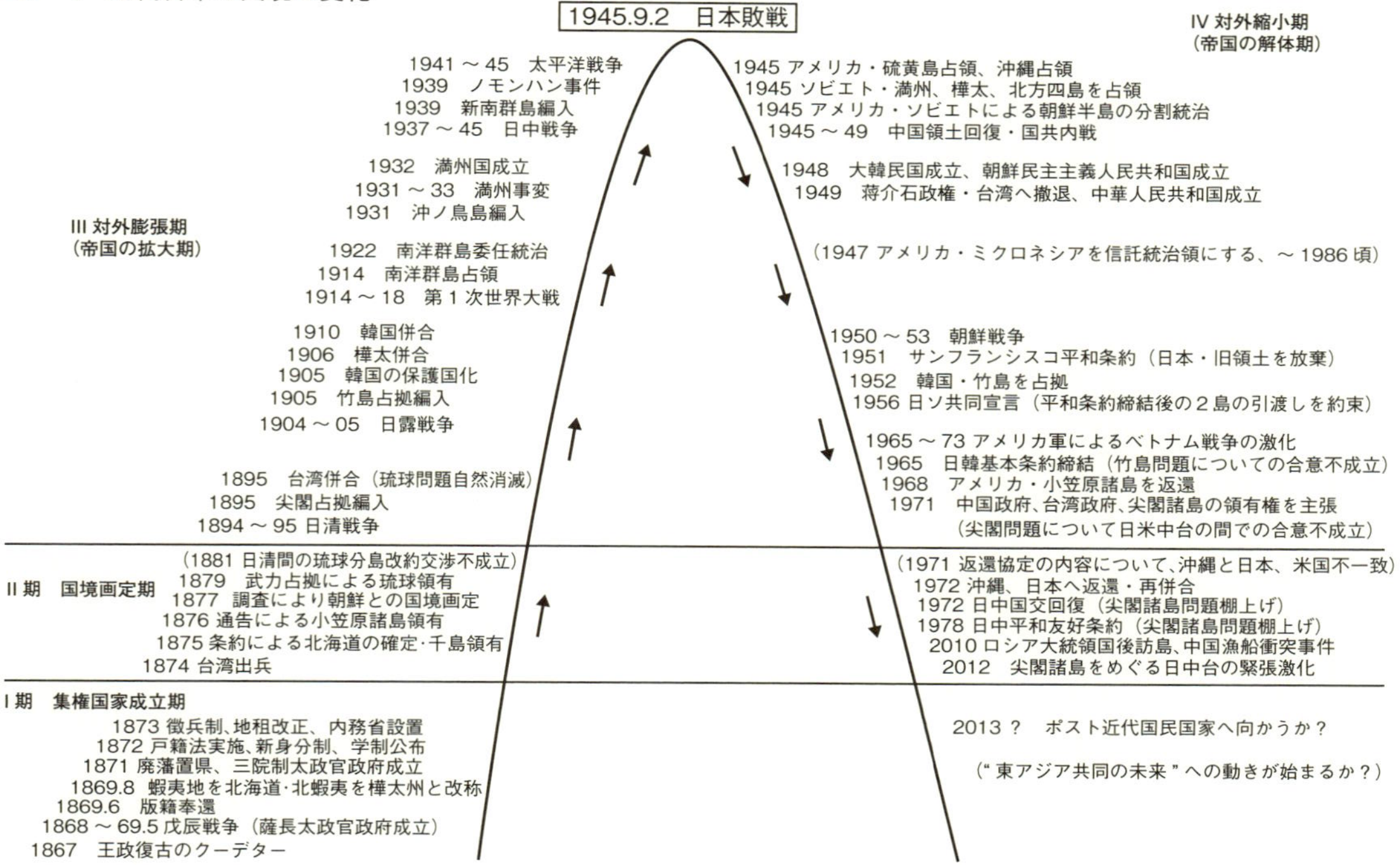
1945.9.2　日本敗戦
III 対外膨張期
（帝国の拡大期）
IV 対外縮小期
（帝国の解体期）
II 期　国境画定期
I 期　集権国家成立期
1941 〜 45　太平洋戦争
1939　ノモンハン事件
1939　新南群島編入
1937 〜 45　日中戦争
1932　満州国成立
1931 〜 33　満州事変
1931　沖ノ鳥島編入
1922　南洋群島委任統治
1914　南洋群島占領
1914 〜 18　第１次世界大戦
1910　韓国併合
1906　樺太併合
1905　韓国の保護国化
1905　竹島占拠編入
1904 〜 05　日露戦争
1895　台湾併合（琉球問題自然消滅）
1895　尖閣占拠編入
1894 〜 95 日清戦争
（1881 日清間の琉球分島改約交渉不成立）
1879　武力占拠による琉球領有
1877　調査により朝鮮との国境画定
1876 通告による小笠原諸島領有
1875 条約による北海道の確定･千島領有
1874 台湾出兵
1873 徴兵制、地租改正、内務省設置
1872 戸籍法実施、新身分制、学制公布
1871 廃藩置県、三院制太政官政府成立
1869.8　蝦夷地を北海道･北蝦夷を樺太州と改称
1869.6　版籍奉還
1868 〜 69.5 戊辰戦争（薩長太政官政府成立）
1867　王政復古のクーデター
1945 アメリカ・硫黄島占領、沖縄占領
1945 ソビエト・満州、樺太、北方四島を占領
1945 アメリカ・ソビエトによる朝鮮半島の分割統治
1945 〜 49　中国領土回復・国共内戦
1948　大韓民国成立、朝鮮民主主義人民共和国成立
1949　蒋介石政権・台湾へ撤退、中華人民共和国成立
（1947 アメリカ・ミクロネシアを信託統治領にする、〜 1986 頃）
1950 〜 53　朝鮮戦争
1951　サンフランシスコ平和条約（日本・旧領土を放棄）
1952　韓国・竹島を占拠
1956 日ソ共同宣言（平和条約締結後の２島の引渡しを約束）
1965 〜 73 アメリカ軍によるベトナム戦争の激化
1965　日韓基本条約締結（竹島問題についての合意不成立）
1968　アメリカ・小笠原諸島を返還
1971　中国政府、台湾政府、尖閣諸島の領有権を主張
（尖閣問題について日米中台の間での合意不成立）
（1971 返還協定の内容について、沖縄と日本、米国不一致）
1972 沖縄、日本へ返還・再併合
1972 日中国交回復（尖閣諸島問題棚上げ）
1978 日中平和友好条約（尖閣諸島問題棚上げ）
2010 ロシア大統領国後訪島、中国漁船衝突事件
2012　尖閣諸島をめぐる日中台の緊張激化
2013？　ポスト近代国民国家へ向かうか？
（“東アジア共同の未来”への動きが始まるか？）

注

1 「ドイツのプロシア化」や「イタリアのピエモンテ化」という表現は、欧米の歴史家の間で時折使われるが、それらとの比較で「日本の薩長化」ということも言えるのではないかと考えた筆者の造語である。そういう言葉を使わなくても、歴史家の多くは、初期の明治政府を「藩閥政府」と特徴付けて描いている。

2 江戸時代の知識人層に、〝自由主義勢力〟という名称を当てはめるのは無理がある。ここでは単に、幕府の政策や封建的身分秩序を批判し、開国を提唱する知識人や町人層のことを指している。

3 飛鳥井雅道(2002)、35頁。

4 森田鉄郎・重岡保郎(1977)、124頁。

5 さらに1866年にはヴェネート地方、1870年にはローマとラツィオ地方でも、サヴォイア王家によるイタリア王国への併合を問う住民投票が行なわれた。

6 S.ハフナー(1989)、43頁。ビスマルクは、連邦への参加を渋るバイエルン国王に多額の賄賂を送った。そうしたこともあり、バイエルンは、外交権や独自の軍隊を持つことさえ許された。

7 安岡昭男(1980)、168―169頁。

8 池内敏(2012)、305―308頁。

9 安岡、前掲、171頁

10 大江、前掲、10―16頁。

11 松井芳郎(2001)、15―16頁。近代的な「領域概念」と前近代的な「版図概念」を比較した場合、たまたま歴史の進行において、西欧の近代的国際システムが優勢になり拡大していっただけであり、前者が先見的(アプリオリ)に優れていると断定するという理由はないのではないか。近年は、ポスト近代の政治システムとして、さまざまなレベルの異なった権威が重複していた中世的秩序が、高度なレベルで復活する「新しい中世」という考えも出されているからである。例えば、田中明彦(1996)『新しい「中世」』を参考にせよ。

12 マーク・ピーティー(1996)、80頁。

第4章　〝国民国家〟の国境画定

1. 全体の流れのなかで国境形成過程をみる

先に、具体的に定義されない場合、「固有の領土」という言葉はほとんど意味のない言葉であると述べた。この言葉を使うためには、「いつの時代の、国のどの部分を、どういう意味で〝固有〟というのか」という問いにまず答えなければならないが、それに答えるためには、ある程度具体的な歴史知識がなければならない。

これまで古代や中世、近世における国境の変遷をみてきた。日本国の国境が時代によって変遷してきた様子がわかった。しかし、読者の中には、「国境が変化してきたといっても、それはずっと昔のことでしょう。そんなことを言い始めたらキリがないじゃありませんか、今議論しているのは近代のことなんです。近代以降、つまり明治維新の後に作られた国境が固有と言っているんです」と言われる方もいるかもしれない。しかしながら、ここにおいても、「いつの時代の、国のどの部分を、どういう意味で〝固有〟というのか」という質問に答えるのでなければ、議論はいつまでたってもすれ違うだけであろう。

歴史的事実をみる場合、重要なことは〝全体の流れ〟をみることである。全体の流れのなかに位置づけてはじめて、個々の〝歴史的資料の意味〟、そして歴史的資料の指し示す〝歴史的事実の意味〟が理解できるのである。〝歴史的資料〟というのは、いわば〝歴史的現実の海〟のうえに浮かぶ〝板片《いたへん》〟のようなものである。〝板片〟は〝現実の海〟ではない。しかし、〝板片〟は海水を吸っているので、それを調べるとその時々の〝海水の組成〟がわかる。しかし、重要なことは、〝板片〟が大きな潮の流れに流されながら、少しずつ〝吸った海水の組成〟を変化させていることを理解することである。同じように、〝歴史的資料〟も〝現実の歴史〟の一部分を反映しているのであるが、最も重要なことは、〝歴史的現実の流れ〟を理解することである。そして、そうした〝歴史的現実の流れ〟のなかに位置づけられてはじめて、〝歴史的資料の意味〟と歴史的資料の指し示す〝歴史的事実の意味〟が理解できるのである。

政治家はよく「森を見るのであって、木だけを見てはならない」とか「大局的視点から判断する」とか言いたがる。しかし、これまでの国境画定問題についての議論をみると、その逆のことをしているような印象を受ける。国境画定の問題も、日本の近代史において国家がどのように形成されていったかという全体の流れを理解してはじめて理解できる。しかし、その国家形成の

〝全体の流れ〟や〝コンテキスト〟を抜きにして、文書の個別の文言の解釈や歴史的事実の解釈、国際法のつまみ食い的な解釈に終始していることが多い。それでは、日本の近代史の全体の流れと国境問題についてみてみよう。

近代国家は一般に「国民国家」として特徴付けられるが、日本の近代史を「国境の変遷」という視点からみてみると、新たな側面が浮かび上がってくる。それは、国民国家の形成のプロセスそのもののなかに、国家の周辺地域を強権的に占拠し併合していくという過程が組み込まれていることである。国民国家の形成過程にはさまざまなパターンがある。一つのイメージとしては、フランスの事例として考えられるような、王侯支配の封建的国家を中層市民や商工業者、労働者、農民が「国民」として結束して倒すというものである。そのようにして自発的に形成された「国民」がつくる国家が「国民国家」であるとする。

国民国家のこのようなイメージは、特権と姻戚関係で結びついた少数の王侯支配層と多数の民衆（専門知識層・商工業者・農民・労働者層）に分裂した封建社会を克服し、法の下に自由で平等な市民が自分たちを国民として統合していくというイメージに結びつく。他方、ほとんどの国家や社会は、そのなかに多数派の文化集団と少数派の文化集団の両方を含む。現実には「国民国家」は、垂直的な階級関係と水平的な文化集団関係のさまざまな組み合わせによって形成されていく。「国民国家」は英語の「nation-state」の訳であるが、実際にほとんどの国家は、「nations-state」もしくは「major-nation's-state」である。つまり、ある多数で優勢な文化集団（メイジャー・ネイション）が自らの文化を「国民文化」として標榜しつつ、少数で劣勢な文化集団（マイナー・ネーション、マイノリティー、エスニック集団）を同化していくプロセスを経ていくことが多いのである。

国民国家は、排他的主権をもった政府、多数派文化集団、そして明確な国境をもった領土によって作られていく。似たような文化を持った国民が自発的に結びつき、そうした国民の代表が選挙と議会を媒介とした政府をつくるというイメージは、必ずしも現実ではない。むしろ、既存の国家権力がまず国境線を引き、そのなかでさまざまな文化政策と普通教育、徴兵制などによって「国民」を作っていくのである。イタリア統一期の政治家ダゼーリオが言った有名な言葉がある。「イタリアは成った。これからはイタリア人を創らねばならない。」[1]

かくして、縦の階級関係と横の文化集団関係の結合の仕方や関係の成熟度が、国民国家の特徴を作る。しかしながら、それらの関係や社会の文化的成熟度が国家統一の有り方を特徴付けるとともに、国家統一のための国境線の作り方も、その国民国家の形成過程に影響を与える。国民国家の特徴、政府の政策、国境線の作り方は、相互に影響し合うのである。

それでは、まず、北海道・千島、小笠原諸島、沖縄をめぐる近代日本の国境画定の過程、最後に竹島に関する国境画定をみてみよう。

2. 北方——北海道・千島の領有の経過

すでに述べたように、どの時点をもって「近代国家日本」の始まりとするかは、決して自明ではない。人によって、立場によって見方が変わってくる。見方が変われば、近代国家日本の国境(その時点における日本国の領土)がどこであるかも変わってくる。近代国家としての日本は、徐々に段階を追って形成されてきたので、ある時点をもって一義的に「これで近代の日本国が成立した」とは言えないであろう。古代の日本国家がいつ成立したのか、鎌倉幕府がいつ成立したか、近世の日本国家がいつ成立したか、いずれも一義的に言えないのと同じである。[2] それぞれ、何をもって政府(国家、体制)が成立したかという定義によるとしか言えないであろう。

1867年12月に王政復古の大号令が出され、1868年3月14日、京都御所で天皇が公家・諸侯を率いて「五箇条の誓文」を神々に誓う儀式が行なわれた。これをもって維新政府の建国宣言とする見方もあるが、実際はまだ〝革命政権としての雄藩連合〟とでもいうべきものであった。4月には政体書が発せられて政府組織が定まり、7月から9月にかけて、江戸の東京改名(事実上の遷都)、明治天皇即位、改元が行なわれた。9月末には、新政府は、スウェーデン＝ノルウェーと修好条約・航海条約を調印するという初の対外主権行為を行なっている(それ以前は、主権者としての将軍＝幕府が条約調印を行なっていた)。

古代の律令国家の成立時と同じように、もし1868年を近代日本国家の成立時と考えるならば、この時点での日本国の国境が近代日本の〝元々の国境〟ということになる。〝元々の国境〟があれば、その内側が〝元々の領土〟であろう。もし「近代日本国家の固有の領土」という言葉を使いたいのであれば、1868年時点での領土がそうであるということになろう。石原俊は、1867年の王政復古の大号令の時点で、日本の排他的な法域として対外的に認知されていた「内国」は本州・九州・四国の三島とその周辺の島々のみだったとしている。その後の国境の変化、したがって「北海道開拓」「小笠原島回収」「琉球処分」と呼ばれる領域拡大の過程を、石原はすべて「占領」と呼んでいる。[3]

1869年5月、五稜郭に立てこもった幕府軍が降伏して戊辰戦争が終った。8月に明治新政府は蝦夷地を「北海道」と改称し、国郡制を実施して11の国と86の郡を置いた。渡島、石狩、根室などの国に加え、エトロフ島とクナシリ島を「千島国」とした。榎森は、蝦夷地を「北海道」と改称し、さらに国郡を置くという処置を、古代国家における「五畿七道」制に倣ったもので、その地が名実ともに「日本の領土・天皇制国家の支配領域になったことを意味するもの」としている。[4] しかし、田村貞雄は、この「改称」を「事実上の北海道領有宣言」と理解している。海岸地帯は別にして、内陸部にはまだアイヌの人びとの自由な居住活動地域があったからである。[5] 幕府が倒れ、旧幕府領を占領したといっても、新政府とアイヌの首長層・民衆の間には、新しい法的関係はまだ結ばれていなかった。北海道は、法的にはいわば占領地のようなものだったと考えられる。

その後何回かにわたる北海道の行政区画の変更をみると、「改称」は８世紀の古代律令国家における陸奥国と出羽国の設置に似ているようにみえる。形式上は国名を定めたものの、実際は「村」が点在するのみで行政支配上の実質がなかったのである。ちなみに、１８６７年の「カラフト島仮規則」によって日露雑居地とされた樺太（サハリン）は、一応「樺太州」とだけ呼んで「郡」を置いていない。国境が定まっていないからであった。

ここで重要なことは、明治政府は「北海道改称」をすぐにロシア領事をはじめとして列強諸国に通知していることである。ロシアとは樺太に関する未画定の国境問題があったので当然であろう。国境画定が国内的処理だけでは済まず、隣接国との交渉によるのでなければ決まらないことを考えれば、当然の処置であろう。１８６９年の８月以来、明治政府は前近代における地域区分体制を廃止して旧蝦夷地の「内国化」を進め、そのことによって、国家による「異域」「化外の地」の支配という前近代的な関係の否定が始まっていた。[6]

１８７１年（明治４年）７月に廃藩置県が行なわれ、近代的な中央集権国家がはじめて成立する。11月に欧米視察に出発した岩倉具視は、あらかじめ使節要用の調査事項として「唐太」「竹島」「無人島」「朝鮮交際始末」「琉球」を指示していたという。[7] 朝鮮との外交関係樹立を除けば、残りの四つは、樺太、鬱陵島、小笠原諸島、琉球に関わる国境確定の問題である。この四件をみると、小笠原を除いた残りの三つの国境画定問題が、形を変えて近代約１５０年の紆余曲折を経た今日まで解決していないという印象を持ってしまう。（ちなみに、朝鮮半島の分断がまだ終らず、北朝鮮との国交もまだ結ばれていない現状を考えると、明治4年の〝五つの宿題〟が、いまだに果たされていないといってもいいのではないだろうか？）

１８７２年2月の戸籍法実施（前年公布）によってはじめて、明治政府はアイヌの人々を「日本国民」へ編入し新たな法的関係が始まった。しかし、これらの措置が問題含みであることは、後に明らかになる。１８７２年の「北海道土地売貸規則」および「地所規則」は、北海道地域への近代的土地所有制度の導入ではあったが、私有の主体は和人だけに認められ、アイヌの人々には認められなかった。この過程を浪川健治は「和人の独占的土地所有によるアイヌモシリの消滅」と呼んでいる。[8]

この頃、雑居地とされた樺太では、ロシア人と和人、アイヌの人々の衝突が頻発し、解決が迫られた。北樺太は、事実上ロシアの占拠状態であったので、明治政府は樺太を放棄し、千島諸島を得ることを決めた。１８７５年5月、ロシアのサンクト・ペテルブルグで、日本全権公使榎本武揚とロシア全権ゴルチャコフによる外交交渉が成功裏に終り、「樺太千島交換条約」が調印された。この条約によって、日本国は樺太をロシアに譲り、ロシアはウルップ島以北の北千島を日本に譲ることが決まった。

この条約は、樺太と北千島のそれぞれに住むアイヌの人々に、3年以内に自由にロシアか日本の国籍を選ぶことを定めていた。しかしながら、榎森によると、明治政府は条約に反して、条約の批准前から、サハリン在住のアイヌの人々を北海道・石狩の江別太《えべつぶと》（現在の江別市）に強制移住させることを決めていた。しかし、サハリンのアイヌの人々は石狩地方への移住を拒み、サハリンに近い宗谷地方への移住を希望した。明治政府が石狩地方への移住を決定したのは、宗谷地方のアイヌとサハリンのアイヌが、国境確定後も従来通り自由に行き来することによって、国境紛争のもとになることを恐れたためと言われている。1875年9月、開拓史によって、92戸841人のサハリン・アイヌが、強制的に宗谷に移住させられ、さらに石狩の対雁《ついしかり》に移された。しかし貧困とコレラ・天然痘などの病気によって、1887年までに300人あまりが死亡した。（後の1905年のポーツマス条約によって、サハリン南部が日本に併合されると、移住させられた多くのアイヌがサハリンに帰っていった。）一方、シュムシュ島（占守島）に住んでいた19戸97人のアイヌ人も、1884年にシコタン島（色丹島）に強制移住させられた。住み慣れない土地に移住させられた結果、生活環境の悪化による栄養不良と病気などによって、多くのアイヌの人々が死亡した。1889年までには人口が62人まで減少し、第二次世界大戦直前にはわずか数名のアイヌが残っているにすぎなかったという。「彼等もまたサハリン（樺太）のアイヌ民族と同様に、国家のエゴによる犠牲者であった」[9]。

日本国の北方の国境画定は、日本とロシアの平和的な交渉によって実現したという点では注目に値する。しかしながら、そこで何百年も住み生活を営んでいたアイヌの人々の視点からすれば、日本とロシアという二つの国家が、自分たちの知らない間に一方的に生活圏を分割したということになる。既存の国家によるこうした分割は、18世紀後半に、ロシア、プロシア、オーストリアによる3度にわたるポーランド分割や、20世紀初頭に遊牧民クルド人の居住するクルディスタン地方をトルコ、シリア、イラク、イランなどが分割した事例を思い起こさせる。政治的国家を形成していたか否かにかかわらず、近隣大国によってある領域が一方的に分割されたという点では、共通性を持つからである。

条約締結後の強制移住は、それまで住んでいたアイヌの人々を困難な状況に追い込んだ。北海道のアイヌにとっても、国境によって日本国の領域に囲い込まれた後、伝統的な文化や習慣を否定されただけでなく、土地所有など「日本国民」としての基本的権利も保障されず、また道内での移住も強制された。こうした事実は、〝何のための、誰のための〟国境画定かを、考えざるをえなくさせる。さらには、近代における「国境の画定」と「国民の創造」が必ずしも同じものではないこと、さらには、国境の画定が、現地の住民にとって生存環境の悪化と人間的尊厳の否定につながる場合があることも示している。

3. 東方――小笠原諸島の領有の経過

小笠原諸島は日本の東方の国境を形作る島々であり、近年、手付かずの自然や海底資源の可能性について語られることは多い。しかし、その領有経過については、沖縄や北海道・千島の領有経過については多少知っている人でも、ごく少数の専門家や当事者である小笠原諸島住民を除いて、ほとんどいないのではないかと思える。以下は、小笠原諸島の領有経過について、田中弘之の『幕末の小笠原』の内容に沿って記述したものである。

田中によると、現在「小笠原諸島」と称される島々の名前の由来とされ、〝日本人による先占の証拠〟とされる「小笠原貞頼が1593年に小笠原諸島を発見したとされる話」は、「架空の物語」である。1543年にスペイン船が発見したとされる不確かな情報を別とすれば、小笠原諸島の最初の発見者は、1639年におけるオランダ人マティス・クワストであったとみられる。1670年、阿波国浅川浦の船主である勘左衛門の一行が、江戸へみかんを運ぶ途中に遭難し、無人島である現在の母島に漂着した。近くの島々にも数日滞在した後、無事下田に帰還し、下田の奉行所に漂流の顚末を報告した。1675年4月、幕府は境の船頭である島谷市左衛門に命じて、これらの無人島を30日余りにわたって調査させた。一行は島に鶏5羽を放し、祠を作ってその脇に「此島大日本之内也」云々と記した。6月に無事下田に帰還し、勘定所に現地の様子を地図とともに報告した。

後に、島谷家に伝わる地図を引き写したとみられる林子平の『三国通覧図説』には、現在の島名である「父島」「母島」の名前はなく、「北の島」「南島」と記されているにすぎない。これらの島について、ドイツ人医師ケンペルが『日本誌』（1727）の中で紹介し、ヨーロッパに知られるにいたった。1817年、フランスの東洋学者であるアベル・レミューザが、『三国通覧図説』からの地図を紹介したが、その題名のなかに「BO-NIN諸島または無人島の地図」という表現があり、以後、ヨーロッパ人の間では、これらの島々がボニン諸島（Bonin Islands）の名前で呼ばれるようになっていく。

1827年、イギリスの探検調査船ブロッサム号がボニン諸島に到着した。船長のビーチーは、島に二人のイギリス人の船乗りが住んでいるのをみて島々の領有を宣言し、その旨を記した銅版を海岸の木に釘付けした。さらに、父島に「ピール・アイランド」という名前をつけるなど、いくつかの命名も行なっている。この数年前にも、イギリスの捕鯨船やアメリカの捕鯨船が寄港していた。1828年、ロシアの探検船セニャーヴィン号が、島に訪れた。

1830年に、ハワイにいるイギリス人領事R．チャールトンの音頭で、入植を目的として5人の欧米人（イギリス人、イタリア人、デンマーク人、2人のアメリカ人）とハワイ諸島出身の男女20人（カナカ人）が、ボニン諸島に送られた。数年後、入植者と置き去りにされた15人の水夫たちとの間に諍いが起きた際、植民者の指導者格であったR．ミリチャンプがロンドンに行って英政府に住民の保護を求める嘆願書を提出した。しかし、イギリス政府は、ビーチー艦長の領有宣言をまだ正式には承認していなかった。1837年、イギリスの貿易監督官C．エリオットは外務次官バックハウスに手紙を送り、ボニン諸島に海軍の根拠地を設けることに時期を逸してはならないこと、英清関係の緊迫は武力の示威を必要としており、そのため島々の占領が必要であると強調した。同年8月、エリオットの命を受けたローリー号がボニン諸島を訪れて実態を調査し、クイン船長は「この植民地の発展途上の状態」に必要な責任者についての判断を仰ぎたいとする報告書を出した。同年末、T．レイという人物による「中国との貿易―ボニン諸島占領によって生ずる若干の利益についてイギリス国民に寄せる書簡」と題する小論が、『チャイニーズ・リポジトリー』に掲載され、しばらく世間の注意を集めた。しかし、イギリスがアヘン戦争に勝利して香港島を獲得すると、広東やマカオのイギリス人から注目されていたボニン諸島占領問題は忘れ去られた。

島谷市左衛門の探検以来１６５年の間、これらの島々に渡った日本人はいなかったが、１８４０年、陸奥国の船頭らの中吉丸が遭難し父島に漂着した。彼らは、イギリス人の住民に助けられて船を修理し、二ヵ月後に銚子湊に帰還した。英語やハワイ系の言葉を話す30人ほどの人々が住んでいる島の様子を、幕府に報告している。しかし、幕府はなんら対策を講じなかった。

アメリカのペリー艦長は１８５３年5月に沖縄の那覇を訪れた後、6月に父島に入港した。そして島民を旗艦サスケハナに集め、島に自治政府をつくるよう勧告した後、「ピール島植民地規約」を与えた。島民は指導者格の住民であったセボリーの家に集まり、この規約に署名した。これでセボリーを長官とする「ピール島植民地政府」が成立した。ペリーのこうした一連の行動によって、「父島は事実上アメリカ海軍の軍政下に置かれることになった」[10]。その後、ペリーは7月に浦賀に行って幕府に開国を迫る親書を渡した。ペリーは翌年の来訪を告げた後に香港に向かったが、部下のケリー艦長にボニン諸島行きを命じた。

ケリー艦長は10月に父島に到着して「父島植民地政府」の成立を確認し、さらに母島と周辺の島々を探索した。彼は母島をヒルスボロー島、母島群島をコフィン島、沖港をニューポートと命名し、さらに米国領であることを宣言してプレートを木に掲げさせた。別のプレートは土に埋めて、それらの記録も作った（プレートの一枚は、1875年に明治政府が訪れた際に住民がまだ保管していた）。

1853年の10月、ペリーが父島の貯炭所用地を買収したというニュースを聞きつけた元英国代理領事A．シンプソンが、英外務大臣クラレンドンに手紙を送り、ペリーの行動を英国領土に対する不法行為であると指摘した。クラレンドンは香港総督に命じて、停泊中のペリーの艦船を訪れ抗議させた。ペリーはその際、次のように反論している。ボニン諸島に最初に入植した5人のうち2人がアメリカ人であり最も多く、しかも現在も残っているのはアメリカ人のセボリーだけである。島民は自発的に自治政府を設立し、セボリーを長官に選出している。これらの島々は、1675年（実際は1670年）に日本人が訪れてブネシマという名前を付けている。また、ブロッサム号のビーチー船長より4年前の1823年に、アメリカ捕鯨船トランジット号のコフィン船長がこの島々を訪れている。したがって、イギリス政府がこれらの島々の領有を宣言する権利はない、と。

ところで、1853年8月には、ロシアのプチャーチン艦長も父島に入港していた。すでに二見湾には、ロシア・アメリカ会社の運送船3隻も到着していた。ロシア政府は、アメリカ議会が日本開国のための使節派遣を議決したというニュースを聞きつけ、長年の懸案であった通商条約締結と樺太・千島の国境画定問題を解決するため、プチャーチン艦長を派遣したのである。プチャーチンは二見湾から長崎へ向かい、後に小笠原派遣の責任者になった長崎奉行・水野筑後守忠《ただ》徳《のり》に会見した。「日本に開国を迫るアメリカとロシアの二つの艦隊がともに父島の二見湾を足場にしたことは、当時の小笠原の地政学的位置を示すものといえよう。後年、日露戦争の際には、日本海軍はロシアのバルチック艦隊が父島に集結するのではないかと警戒していた。」[11]

　1858年に幕府と米英露仏蘭の五カ国と修好通商条約が結ばれた。この頃、すでに刊行された『ペリー提督日本遠征記』（1856）のなかにある小笠原諸島に関する記述が、幕府の目を引いた。太平洋横断航路の中継地としての重要性や貯炭所有地の件、領有権をめぐるイギリス香港貿易監督官J．ボナムとの応酬、農業植民地や捕鯨基地としての将来性などが書かれていた。田中は「こうした『ペリー提督日本遠征記』からの情報が、これまでほとんど無視されてきた「無人島」の回収を促したものとみられる」と指摘している。[12]

　1861年になり、幕府は外国奉行になった水野忠徳を小笠原諸島に派遣することを決定し、準備を始めた。幕府は、派遣の正式名称を「伊豆国附島々備向《そなえむき》、取調且《かつ》小笠原島開拓」とし、単なる国内問題という体裁をとる一方、11月に列国公使にその旨の通告を行なった。幕府の通告に対し、数日後、イギリス公使オールコックは最初は会食での口頭で、後に文書で、次のように述べた。これらの島々が1827年に英国が初めて領有し、翌年にはロシアが同様の行為を行ない、アメリカのペリーも島の一部を買い取っている。日本人が最初の発見者だとしても、その後の管理を怠ったのであるから、欧米の法律によりみれば、日本の所有権はすでに消滅している。しかし、英米露の事跡も不完全であるから、この島をある一国のみの所有とすることは認めがたい。ただし、日本がこれらの島々を所有し開拓する場合、イギリスは事実を争論せず、これまで通り外国船の自由な停泊等を認めるのであれば、干渉はしないと。一方、幕府からの通告を受け取ったアメリカ公使ハリスは、この件を本国政府に報告するが、小笠原在住のアメリカ人の既得権の保護を要請すると文書で回答した。

一方、小笠原に住んでいた住民たちは、本国の国籍を放棄していたわけではなく、本国と連絡を取りつつ生活していた。特に首長的地位にあったセボリーは、船舶が入港するたびに星条旗を掲げて、かれらの生活があたかもアメリカ政府の保護下にあるように振舞った。

1861年の12月末、外国奉行・水野と幕府役人は咸臨丸で品川を出港し、1862年1月に父島に着いた。1670年のみかん船の漂着以来、192年ぶりである。水野らはさっそくセボリーを含む島民の代表と会い、派遣された目的は外国人を退去させることではなく、やがて送られてくる日本人開拓民と「末永く和合いたし相暮し」してほしいということを告げるためであると述べた。セボリーが1827年のビーチーによる領有宣言をもちだしたのに対し、水野は「此方にては三百年前に建物などを致し……二百年続けおり候えども、酉以来中絶致し候」と事実でないことを持ち出している。もっともセボリーらは、あまりこだわらずに日本の領有宣言を受け入れた。1月末に主だった父島の島民が集められ、島の規則ともいうべき「掟」と「小笠原港規則」が読み上げられて、和文、英文一通ずつ、そして食べ物や毛布などの贈り物が手渡された。母島でも同じことが繰り返された。両島合わせて、住民は50人ほどであった。水野らは3月に下田に帰還し、江戸で幕閣に経過報告を行なった。これらの一連の過程が、後に「小笠原回収」と呼ばれる出来事である。

小笠原諸島の「回収」を行なった幕府は、同年さっそく八丈島で男女30人（22名は夫婦）を募り、食料などを持たせて開拓を始めさせた。しかし、生麦事件が起きてイギリスとの戦争が懸念されると、10ヵ月も経たないうちに、入植者を軍艦朝陽丸で撤退させるという結果に終った。しかし、この「小笠原島回収」は、島々が日本領であることを海外に示したという点では意義があった。

1868年に明治維新が起こった。翌年69年、幕末の「回収」後に「島長」として小笠原諸島の管理に携わっていた小花作之助は東京府権大属になっていたが、小笠原島の再回収計画を外務省役人に説いていた。この頃、小笠原の開発問題をめぐって、幕府時代の「回収」が国際法上どれだけ有効かという議論が、民部省や太政官で起こっていた。1872年になって、ドイツ公使が、英国海軍省水路局発行の「チャイナ・シーズ・パイロット」（極東海域の水路誌）に小笠原諸島が英国領と記載されていることを疑問に思い、外務卿・副島種臣と外務大輔・寺島宗則に尋ねた。その時彼らは後日の調査を約束したのみで、はっきり答えられなかった。

1873年に米国船が父島への出港願いを、イギリス人が小笠原で製糖業を起こす許可を求め、さらにアメリカ人ピースが小笠原がアメリカ領であることの確認を駐日米公使に求めるにいたって、明治政府は小笠原諸島の問題への対応を考えざるをえなくなった。一方、駐日米公使デ・ロングも、その件に関して本国に問い合わせた。国務長官の訓令は、かつてペリー艦長がアメリカ合衆国の名において宣言した小笠原諸島（母島）の占領は議会の承認を得たものでないこと、したがって、現地のアメリカ住民が特別の保護を請求する権利がないというものであった。1875年5月に懸案であった樺太・千島問題が解決すると、明治政府は10月に小笠原諸島に官吏を派遣することを決定した。

これを知ったイギリス公使パークスは、寺島外務卿を訪ねてイギリスも小笠原現地に領事を派遣する意向を伝えた。この時パークスは、これまでアメリカ、イギリス、ロシアも小笠原に官吏を派遣した事実について述べ、日本政府が小笠原を属地と決めた根拠を問いただしている。寺島は、島々に関するこれまでの手続きや距離の近さといった点を理由に挙げている。この時パークスは、もし距離の遠近といったことを属地と定める根拠にするならば、琉球島は支那の属地ということも可能ではないかと反論しているが、領有についての異論は述べないとも言っている。[13]

1875年の11月21日、小笠原島の回収を行なう官吏が明治丸で父島に向かい、4日後に到着した。明治政府の官吏らは、主だった島民13人を船上に招き、文久元年の小笠原島回収にのっとって統治を再興する旨を伝えた。島民らは、日本政府の法令規則を遵守するという誓約書に署名をし、前回と同じように食料や毛布、綿布、タバコ、酒などの贈り物を受け取った。ちなみに、イギリス領事を乗せた軍艦が2日後に二見湾に入ったが、日本側の手続きはすでに終っていた。

翌１８７６年、明治政府は小笠原諸島を内務省の所管とし、同年、諸外国に対して小笠原諸島領有の通告をした。諸外国からの抗議や異論はでなかった。ただ同封した「港規則」や「税則」の罰則規定についてだけ、アメリカ公使とイギリス公使から治外法権を定めた条約に違反するのではないかという申し立てがあった。それについては寺島外務卿が、遠隔地のため、違反者をいちいち横浜に連れてこられないとして了解を求めた。公使らは納得はしなかったようであるが、それ以上追及はしなかった。これで、小笠原諸島の「回収」は終り、それによってこの時点での東方の国境は確定した[14]。

以上が、田中弘之の記述にしたがって「小笠原島回収」の経過を述べたものである。実際の経過はもっと錯綜しているが、田中の洞察とともに国境画定問題の複雑さを知ることができ興味深い。小笠原諸島の「回収」について、なぜこれほど細かに述べたかというと、島嶼をめぐる国境画定問題を理解する鍵が潜んでいるからである。それらを順を追ってみてみよう。

まず第一に、最初に無人島である小笠原諸島を発見したのは日本人ではなく、他の国の人間であるということである。幕府は確かに調査は行なったが、１８４０年の漂着を別にすれば、日本人はそれ以前の２００年近く小笠原に行っていない。その間に、複数の国が領有宣言をし、また30年にわたって、外国人（石原俊の表現を借りれば「移動民」）が島に定住していた。第二に、１８

61年当時の小笠原は、実際には複数の国々が〝領有をめぐって競合していた状態であった〟というのが正確なように思える。第三に、最終的に領有を決定したのは、交渉スキルと関係国の力関係であった。確かに、ケンペルがヨーロッパに紹介した小笠原の地図は、幕府の主張の強い根拠になったと思える。しかし実際は、それを領有の根拠として示しつつ「回収」を列国に通告し、さらに軍艦で小笠原の現地に行って既成事実を作ったことが決め手となった。

　田中は小笠原「回収」の成功の原因を、「小笠原島の領有権に対する英国の消極的姿勢と英領化を恐れるアメリカが日本領化を援けるという有利な条件に支えられていたことも事実だが、幕府の綿密な計画と積極的な外交姿勢によって、外国に干渉の隙を与え」なかったことに帰している[15]。しかし筆者には、むしろ逆のようにみえる。幕府の綿密な計画と積極的な外交姿勢については確かにそうであるが、むしろ「回収」を成功に導いたのは、イギリスとアメリカの力関係、当時はまだ互いの協力を必要とした幕府とイギリスとの関係であったように思える。1861年という年は、攘夷派による攻撃が強まり、幕府もイギリスもまだお互いの協力を必要としていた。さらには、ロシア軍艦による対馬の占拠という事態が起こっており、イギリスとしては領土的野心があると日本側に思われることを避ける必要もあったからである。

　しかしながら、幕府の「小笠原回収」は道半ばで終わった。殖民の試みが10ヵ月で途絶えてしまったからである。明治政府は、再び似たような状況で、似たようなプロセスを繰り返した。石原は、明治政府は当初、小笠原は遠くの海上にあって物産の増殖も見込めないから「度外」に捨て置くべきではないかと考えたり、外国人が住んでいるので領事裁判権をめぐる紛争が起きることを懸念して、政府内で「官議紛糾」したことを指摘している。[16] しかし、廃藩置県や太政官改革、戸籍法の制定、徴兵制、地租改正、内務省設置などによって、１８７３年までに明治政府の骨格が固まると、明治政府は翌年の１８７４年1月にはじめて小笠原の再回収の「着手」に取り掛かった。[17] １８７５年、明治政府は「先占の法理」を主張するイギリス公使に反論を行ない、翌１８７６年に欧米16カ国に対して領有の通告を送っている。小笠原諸島をめぐる日本とアメリカ、イギリスの〝領有競争〟は、いずれの国も「先占」の根拠に弱点を抱えつつ、微妙な国際関係のなかで間一髪の差で、日本の領有に決まったのである。

小笠原諸島をめぐる国境画定の事例は、後の尖閣・竹島の事例と比較して、重要な論点を提起する。「無主地先占」の法理を使う人々は、いずれの国家によっても領有されていない「無主地」をその国家が領有の意思を明らかにし、実効支配の事実を示すことを主要な基準にする。他国への通告は必要ないとする。しかしながら、もしそうであるとすれば、小笠原の場合はなぜ列強に領有を通告し、尖閣と竹島の場合はそうしなかったのかという疑問が湧く。小笠原の場合には、アメリカとイギリスの両方が領有宣言をし、現に住民も住んでいるから通告しないわけにはいかなかったという理由も考えられる。林子平（とケンペル）の地図の存在も大きかったと思われるが、小笠原をめぐる国境画定と尖閣・竹島をめぐる国境画定の状況の基本的な性格の違いがあるように思える。その違いについては、次章で検討したい。

4．南方──琉球・沖縄をめぐる国境画定の経過

１６０９年以来、琉球王国が幕府・薩摩と中国の両方に対して「朝貢」を行なう「二重朝貢」の関係を維持していたことはすでに述べた。１８７２年明治政府は、新政府成立の慶賀のために上京した琉球使節に対して、琉球国王である尚泰を「琉球藩王ト為し叙して華族ニ列ス」という詔勅を与えた。１８７１年に琉球王国の宮古島船員たちが台湾に漂着し原住民（生蕃）に殺害された事件が起きていたが、それを口実に１８７４年に西郷従道の軍隊によって台湾出兵が行われた。事態の収拾に当たった明治政府は、清国から「琉球人民」が「日本国属民等」であるとの言質を引き出し、賠償金を支払わせることに成功した。

しかしながら、琉球王国（日本との関係では琉球藩）は、その後も清との関係を維持していた。１８７９年、内務省官僚の松田道之率いる約２００人の警察官と３００人の軍隊は首里城を占拠して「琉球藩を廃して沖縄県を置くこと」を宣告した。しかし、その後も琉球王府の抵抗と清国の抗議は続いた。翌１８８０年、前アメリカ大統領グラントの斡旋で、明治政府と清国間で琉球を分割する案が交渉された。日本側が、沖縄本島以北を日本領とし八重山と宮古島を清国領とする案を出したのに対し、中国側は、奄美諸島以北を日本領、沖縄本島に琉球王国を再興、八重山と宮古島を清国領とする案を出した。いったん交渉は妥結されたが、１８８１年の正式調印は行

われなかった。その結果、琉球・沖縄の帰属はその後も曖昧な状態のまま続いた。旧琉球王府の高官を含む〝脱清人〟（〝渡清人〟）によって「琉球王国復興運動」が清で続き、民衆レベルでも抵抗運動が起きた。最終的に琉球・沖縄の帰属が確定したのは1894〜1895年の日清戦争である。このような確定の仕方を何というかわからない。「戦争の結果という既成事実の承認」による「自然消滅」とでもいうのかどうか。いずれにせよ、日清戦争の結果、琉球の人々の「王国復興運動」は自然消滅し、日清両国の政府ももはやこの問題を公式に取り上げることはなくなった。一つには、日清戦争の結果、台湾が割譲され、もはや琉球帰属問題を論じることが意味を持たなくなったことである。明治政府にとって懸案であった南方の国境画定問題は、これで終ったのである。

5. 北海道・千島、小笠原、沖縄をめぐる国境画定を理解する全体的視点

近代日本国家の性格をどう位置づけるかは重要な問題であるが、ここでもう一度、全体を見渡してみよう。1868年3月の「五箇条の誓文」宣言は、維新政府の建国宣言と言われる。しかし、新政府の実態は、形式的には太政官制を復活させたものの、現実には「雄藩連合政権」であり、薩摩長州軍による幕府の討伐であった。徳川慶喜への「辞官納地」は実現したものの、旧来の藩体制は手付かずのままである。政治学的にみれば、この状態は「革命政権」の成立であって

「国家」の成立とは呼べないであろう。

1869年の5月18日に戊辰戦争が終結し、6月17日に版籍奉還が行なわれて藩知事274人が任命された。一方、6月24日にロシア兵が樺太の函泊《はこどまり》を占領して陣地を築いていた。8月1日にイギリス公使パークスが、外務大臣輔・寺島宗則に対して、樺太がロシア領になる危険性を指摘した。これをうけて、新政府は8月15日に蝦夷地を北海道と改称し、それを列国に通知している。しかしながら、これらもまだ過度的処置であろう。1871年7月14日の廃藩置県、そして1872年2月1日の壬申戸籍実施をまってはじめて、近代日本国家は成立したと言えるのである。

廃藩置県による近代日本国家成立時の日本国の範囲は、南は奄美・九州から始まり、本州を挟んで西は対馬、東は八丈島、北は北海道本土と択捉島までということになる。南方にはまだ琉球王国が健在であり、小笠原諸島はイギリス・アメリカも領有宣言した「未確定地域」、日露雑居地であった樺太もロシアと競合する「未確定地域」であった。北海道に関して言えば、まず1799年以降の幕府直轄によってアイヌモシリの占拠が行なわれ（つまり、1604年に成立した幕府―松前藩―蝦夷地の関係が変更され）、次に、1855年にロシアとの間で千島諸島（クリル諸島）の分割が行なわれ、さらに1869年の改称と1872年の明治国家の成立によって、その分割が確定した。しかし、北西部の国境は決まっておらず、事実、北海道アイヌの人々と樺太アイヌの人々は自由に行き来していた。したがって、この地域の分割は次の時期に持ち越されたのである。

こうした一連の経過は、17世紀から19世紀にかけてのロシアと清の国境画定の経過に似ている。17世紀中頃、ロシアの勢力がアムール川流域に進出し、その地域の先住民から貢租を徴収していた清と衝突した。１６８０年代の六年戦争の後、１６８９年にロシアと清はネルチンスク条約を結び、外興安嶺とエルグン川、シルカ川支流のゴルビッツア川の線を国境と定めた。その後、１８５８年のロシアと清の間に結ばれた愛琿《アイグン》条約によって、アムール川左岸をロシア領、ウスリー江以東の沿海の地がロシアと清の共同管理と定められた。最後に、１８６０年のアロー戦争終結時に結ばれた北京条約によって、ロシアは沿海地方も領土にした。

北海道では、１６６９年に石狩地方を除く全蝦夷地のアイヌが蜂起したが、１６７１年に幕府によって鎮圧された。近世後期から近代前期にかけて、樺太地方と千島地方のアイヌの人々の居住圏であるアイヌモシリをめぐって、ロシアと日本が占拠競争を続け、１８５５年と１８７５年の二つの協定によって分割が確定したのである。私たちは現在の枠組みを過去に投影して物事を解釈しがちであるが、その場合でも、歴史的事実を誰の視点からみるかによって意味が変わってくる。もともと先住民の人々が何百年にもわたって住み生活を営んでいた土地を、別の地域の国家や集団が勢力を拡大し、他の国家との間で国境線を画定した事実を当然のものとしていいのだろうか？ もし自分たちがその当時、先住民の一人として生きていて、多数派民族集団や多数派民族集団のつくる国家から土地を奪われて排除され、場合によっては撲滅寸前に追いやられたときに、どのように感じるだろうか？　国境の画定について議論する場合、こうした根本的な問題についても議論することが必要に思える。

1871年の時点では、明治国家による〝北海道島〟全域と択捉島以南の事実上の占拠、千島諸島分割によるロシアとの間の国境の画定は行なわれていたが、北東部の画定は行なわれていなかった。南方に関してでは、廃藩置県後の1872年10月、新政府成立の慶賀に訪れた琉球使節に、琉球国王を「琉球藩王」とすることが宣告された。小森陽一は、このことを「明治天皇が琉球藩王を冊封するという『冊封―朝貢』体制に即した処置であった」としている。[18] 一方、小笠原諸島についても、幕府によって行なわれた「回収」が、国際法上どれだけ有効かをめぐって、太政官と民部省、外務省の間で議論が起こっていた。

1871年初頭の郵便制度の開始とともに、統一通貨と貨幣単位の制定、廃藩置県、三院制太政官の設置と続いた改革は、1872年の壬申戸籍の実施、新身分制の実施、学制公布、1873年の太陽暦の採用、徴兵制施行、地租改正条例発布、国立銀行の認可、内務省設置と続いた。1873年末までに明治国家の基本構造が固まった。したがって、この時期を「集権国家成立期」と呼びたい。国境画定問題の解決は、この後の時期に行なわれたのである。

6. 西方——竹島をめぐる1877年の国境の画定

竹島／独島の問題は、日韓関係の「のどに刺さったトゲ」とも表現される厄介な問題であるが、いまだに解決の目途は立たない。玄大松《ひょんでそん》は、竹島／独島の問題を〝日韓関係の鬼〟と呼ぶ。「いくら信頼の石を積んでも、忽然と賽《さい》の河原に現れ、いとも簡単に塔を崩してしまう。その鬼は日韓関係がぎくしゃくした時にいつも現れ、両国関係を破壊的にまで損ねる」と述べている。[19] ちなみに、〝賽《さい》の河原〟というのは、死んだ子どもが行くという冥土の三途《さんず》の川の河原のことで、子どもは父母の供養のために小石を積み上げて塔を作ろうとするが、鬼が絶えず現れてそれを崩してしまうのである。

池内敏は、これまでの竹島論争が「学問的裏づけを欠如させたまま争点化されて」おり、「日本でも韓国でも、史実から目をそらし、内輪受けはするが外へ出したらまるで通用しない水準の議論が繰り返されてきた。傍目には奇妙に映る論証も、同じ主張で固まった身内のあいだでは拍手喝采を浴びるから、さらに威勢のよい発言がなされ、その一方で、異論に対しては激烈で頑な批判が繰り返されてきた」「日本領と主張する側と韓国領と主張する側とが、それぞれに自らの弱点には頬被りをし、もっぱら相手の弱点をあげつらうやり方で突っ張りあいを行なってきた」と批判している。[20] 玄大松もまた、日韓両国ともさまざまな古文書や文献を持ち出して、竹島

／独島に対する原始取得（歴史的権原の存在）と実行支配の根拠として絶対視しているが、文献の解釈や引用、地名・人名などに誤記・誤訳が散見されると指摘している。[21]

竹島／独島に関する日韓両国の議論の中には、確かに首を傾げざるをえないものもある。国際法を盾に取る日本側の議論は一見もっともらしく聞こえるが、国際的判例の背後にある具体的な歴史的状況を無視した形式論の印象を受ける。司法的判断というのは、法律の定める権利義務関係と個々の具体的な状況、衡平の原理をかけあわせたもので、背景が異なれば司法判断も異なってくる。

一方、韓国側の主張にも疑問に感じざるをえないものがある。例えば、韓国側が独島領有の根拠とする１５３０年の古地図「八道総図」などは、于山島（独島）と鬱陵島の位置が逆であり、「東国地図の写本の江道地図」、19世紀の「東国全図」や「海左全図」の于山島とおぼしき島は鬱陵島のすぐ右隣にあるので、現在の竹嶼のようにみえる。[22]したがって、これらの地図でもって、于山島は現在の独島であると断定することはできないのではないかとも感じる。古地図を参考資料の一つとして検討することには意義がある。しかし、さまざまな地図を、歴史的根拠として採用する場合には、さまざまな説得力のレベルがあるのではないだろうか。第三者がみた場合、ある地図は強い説得力を持ち、別の地図は中くらいのレベル、別の地図は低い説得力しかもたない。それらを丹念に選り分けて、自らの主張を補強する材料に使えばいいだけなのである。それでは、最新の研究成果である池内敏の研究にそって、歴史の事実をみてみよう。

1876年（明治9年）10月5日、日本全国の地籍編成作業を行なっていた明治政府の内務省地理寮は、島根県に対し、島根県の隠岐国の某方向に「従来竹島と呼ぶ孤島」があるが、それを島根県に含めるかどうかを判断するために「旧記古地図等」を調査して内務省に報告するよう指示した。10月16日、島根県は県知事名で、「日本海内竹島外一島地籍編纂方緒伺」という調査概略書と地図を内務省に提出した。この文書における「竹島」は現在の鬱陵島、「外一島」は現在の竹島（江戸時代は松島と呼ばれていた）であることは、添付した地図によって明瞭である。島根県の提出した文書と幕府時代の朝鮮との交渉記録などを検討した内務省は、「竹島外一島」について「本邦とは関係ない」と結論付けた。しかし、「版図の取捨は重大な案件」であるからと、1877年3月17日に太政官の最終的な判断を仰ぐことにした。太政官では3月20日に「書面にある竹島ほか一島については本邦と関係ないものであると心得るべきこと（竹嶋外一島之儀、本邦関係無之）」とする指令案が作成され、27日に稟議が行なわれた。稟議の結果、立案通りの指令が右大臣・岩倉具視、参議・大蔵重信、参議・寺島宗則、大木喬任らにより承認・捺印され、29日に内務省に送られた。その決定が島根県に伝わったのは4月9日である。池内は「『日本海内竹島外一島地籍編纂方緒伺』なる史料の解釈は、テキストそのものにきちんと即して解釈すれば結論はひとつしかない。明治一〇年の日本政府中央は、竹島（鬱陵島）と松島（竹島）は日本の版図外であると公式文書で表明している、ということである」と述べている。[23]

しかしながら、こうした太政官の決定にもかかわらず、1880年頃、鬱陵島に多くの日本人が入り込み、森林伐採を行なっていた。1881年6月、朝鮮政府は日本政府に抗議して日本人の渡航禁止を求めた。明治政府は、1880年に軍艦天城による現地調査をすでに行なっており、このころは日本側で「松島」と呼称されていた鬱陵島を「古来我版図外の地」であり「朝鮮国の属島」であることをすでに確認していた。それを踏まえて、1881年の11月、外務卿・井上馨は「以後このようなことがないように渡航を禁止する」ことを朝鮮政府に伝えた。ちょうど同じ頃、島根県は民間人の鬱陵島での開拓願いを受け、内務卿と農商卿宛に伺い書を出していた。1877年にすでに「竹嶋外一島之儀、本邦関係無之」と決定していたにもかかわらず、政府の方針が変わったかどうか、確認を求めたのである。1883年3月、太政大臣・三条実美から、渡航禁止令が内務卿に指示されると同時に各地方長官にもそれが通達された。これらの処置によって、鬱陵島からの日本人の総引上げが行なわれたが、その後も鬱陵島へ無断で渡航するものが跡を絶たなかった[24]。

以上の事実関係を検討した結果、鬱陵島とその周辺海域の資源をめぐっての問題について、池内は重要な洞察を述べる。中央政府レベルでは、それらの問題解決に際して、日朝間の友好関係を維持することを優先させる判断基準が用いられた。それは17世紀末から19世紀末まで変わらなかった。しかし、鬱陵島とその周辺海域に渡航を繰り返して権益を確保してきた人々は、渡航の事実をもって自らの既得権を正当化しようとしてきた。そうした人々の主張に中央にいる政党も加わるようになった。近世以来の日朝関係を律していた枠組みは少しずつ蝕まれ、19世紀から20

世紀初頭には放棄の憂き目に会っていた。[25]

鬱陵島をめぐる明治政府の対応は、本書の視点にも重要な示唆を与えてくれる。「国境画定期」（1874～1881年）における東方（小笠原）、北方（北海道・千島）、南方（沖縄）の三方向の国境画定においては、台湾出兵や首里城占拠などはあったにせよ、明治政府は基本的に相手側とのコミュニケーションという外交の基本的枠組みをもって対処している。琉球併合に際しても、明治政府と琉球王府は、1875年から1879年まで数回の交渉を行なっている。交渉による合意に失敗した結果、明治政府は軍隊と警察を送って併合したのである。明治政府はまた清国とも数回の交渉を行なっている。この時期の明治政府は、日本人による鬱陵島への侵入に対しても、朝鮮政府の抗議を受け入れ、調査をした上で対処を約束したりしている。西方の「竹島外一島」に関する国境の確定については、朝鮮国とコミュニケーションをした形跡はないが、1876年10月5日から1877年3月20日まで、約半年間をかけて慎重に検討を行なっている。「版図の取捨は重大な案件」であったから、当然であろう。

池内の緻密な実証的研究は、筆者には竹島問題に関する画期を期するものであるように思える。以下、池内の知見をまとめてみると以下のようになる。

（1）韓国前近代の史料や地図に現れる「干山」「干山島」は、現在の独島（竹島）と必ずしも一致しない。

（2）江戸幕府は、二度にわたる渡海禁止令によって、鬱陵島を朝鮮領と確認し、竹島を日本外の領土と確認した。
（3）1696年に鳥取藩に渡った安龍福の証言は、歴史的事実の反映とはみなせないので、それをもって竹島が17世紀末に朝鮮領であったとはみなせない。
（4）1877年に明治政府は、「日本海内竹島外一島は本邦関係これ無き義と心得べし」としたのだから、鬱陵島と竹島は日本の版図外である。
（5）1882年に朝鮮政府によって開拓令が出されるまで、鬱陵島は朝鮮本国人が渡航してはならない島であった。
（6）1900年10月27日に頒布・施行された「大韓帝国勅令四一号第二条」の全文は、「郡庁位置は台霞洞と定め、区域は鬱陵全島と竹島石島を管轄する事」である。韓国政府は、文中の「竹島」は鬱陵島の隣にある現在の「竹嶋」であり、「石島」は現在の独島であると主張するが、それが直接証明されたことはない。しかし、1904年の日本の軍艦天城の航海日誌に、「[現在の竹島を指す]「リアンコルド」岩、韓人之ヲ独島ト書シ、本邦漁夫等、…「リヤンコ」島と呼称セリ」とあり、韓国側の役人の史料もあることから、1905年の日本編入より前の段階で韓国政府の側が独島に対する領有意識を有したと論じる余地がある。ただし、「干山」「干山島」が「石島」に変わり、「石島」がなぜ「独島」に変わったかについての説明は不足している。[26]

実証的歴史家の緻密さと慎重さに基づいた池内の以下の結論は、19世紀中葉から20世紀初頭にかけての島嶼領有事例として小笠原、尖閣諸島、竹島を比較した筆者の理解と大枠で一致する。

結局のところこの島［独島／竹嶋］に対する領有の欲求は、一九〇〇年前後から〇五年まで というわずか五年内外の期間に日本人・朝鮮人双方に芽生え、わずかの差で日本政府が先に公式に領有を声明した、というものなのである。しかも、ひょっとすると一九〇五年一月よりも前に、韓国側に領有意識の存在を認めうるかもしれない、という微妙さすら孕んでのことなのである。そうした史実を前にしたときに、われわれは、一九〇五年一月の段階で「無主地先占」が成り立つのだ、と開き直って済ませうるものなのだろうか。あるいは、竹島が歴史的にみて日本の「固有の領土」であるとする物言いにも違和感を感じざるを得ないし、韓国の「固有の領土」とする物言いについても同様である。[27]

〝大枠で一致する〟というのは、当時の島嶼領有競争の状況についての理解である。小笠原諸島、尖閣、竹島などの領有をめぐって、日本、朝鮮、中国、イギリス、アメリカ、ロシアなどがそれぞれのケースで、発見や利用、宣言、占拠といった形で競争しており、領有の根拠となる歴史的権原についてはいずれの国のそれも十分成熟していなかった。したがって、「固有の領土」という主張はほとんど意味がないということである。
しかしながら、「無主地先占」についての池内の疑問は評価しつつも、歴史的文書の分析に過度に依拠する池内の分析には不足している視点が一つある。それは、1905年の竹島編入が日露戦争中に行われたものであるということの意味である。池内は、「近世から近代初頭にかけて、わが国中央政府が竹島を三度にわたって版図外として確認を行なっている以上、一九〇五年の竹島編入が、「日本政府の主張するように」近世における同島領有再確認ということには決してならない」としつつ、1905年の竹島編入にかかわる「島根県告示第四〇号」については、国際法上韓国への通告義務はなく、また告示自体は正式に公示されたうえに新聞報道も行なわれたから法形式上は有効とみなさざるをえないとする。[28]
しかし、1877年にはあれほど慎重であった国境画定が、なぜ1905年の日露戦争中に急いで行われたのだろうか。編入の国際法上の通告義務がないにも関わらず、なぜ小笠原の領有の場合は列国に通告し、竹島の場合は通告しなかったのか。こういうやり方は、隣国との関係の維持という点からすると、どれほど適切であったのか。こういったことについては、実際の当時の政策決定の過程の分析が必要であろう。それについては、次章で詳しくみてみたい。

7．国境画定期における国境の画定の意味

1868年の明治維新から1947年の日本国憲法実施までの約80年間の日本国をどのように性格付けるのかは、研究者によって異なるであろう。この時期の国家の性格を特徴付ける用語の一つが「帝国」という言葉である。歴史研究者は通常、「大日本帝国」という国号が法文上の表現として正式に用いられた1889年の大日本帝国憲法の発布以降、さらには、日清戦争の勝利で台湾を併合した後を、文字通り「帝国」であるとしている。この場合の「帝国」（empire）の意味は、ブリタニカ国際百科事典（CASIO電子辞書）によると、「自国の国境を越えて多数・広大な領土や民族を強大な軍事力を背景に支配する国家をいう。……その原型は古代ローマ帝国にあるが、近代においては海外に植民地をもったヨーロッパの列強をさすことが多い。さらに軍事力で広大な領域を支配している国や侵略主義的な大国も帝国と呼ばれる」とされる。

これらは「帝国」の三つの定義を示している。一つ目は、古代ローマだけでなく、清朝までの中華帝国、オスマン帝国などが含まれる。二つ目は、近代における列強の本国と植民地をあわせた植民地帝国である。三つ目は、かつてのソビエトや現在のアメリカのように、海外に軍事基地をおいて政治的・経済的影響力を維持しようとする体制である。多民族国家であり、一党独裁のもとで広大な領域を支配している現在の中国もまた帝国の一種であろう。

戦前の日本の場合はどうだろうか。1895年の日清戦争の勝利による台湾併合後の日本は、二番目の定義における「帝国」である。その後の日本は、ほぼ10年ごとに戦争を行ない、樺太、朝鮮、南洋諸島、中国東北部（満州）、中国本土の沿岸部、東南アジアと、領土と支配を拡大していった。それでは、それ以前はどうであったのか。石原は、1889年以前から、日本の官民どちらにおいても欧州言語的な意味合いで日本帝国という表現が用いられていた事実を指摘する[29]。実際、1854年に日米の間で結ばれた日米和親条約の正式名称は「アメリカ合衆国と帝国日本の間の平和と友好の条約」（Treaty of Peace and Amity between the United States of America and the Empire of Japan）である。1874年2月、台湾出兵に際して内務卿大久保利通と大蔵卿大隈重信によって作成され閣議に提出された「台湾蕃地処分要略」のなかには、「日本帝国政府」という表現が使われている。

用語の問題は別にしても、その内実はどうであったか。石原俊は、山室信一による「国民帝国論」を批判的に再構成し、近代の日本の国家体制を「主権的な帝国」「法のパッチワークとしての帝国」として把握しようとする。「パッチワーク」というのは、「継ぎはぎ」という意味である。石原は「主権的な帝国」という概念で、近代の日本国家の性格を次のように理解している。

……従来、日本国という主権国家は、「明治維新」を契機として形成され始め世紀転換期にかけて整備されていく、中央集権的で均質的な国民国家システムとして捉えられてきた。そして帝国としての日本は、すでにある程度完成された国民国家が植民地帝国として拡大していく過程、言い換えれば国民国家形成の後史だと考えられてきた。

ジャパン・グラウンドの海と島々からみるならば、主権国家としての日本の形成過程は、つねにすでに、帝国としての日本によって占領されていく過程を意味していた。日本という名を冠する主権国家は、北海道、千島列島、…小笠原諸島、…沖縄諸島などを主権的な法の下に巻き込んでいく過程で、当初から帝国として形作られてきたのである。

あらゆる自称「法治国家」はそもそもの始めから、いたるところに生じる接触領域に主権のエージェントを配置して、外部領域の人びととの対面状況を作り上げながら臨機応変に法を発動していく。国家の周縁に置かれた主権のエージェントと中心の政治家や高級官吏らとの間に報告―指示関係が交わされながら、国家の法が定着させられていく過程で、「法治国家」の周縁には、なし崩し的にいくつもの「(異)法域」ができ始める。帝国としての主権国家は、複数の階層化された「(異)法域」の接合体である。ここで発動される法はすべてが例外であり、法域という地理的範囲も暫定的にすぎないものであるから、もはや「異法域」という表現すら適切でないかもしれない。主権的な帝国は、無数の法の「パッチワーク」として形作られてきたのである。

法文上の「内地」は、1890年の大日本帝国憲法施行後、憲法の適用下にある領域を指すカテゴリーとして使われるようになった言葉である。他方「外地」というカテゴリーは一般的に、日本帝国が排他的な法域だと主張しながらも憲法の適用外に置いていた領域である。……

［しかし］　北海道・沖縄諸島・小笠原諸島に住む人びとが、現在に至るまで、本州・四国・九州とその近辺の島々を指す語彙として［使う］「内地」という…俗称は、北海道・沖縄諸島・小笠原諸島などが日本帝国によって占領された結果、どのような近代をくぐり抜けてきたのかを、記憶にとどめる名［であり、その範囲は］…1867年時点の「内国」の範囲とほぼ重なっている……。[30]

近代日本の政治過程と国境の画定、領土の拡大と編入の歴史をつぶさに追ってみた筆者の実感として、帝国としての日本国家の特徴をこれほど見事に表現した文章は他にはみつからない。さらに大江志乃夫の次のような説明を読むと、石原の述べた点がいっそう明瞭になる。

大江は「東アジア新旧帝国の交代」という論文のなかで次のように述べている。1889年に帝国憲法を発布した日本は、1995年の日清戦争によって憲法が予定していない台湾という植民地を領有することになったが、帝国憲法は憲法のおよぶ法域を明示していない。司法省顧問であった英国人モンテーグ・カークウッドが、台湾統治の制度とその法的根拠について提出した一連の司法大臣あて意見書のなかで指摘しているように、帝国憲法の効力がおよぶ範囲は、憲法発布当時の「臣民及臣民ノ子孫タル者」（憲法発布勅語）であり、その国家は「延喜式ニ記載スル所ノ各州各島ニ北海道及小笠原及沖縄諸島ヲ加ヘテ指スモノ」と明治政府によって理解された。「延喜式ニ記載スル所ノ各州各島」とは、幕末までの幕藩体制化で幕府法の法域内にあった領域と重なる。幕府法の法域外にあった千島を含む北海道、小笠原、沖縄諸島は、明治維新後の国境画定の結果、日本の領土であることが確定した領域である。これらの地域は、国境画定以前においてそれぞれの経緯や支配のあり方の相違はあったが、いずれも前近代における日本の植民地といえる点では共通性があった。[31]

さらに大江が強調するのは、これらの領域のうち、千島は北海道に編入され、小笠原は東京都に編入されたが、帝国憲法施行後も法令の施行面で差別が残されたという点である。北海道と沖縄では、国民の権利義務にかかわる重要な法律である衆議院議員選挙法、徴兵令、府県制、市制・町村制などの施行が他府県にくらべてはるかに遅れた（府県制以外は小笠原も含む）。北海道だけに施行され、住民に公民権が与えられない二級町村制（内務大臣指定町村制）が完全に廃止されたのは、第二次大戦後の地方自治法の施行によってである。いわば前近代植民地であった北海道・小笠原・沖縄は、憲法上の「本土」「内地」であるが、台湾領有以降の近代植民地統治政策の策定に大きな影響を与えたと考えられる。[32]田村貞雄は、北海道が国内法の全面的な適用を受けない特別地域という意識が政府側にあり、本州以南は「内地」とされ、北海道はいわば「外地」であったと指摘する。[33]

以上をまとめると次のようになる。「延喜式」というのは平安時代の927年に成立した法令集であり、それによって規定された「日本国」の領域の枠組みが基本的に幕末まで続いたということである。このことの意味は何か？　もし「日本の固有の領土」という言葉を使いたいのであれば、この延喜式によって定義された領域がその固有の領土であるということであろう。それ以外は、近代になって日本国が、日本の領域外の集団や国家との交渉や宣言、占拠、戦争によって獲得した領域ということである。このことを理解すると、通常私たちが「国民国家」という言葉で理解する国家は単なる「理念型」でしかなく、1868年の明治維新以降に形成された日本国家は、むしろ石原の言う「主権的な帝国」という表現に近いということがよくわかる。

日本を「単一民族国家」と思っている人は多い。しかし、明治維新の頃はそうではなかった。1873年（明治6年）頃の日本全体の人口は約3330万人、琉球（沖縄）は約17万人（0・5％）、アイヌの人々は約1万6000人（0・05％）、欧米系小笠原住民は約70人（0・0002％）であった。[34]単なる数の問題ではなく、質的に異なった文化を持った人びとが「国境地帯」に住んでいたということ、そういう人々を強制的に国境の内側に囲い込んだこと、さらに「内国化」した後もさまざまな行政的文化的差別が行なわれたこと、アジア太平洋戦争の末期には「本土」に対する「防波堤」として悲惨な戦争に巻き込まれたこと、戦後は20年以上米軍政下に置かれたこと（千島はいまだにロシア領である）などを考えると、民衆にとっての国境画定の意味を考えざるをえない。[35] 数の規模を別にすれば、明治初期の日本は、ヤマト系集団、琉球系集団、アイヌ系集団、小笠原系集団の四つの集団で構成されていたことになる。強権的な中央政府が、異なった文化集団を支配するという構造は、石原の言うように「近代の日本国」はすでに「主権的な帝国」として出発したともいえよう。

近代日本の国家形成と国境画定の変遷を図にした第３章の図３―４（97頁）を、もう一度みていただきたい。１８６７年の王政復古の大号令から１９４５年９月２日の連合軍への降伏までを、（１）集権国家成立期、（２）国境画定期、（３）対外膨張期の３つの時期に区分している。この図をみると、延喜式で規定された日本国の領域が、第一期の領域と重なっていることが理解できる。千島を含む北海道、小笠原、沖縄は、第二期の国境画定期に日本国の領有が一応決まった領域である。「一応」というのは、琉球の場合、日清戦争により日本と琉球、清国の間で領有問題が画定されたといえるからである。もっともそれは、帰属問題の自然消滅という形ではあるが。

北海道に関して言えば、１８６８―６９年の戊辰戦争に勝利した薩長軍が占領した旧幕府領である蝦夷地を「北海道と改称した」というのが実情であろう。ちなみに、まだ領有未画定（日露雑居地）であった樺太までも「樺太州」と改称している。私たちは、現在の国境の視点から〝予定調和的に〟北海道は日本のものと考えがちである。しかし、大きな流れを全体としてみると、１８５５年の日露通好条約時点のウルップ島と択捉島の国境や１８６７年の「樺太仮規則」締結時の国境も結局は〝暫定的なもの〟であり、北海道と千島諸島の領有が最終的に確定したのは、1875年の日露交渉であったと理解することもできる。それはちょうど、事実上の占拠や戦争によって得た領地を「休戦協定」や「仮協定」によって保証し合い、最終的な法的地位を「講和条約」によって確定するのと同じである。

これを沖縄の事例と比較すると次のようになる。1879年の首里城の武力占拠によって、事実上、琉球国は日本に併合されたのであるが、1880年の琉球分島案をめぐっては日清の間で合意が成立していなかった。したがって、琉球国の占拠と併合という実際の状態にもかかわらず、八重山と宮古島をめぐる南方の国境について日清の間で合意が成立していないため（つまり、国境が画定していないため）、全体として、琉球の帰属も最終的には決定していなかったという状態である。

第二次大戦後の樺太と千島諸島の状態も、この状態に似ている。ロシアによる樺太と千島諸島の事実上の占拠が戦後70年近くも続いているにもかかわらず、法的には国境が未画定という状態である。

このことの意味は、結局「国境」というのは、隣接国家同士の最終的な合意によってしか決まらないということを意味する。事実上の占拠と法的な国境確定は別のものであるということである。もちろん、ある種の自然国境や歴史的経緯にもとづいて〝自明視される〟国境もあることはあるだろう。しかし、「辺境地域」の多くは、隣接国家同士が、歴史のある時点で交渉によって線を引くということによって安定するのである。

1899年に、大日本帝国憲法の発布があった。後に、この時点までに日本国の国境内に含まれた地域は、1895年の日清戦争以降に併合された植民地である「外地」にたいして「内地」と呼ばれることになる。しかし、「もともとの内地」であった本州・四国・九州の地域に比べると、これらの地域への憲法の適用は長らく条件付で不完全なものであった。こうした意味では、戦前の日本の国家領域は本州・四国・九州の「内地」、北海道・小笠原・沖縄の「中間地」（〝中地〟）、台湾・朝鮮・樺太・南洋諸島・満州・東南アジアなどの「外地」の三層構造で構成されていたと考えることができる。[36]

現在まで問題となっている尖閣・竹島・北方四島の問題は、第三の対外膨張期（帝国の拡大期）に根を持つ。それらは日本が帝国として膨張する時期に獲得した地域でありつつ、現在まで清算がすんでいない地域なのである。このことの理解なしには、これらの三つの地域の国境画定の議論は、ずっとすれ違ったままで進まないのではないかとも思える。

注

1　藤澤房俊（1997）、15頁。

2　鎌倉幕府の成立については、①1180年（侍所設置）、②1183年（朝廷による源頼朝の東国支配権の承認）、③1185年（守護・地頭の任命権獲得）、④1192年（源頼朝への征夷大将軍宣下）、近世国家の成立については、1590年（豊臣秀吉の全国制覇）、1603年（徳川家康への征夷大将軍宣下）、1615年（大阪夏の陣と武家諸法度の制定）などの画期がある。
3 石原俊（２００７）、33―34頁、37頁。
4 榎森（２００８）、３８４頁。
5 田村貞雄（１９９２）、92頁。
6 榎森、前掲、３８８頁。
7 安岡昭男（１９８０）、15頁。
8 浪川健治（２００４）、87頁。
9 榎森、前掲、４０５―４１８頁、４１８頁。
10 田中弘之（１９９７）、94頁。
11 同前、１０８頁。
12 同前、１１６頁。
13 『日本外交文書』第八巻（１９４０）、３６２―３６３頁。
14 以上は田中弘之（１９９７）の内容をまとめたもの。
15 同前、２０７頁。
16 石原俊（２００７）、２２６頁、２３０頁。
17 同前、２３１頁。
18 小森陽一（２０１０）、26頁。
19 玄大松（２００６）、3頁。
20 池内敏（２０１２）、7頁、３１５頁。
21 玄大松、前掲、２７９頁。
22 これらの地図は、愼鏞廈（１９９７）の冒頭に資料として掲載されている。
23 池内敏、前掲、１３７―１４９頁、引用は１４９頁。以上の経過は、内藤正中・朴炳渉（２００７）、80―89頁でも詳しく述べられ、さらに資料原本の写真も掲載されている。史料は『太政類典』「日本海内竹島外一島版圖外ト定ム」および『公文録』「日本海内竹島外一島地籍編纂方緒伺」に収められている。正式の文章は以下の通りである（内藤ら３０９頁に掲載）。

「伺之趣竹嶋外一島之儀本邦関係無之儀ト可相心得事　明治十年三月廿九日」

（口語訳：伺いの趣、竹島外一島の件については、日本と関係がないことを心得るべし）

24　池内、同前、72―74頁。
25　池内、同前、78頁。
26　同前、２６９頁、３０１―３１４頁。
27　池内、前掲、３１４頁。
28　同前、３０５頁。
29　石原、前掲、33頁。
30　同前、順に97頁、97頁、１０２頁、34頁―35頁。
31　大江志乃夫（１９９２）、５―６頁。言葉の定義にもよるが、「前近代における日本の植民地」という表現よりも、「前近代における日本型華夷秩序のなかの版図」という言葉の方が正確であろう。
32　同前、６頁。
33　田村貞雄（１９９２）、94頁。
34　鬼頭宏（２００７）、６―７頁／榎森、前掲、４２９頁／田中、前掲、２４６―２４８頁。ちなみに、日本の２０１２年の人口は約１億２千７５０万人、沖縄県は約１４０万人（１％）、アイヌの人々は約２万４０００人（０・０２％）（北海道在住で公式記録、実際は全国に数万人いると推定されている）、小笠原村民約２６００人（０・００２％）である。
35　小笠原の人々が、日本国の法令に従うことを誓約する書類に署名させられたことを、強制と捕らえるかどうかについては議論の余地があろう。アジア太平洋戦争の末期、沖縄は空襲と地上戦、疾病などで約15万人の住民が死

36
亡した。樺太と千島はロシア軍の侵攻にあい、内地から移住した人々とともにアイヌの人々も戦争に巻き込まれた。小笠原は激しい空襲にみまわれ、硫黄島は激戦地になった。小笠原住民は、戦争中は軍属を除いて本土に疎開したが、親類縁者のいない欧米系小笠原住民は、本土でさまざまな差別にさらされた。
長らく「外地」であった樺太は、戦争遂行の目的で、勅令第一九六号によって１９４３年４月１日から「内地」に編入された。

第5章　帝国の膨張期における尖閣諸島、竹島、久米赤島、沖ノ鳥島、新南群島の編入過程

1．尖閣諸島の領有過程

竹島に関する議論について、池内敏が、日韓の両方とも史実から目をそらし、内輪受けはするが外へ出したらまるで通用しない水準の議論を繰り返し、自らの弱点には頬被りをするが、もっぱら相手の弱点をあげつらうやり方で突っ張りあいを行なってきたと批判していることはすでに述べたが、尖閣諸島をめぐる日中の議論にも、似たような面が見受けられる。日本側は主に「無主地先占」の論理を使って自らの主張を正当化するが、尖閣諸島の領有過程の問題点については無視しているようにみえる。尖閣諸島の領有過程の問題点についてはすでに井上清が1972年に実証的な歴史的研究を行なっているが、井上の研究内容はなぜかほとんど無視されている。尖閣諸島の問題について深く掘り下げようとすれば、井上が提起した問題に真摯に答える必要が

あるのではないだろうか。なぜ中国側は、「日本は、尖閣諸島を日清戦争中に盗み取った（窃取《せっしゅ》した）」と主張するのか、その理由をどれだけの人が知っているのだろうか？　これは歴史を仔細にみなければわからないであろう。

一方、中国側の主張の弱点は、なぜ１９７１年に突然尖閣諸島の領有を主張し始めたかという点である。法学者の芹田健太郎は、中国側の主張の弱点として次のように指摘している。沖縄県八重山群島に対するアメリカの軍事占領が始まる約二ヵ月前の１９４５年10月25日に、中国による台湾などの領土編入措置が終了している。もし中国側に尖閣諸島が中国領であるという認識があれば、つまりカイロ宣言に言う「満州・台湾及び澎湖島のような日本国が清国人から盗取したすべての地域」に含まれるものであるという認識があれば、台湾などを戦後直ちに領土編入したように、戦勝国中国が尖閣諸島を編入することになんらの困難や障害があったとは思えない、としている。[1]

尖閣諸島については、問題を「法理」によって裁断する前に、基本的な歴史的事実について確認する必要があるが、それらについても不明な点が多い。例えば、日本の外務省の「尖閣諸島に関する事実関係～我が国の立場とその根拠」によると、「１８８５年以降、沖縄県からの上申に基づき実地調査を数度にわたり実施⇒清国による領有の事実がないことを慎重に確認」「尖閣諸島は、１８８５年以降政府が沖縄県当局を通ずる等の方法により複数回の現地調査を行ない、単にこれが無人島であるのみならず、清国の支配の及んでいる痕跡がないことを慎重に確認の上、

1895年1月14日に現地に標杭を建設する旨の閣議決定を行なって、正式に我が国の領土に編入した」とする。[2] しかし、『日本外交文書』のなかの編入関連の文書を読むと、むしろその逆のことを示している印象を受ける。

また、歴史的経過に関する新聞の報道にも疑問がある。例えば、朝日新聞は2012年の秋に尖閣諸島についての特集を組んでいるが、「日本政府が尖閣諸島を領土に編入するかどうかの調査を始めるきっかけになったのは、福岡県の実業家、古賀辰四郎が1885年に沖縄県令へ申し出た久場島の開拓許可だ」としている。[3] 尖閣問題を論じる雑誌や本の多くも、古賀による1884年（1885年という説もある）の尖閣諸島の探検と1885年の沖縄県への開拓願いを起点として年表を作成している。井上清は、1885年の古賀の魚釣島開拓願いを受けた沖縄県庁が、日本政府にこの島を領有するよう上申したかのようにこれまで言われているが、事実はそうではなく、内務省がこの島を領有しようとして、沖縄県庁に島の調査を「内々に命令した」としている。ただし、その命令の期日がいつかは示していない。[4]

浦野起央は「尖閣諸島調査を命令」といった表現を頻繁に使っているが、これもおかしいのではないだろうか。1900年に沖縄師範学校の教師・黒岩恒が「尖閣列島」という名称を初めて使い、以後「『尖閣諸島』という名称が定着していく。それまではそういった名前の諸島はなかった。当初は「沖縄県と清国福州との間に散在せる無人島久米赤島外二島」という名前しかなかった。実際、『日本外交文書』中の沖縄県と政府のやり取りの文書では、「久米赤島、久場島、魚釣島」「赤尾嶼」「黄尾嶼」「釣魚台」「沖縄県下無人島」「無人島」といった表現があるだけで、「尖閣諸島」という表現は一度も使われていない。現在とは、島の名称や数、範囲も異なっているのである。それにもかかわらず、現代の認識枠組みを用いて、「過去の歴史的時点での事象」を無意識のうちに当てはめているのである。

このように尖閣領有の過程に関する基本的な事実さえ確定されておらず、ましてや共有されていない。それにもかかわらず、お互いの主張だけが続いているのである。以下では、まず、浦野の本文（と年表）、『日本外交文書』、伊藤隆・百瀬孝の資料、その他の文献を参考にして、尖閣領有経過を時系列に示し、その後で分析してみたい。[5] なお、『日本外交文書』のなかの原文は旧漢字とカタカナ文であるが、読みやすくするために新漢字とひらがなにしてかぎ括弧で引用してある。また、浦野の年表では「尖閣諸島調査」などの表現を頻繁に使っているが、先に述べた理由でもって、以下の年表では島名がはっきりしている場合は、「久米赤島外二島」「久米赤島、久場島、魚釣島」、島名が不明な場合は「三島周辺」などと記している。

1885年

1月　内務省が、沖縄県に対して「沖縄県と清国福州との間に散在せる無人島久米赤島外二島」の調査を命令する。

4月　古賀辰四郎が、黄尾嶼の開拓許可を申請。

9・6　中国紙『申報』の記事「台湾警信」が、「台湾東北近辺海上の島に、最近日本人が日本の旗を掲げて占拠する勢いである」と報じる。[6]

9・22　沖縄県令西村捨三が「久米赤島外二島」について、文献調査及清国渡航経験者の聞き取りに基づいた報告書を、内務卿山県有朋に報告する。

10・21　沖縄県令の指示で、出雲丸による現地の実地調査を行なう。

11・24　沖縄県が実施調査の報告を内務卿山県に行ない、指示を仰ぐ。

11・30　外務卿・井上馨が、「久米赤島、久場島、魚釣島」への国標建設延期の意見書を提出する。

12・5　日本政府が沖縄県に対し、国標建設不要の回答。

1890年

1・13　沖縄県知事が、久米赤島、久場島、魚釣島を沖縄県所轄とすることと国標建設の件を政府に申請。

1892年

8月　軍艦鳴門が三島周辺を調査する。

1893年

11・2　沖縄県知事が、久米赤島、久場島、魚釣島を沖縄県所轄とすることと国標建設の件を、内務・外務大臣に再申請。

1894年

不明　古賀辰四郎が、沖縄県に魚釣島の開拓許可願いを提出。県は「同島の所属が帝国のものなるや否や不明確なりし為」として却下する。古賀は「さらに内務・農商務大臣に宛て願書を出すと同時に、…上京して親しく同島の実況を具陳して開拓を懇願したる」が、却下される。

7・23　陸軍、漢城（ソウル）の朝鮮王宮を占領。

7・25　日本海軍、豊島沖で清国海軍を攻撃。

8・1　日本宣戦布告をする。

9・16　日本陸軍、平城（ピョンヤン）を占領。

9・17　海軍、黄海海戦で勝利。
11・21　日本軍、中国の旅順口を占領。
12・4　伊藤博文、大本営の会議に出席し、台湾占領の方針を提案する。
12・27　前年の沖縄県の申請について、内務省から外務省へ承認の秘密文が送られる。
1895年
1・11　外務大臣・陸奥宗光と内務大臣・野村靖が三島の処置に同意する。
1・14　閣議で、「久場島」と「魚釣島」の沖縄県所轄と国標建設を決定する。
1・21　政府が沖縄県に、沖縄県所轄と国標建設の決定を通知する。
2・13　海軍、中国の威海衛を攻略する。
3・26　連合艦隊が澎湖諸島を占領する。
4・17　日清講和条約（下関条約・馬関条約）調印（5・8に批准書交換）。
5・29　台湾・澎湖諸島割譲、日本軍台湾に上陸。
6・14　古賀辰四郎が、内務大臣に対し三島の貸与願いを提出。
1896年
3・5　沖縄県郡制に関する勅令第十三号の公布（4・1施行）。
魚釣島、久場島、南小島、北小島の四島が国有地とされる。
9月　内務大臣が古賀辰四郎に対し、魚釣島、久場島、南小島、北小島の四島の30年期限・無償貸与を許可する。
1900年
5・3　黒岩恒らが当該の島々を学術調査し、「尖閣列島」という名称を与える（〜5・20）。
1902年
12月　尖閣諸島を大浜間切に地籍編入。[7]

以上が、尖閣諸島編入の経緯である。それでは次に、『日本外交文書』のなかの文書を手がかりにして全体の流れを追ってみよう。１８８５年9月22日の沖縄県知事西村捨三の内務卿・山県有朋宛の上申書「久米赤島外二島取調ノ儀ニ付上申」には、次のような内容が書かれている。内務省からの「内命」によって調査をしたところ、久米赤島、久場島、魚釣島は『中山傳信録』に記載された赤尾嶼、黄尾嶼、釣魚台と同一である。清国も中山王の冊封の際の航海の目標にしてよく知っており、名称もつけている。今回の大東島における国標設置の件とは違うので懸念している。10月の出雲丸の調査を報告するので、引き続き国標の件での指揮をお願いしたい。

ところが沖縄県知事の懸念とは裏腹に、10月9日、山県有朋は、この件について、沖縄県と清国福州との間に散在せる「無人島久米赤島外二島」が「清国所属の證跡は少しも相見え申さず、かつ名称の如きは我と彼と各其唱うる所ヲ異にして」いるだけであり、実地調査の後、国標を建てるのは差しつかえないとして、外務卿・井上馨の意見を聞いている。それに対して10月21日に井上は、三島が清国国境に接近しており、近年台湾の新聞などが、日本が台湾近辺の清国所属の島々を占領しようとしているという風説を掲載して「我ガ国ニ対シテ猜疑ヲ抱キ頻ニ清国政府ノ注意ヲ促シ」ていることを考えると、国標の建設は「清国ノ疑惑ヲ招」くので「他日ノ機会ニ譲」る方がよいとした。そして大東島と今回の踏査の件は、官報や新聞にも掲載してはいけないと念を押している。11月24日、沖縄県は実地調査の報告を山県に行なう一方、国標設置の件については「清国ト関係ナキニシモアラズ、万一不都合ヲ生ジ候テハ相済」ざるをえないので、どうすればよいかと政府の指示を仰いでいる。その後の11月31日に、内務外務大臣両名で、国標の建設不要の指令が沖縄県知事に申し渡された。[8]

この後、沖縄県は、１８９０年と９３年に二回、国標建設の申請を政府に行なっているが、政府からの回答がなかった。ところが１８９４年7月に日清戦争が起こると、突然状況が変わる。12月27日、沖縄県から申請されていた久場島と魚釣島への国標建設について、内務卿・野村靖は「秘別第一三三号」（秘密文）を外務卿・陸奥宗光へ送った。野村は、沖縄県知事から出された久場島と魚釣島への国標建設の件については、外務省との協議で未指令であったが、「其当時ト今日ハ事情モ相異」なるので、閣議提出の見込みであると述べている。１８８５年1月11日、陸奥は「別段異議コレ無シ」と伝え、1月14日の閣議で編入が決定した。沖縄県へは1月21日に通知された。[9]

以上のような尖閣諸島の編入過程をみると、いくつかの点が指摘できる。伊藤・百瀬の資料集の「大東島調査命令」によると、内務省が１８８５年1月に大東島調査の「内命」を出しており、9月22日の沖縄県知事の山県宛の上申書にもそのことが触れられているので、「久米赤島外二島」の「内命」も同時期に行なわれた。内務省の「内命」を受けた沖縄県は、１９８５年の7月15日に大東島編入調査を行ない、沖縄県管轄の決定と国標建設を伺った。8月1日に内務省から実行の命令が下り、8月29日に南大東島に、31日に北大東島に沖縄県所轄の標抗を建て、9月3

日に沖縄県令から内務卿に報告を行なった。以上の過程について、伊藤・百瀬は、「何かの機関での決定があったわけではなく、行政命令に従って「標」を建て、それを報告し、最終的に天皇の覧印があるというものである。どこからも苦情がでなかったので、手続き面で問題視されることはなかった。もともとの日本領が管轄不十分であったので沖縄県管轄下に入れたにすぎないのか、新たに日本領にしたのかという認識は確認されていない」と述べている。[10]

ところが、沖縄県知事は、大東島編入と違って、久米赤島、久場島、魚釣島の場合は、清国も中山王の冊封の際の航海の目標にしてよく知っており、名称もつけており、清国との関係上不都合が生じては困るので指揮をお願いしたいと言っている。内務卿・山県は当初「清国所属の證跡」がないとして編入を意図しているが、外務卿・井上は清国と係争になることを案じている。このことは、当時の日本政府が、「久米赤島、久場島、魚釣島」は必ずしも「無主地」でないことを知っていたことを示しているように思える。もし「無主地」と判断しているのであれば、大東島のように行政命令で標識を建てて編入すればよいのであるから。ところが、当該三島の場合、10年間も「他日の機会」を待っている。したがって、実際の編入過程は次のようであろう。1885年以降、内務省は沖縄県へ内命でもって実地調査を指示した。内務省はこれらの島が無人島ではあるが、清国の支配が及んでいる可能性があることを意識していた。内務卿・野村は日清戦争の真っ最中に、1885年当時と今日では事情が異なると判断した。政府は台湾攻略の一環として、1895年1月14日に現地に標杭を建設する旨の閣議決定を行ない、秘密裏に日本国の領土に編入した。

伊藤と百瀬は編入決定に関して「これは官報に出たわけではなく、外国にも通告されておらず、領土編入について無主物先占の万全の手続きをふんだとは到底いえないが、どこからも異議がなかったので当時は編入の経緯・法的根拠を説明するということはしていない」としている。[11]

井上清は、「明治政府の釣魚島窃取は、最初から最後まで、まったく秘密のうちに、清国および列国の目をかすめて行なわれた」とし、1885年の内務省の沖縄県への調査指令も「内命」、1894年12月の内務大臣から外務大臣への協議書も「異例の秘密文書」、閣議決定も公表されておらず、沖縄県への標杭決定の通知も一度も公表されたことがない（1952年の『日本外交文書』第二十三巻の刊行ではじめて公開された）と指摘する。井上によると、戦前の沖縄県が実際に現地に標杭を建てたという事実すらない。実際に標杭を建てたのは、米国施政権下の石垣市が1969年に建てた、上部に「八重山尖閣群島」その下に各島名と「石垣市建之」と期した長方型の石であり、これは法的には日本国家の行為ではない。日本政府は、尖閣諸島を新たに日本領土に編入したと言いながら、そのことを公然と明示したことは、1970年頃を別にすれば、日清講和条約締結の以前も以後も一度もない。新領土編入の国際的な通告は必ずしもする必要はないとされるが、少なくとも国内法で新領土の位置や名称、管轄者を公示する必要があるはずだが、それもない。たんに政府が、国民にも秘密のうちに「ここを日本領土と決定した」だけでは、現実には日本領土に編入されたことにはならない。尖閣諸島が「沖縄の管轄になったということも、何年何月何日のことやら、さっぱりわからない。なぜならそのことが公示されたことがないから」と指摘している。[12]

尖閣諸島が沖縄県に編入されたことを示す文書上の証拠として、沖縄県に郡制実施を公布する１８９６年の「勅令第十三号」が指摘されることがある。しかし、以下に引用するその原本の写真をみると、沖縄県の那覇と首里の区域以外に他の５郡の記載があるだけであり、尖閣諸島については何も書かれていない。

第一條　那覇・首里両区ノ区域ヲ除ク外沖縄県ヲ畫シテ左ノ五郡トス
島尻郡　島尻各間切、久米島 慶良間諸島 渡名喜島 粟国島 伊平屋諸島 鳥島及大東島
中頭郡　中頭各間切
国頭郡　国頭各間切及伊江島
宮古郡　宮古諸島
八重山郡　八重山諸島[13]

また閣議決定の文書では、「魚釣島」と「久場島」の二島に標杭を立てるとなっているが、それ以外の島名は書かれていない。それがいつの間にか、１８９６年には魚釣島、久場島、南小島、北小島の四島が国有地とされて、古賀辰四郎に対し30年期の無償貸与が許可されている。さらに

は、1921年に突然「久米赤島」が「大正島」として国有地台帳に記載された。濱川今日子は、尖閣諸島に関する論文のなかで「久場島及び魚釣島に加えて、これら2島と一体をなす北小島、南小島、飛瀬、沖の北島、沖の南島も、閣議決定により日本の領土に編入されたとみられる」としている。[14]「みられる」とは推測にしかすぎないのではないだろうか？

久米赤島の編入については諸説ある。芹田は、閣議決定の文言が「魚釣島」と「久場島」だけに言及しているにもかかわらず、久米赤島も1895年に一緒に編入されたと主張する。奥原敏雄は、1896年の勅令十三号に他の島々と同様、久米赤島についての記述もないにもかかわらず、それによって編入されたと解釈する。尾崎重義は、久米赤島が「大正島」と改称されて「国有地台帳」に記載された1921年の7月25日をもって、正式に日本領土に編入されたとする。いったいどれを信じればいいのか？[15]

これらのことから浮かび上がってくるのは、尖閣諸島をめぐる一連の意思決定と実施のずさんさである。国際法の論理を用いる大方の議論は、こうした点を問題にしないで、ひたすら形式的な法理を当てはめようとする。これでは、相手側を納得させるのは難しいのではないだろうか。紛争解決論の立場からすると、ある島が「無主地」であるかどうかは、それに隣接する国家の政府に問い合わせしないとわからない。勝手に島を占領した場合、もし隣接国家の政府がクレームを起こすと、当然それは紛争になる。内務卿の山県は、無人島の「久米赤島外二島」が清国所属でないかどうかを一人で勝手に決め付けることはできないはずである。それは当然、相手国とのコミュニケーションによってわかることなのだから。

対外的な通告については、南鳥島の場合も、国内的な編入措置ですませ、対外的な通告は行なっていない。この島も、元々は１８６４年にアメリカ船が来訪し、マーカス島と命名している。それを、日本政府が「南鳥島」と命名して東京府小笠原支庁に編入しているのである。そうすると、それを知らない外国人や外国政府が領有をクレームする可能性が出てくる。実際、１９０２年に、アメリカ人ローズヒルが領有を試みてハワイから軍艦を出港させている。そのことを察知した日本も軍艦を島に派遣し、先に上陸して牽制した。島では現実に小競り合いも起こっている。最終的にローズヒルは撤退したが、その後、ローズヒルは日本政府の補償を求めてアメリカ政府に訴えたりしている。[16]

尖閣をめぐる意思決定上のもう一つの問題は、編入が戦争の前でもなく後でもないことである。もし日本政府が尖閣諸島を「無主地」であると思ったのであれば、10年も待つ必要はないであろう。大東島の編入の場合のように、調査後すぐに編入するか、もしくは慎重に調査した数年後に編入すればいいだけの話である。同様に真に「無主地」と判断されれば、しかも戦勝が確実で台湾の割譲も実現圏内に入っているのであれば、拙速で編入する必要もないだろう。割譲地の保有を確実にした後、たまたま「無主地」を発見したとでも言えばいいのであるから。この場合は、１９００年に編入した沖大東島（ラサ島）のケースに近い。ある地域や島を戦争中に編入することは、第三者の目から見て「占領」の一種と判断される確率が高い。その場合、「釣魚諸島は、台湾のように講和条約によって公然と清国から強奪したものではないが、戦勝に乗じて、いかなる条約にも交渉によらず、窃かに清国から盗み取ることにしたものである」[17]とする見方に反駁することは困難であろう。180年前の意思決定の粗雑さが紛争の種を蒔いた。現代に生きる私たちが、そのツケを払わされている。「最初のボタンの掛け違い」という言葉があるが、尖閣諸島編入における最初のボタンの掛け違いが、21世紀の平和で豊かな東アジアに飛び立とうとする私たちの足をいまだに引っ張っているのである。

2. 竹島の問題——1905年の国境の変更

1877年にはあれほど慎重であった竹島に関する国境画定が、なぜ1905年の日露戦争中に急いで行われたのだろうか。編入の国際法上の通告義務がないにも関わらず、なぜ小笠原の領有の場合は列国に通告し、竹島の場合は通告しなかったのか。こういうやり方は、隣国との関係の維持という点からすると、どれほど適切であったのか。こういったことについては、実際の当時の政策決定の過程の分析が必要であろう。まずは編入前後の過程についてみてみよう。

1904年
2・8　日本海軍が旅順のロシア軍艦を奇襲攻撃、陸軍先遣隊が仁川に上陸。
2・10　日本政府がロシアに宣戦布告。

2・23　日韓議定書によって、「軍略上必要ノ地点ヲ臨機収容スル」として、日本が韓国の領土を軍事利用できることを規定する。
6・21　海軍、韓国の竹辺に監視所（望楼）設置着手（その他、20ヵ所に監視所を設置）。
8・3　海軍、鬱陵島に監視所設置工事開始（9・1完成）。
8・10　黄海開戦：旅順のロシア艦隊と日本の艦隊が黄海で戦う。
8・22　第一次日韓協約：韓国政府が日本の推薦する外交・財政顧問を任用することを規定する（いわゆる顧問政治の始まり）。
9・8　海軍、竹辺と鬱陵島の間に海底通信線敷設工事開始（9・30完成）。
9・4　陸軍、中国の遼陽を占領。
9・25　海軍、独島での監視所設置のために、軍艦新高号で独島の調査を行なう。
9・29　島根県人の中井養三郎が内務・外務・農商務大臣に「リャンコ島領土編入並に貸下願」を提出。
11・20　海軍、監視所設置のために、軍艦対馬号で独島を再調査する。
11・26　陸軍、旅順攻撃（翌年1・1、旅順占領）。

1905年
1・10　内務省、「無人島の所属に関する件」を内閣に提出。
1・10　連合艦隊司令官・東郷平八郎が東京に滞在し、閣僚らと頻繁に接触（～1・21）。
1・21　東郷司令官が連合艦隊を対馬海峡に集結させる。
1・28　閣議による竹島編入決定。
2・22　島根県「竹島」の名称決定と隠岐島の管轄を指示する「島根県告知第40号」を『県報』に掲載。
2・24　『山陰新聞』が「島根県告知第40号」の内容を報道。

3・10　日本陸軍、中国の奉天を占領。
5・27　日本海海戦：日本の連合艦隊とロシアのバルチック艦隊が戦う（〜28）。
6・12　海軍、監視所設置のために、軍艦橋立号で独島を再々調査する。
7・7　陸軍が南樺太上陸（7・31　ロシア軍降伏）。
7・25　海軍、独島での監視所着工（8・19に完成、活動開始）。
8・10　アメリカのポーツマスで講和会議が始まる。
9・5　日露講和条約の調印。
11・9　（韓国）竹辺―鬱陵島―独島―松山（日本）を結ぶ海底通信網が完成する。
11・17　第二次日韓協約（乙巳条約）によって、日本が韓国の外交権を掌握、韓国統監府を設置（統監政治の始まり、韓国が日本の保護国になる）。
12・22　日清条約：日本に対するロシアの満州における利権委譲を、清が承認する。

1906年

2・1　京城に韓国統監府が開庁される。
3・28　島根県庁の官吏が独島を調査して鬱陵島を訪れ、島郡守・沈興澤に独島の編入を伝える。
3・29　鬱陵島郡守が韓国江原道観察使とソウル宛に、「本郡所属独島」が日本に編入されたことを伝える。
4・29　江原道観察使胥使が、中央政府の内部大臣・李址鎔と議政府首長である参政大臣・朴斉純に独島編入の件を報告。内部大臣が「独島が日本の属地という話はまったく理にかなわない」と言う。参政大臣も「まったく根拠のない措置」とし、調査を指示。
5・1　『大韓毎日申報』が、独島編入を「理にかなわない」と報道。
5・9　『皇城新聞』が独島編入に抗議する記事を掲載。[18]

竹島は日本の「固有の領土」であり、たまたま日露戦争中に編入したのであって、日露戦争とは関係がないとする主張がある。本当にそうなのか検討してみよう。１９０６年の奥原碧雲によって書かれた『竹島経営者中井養三郎氏立志伝』では、中井が「リャンコ島領土編入並に貸下願」を内務・外務・農商務大臣に提出した際、内務省地方局は、「目下日露両国開戦中なれば、外交上領土編入はその時期にあらず」と却下している。牧水産局長に相談しても「外交上の事とあれば如何ともすること能はず」と言われている。中井は、たまたま上京していた島根県知事に同行していた農商主任に陳情し、農商主任が内務省に掛け合うことを約束したが、同じように却下された。中井は諦めきれず、島根出身の貴族院議員・桑田熊蔵に紹介してもらい、外務省政務局長・山座円次郎に面会している。山座は「外交上のことは、他者の関知する処にあらず、眇たる岩島編入の如き些々たる小事件のみ、地勢上よりみるも歴史上よりみるも、はたまた時局上よりみるも領土編入は大いに利益ある」とした。中井と桑田は内務省の井上書記官に面会して同意を得、閣議案件として提出に成功したのである。[19]

中井自身による「事業経営概要」の内容に即して言えば、水産局長・牧朴眞が当該の島が「必ラズシモ韓国領ニ属セザル」こと、また海軍水路部長・肝付兼行が「本島ノ全ク無所属ナルコトヲ確カメ」てくれたので、内務・外務・農商務大臣宛の願書を内務省に提出したという。そこで内務当局者は、「［戦争中である］この時局に際して、韓国領土の疑いがある草の生えた不毛の岩礁を取得し、取り囲んでみている諸外国に対し、［日本が］韓国併呑の野心があるという疑いを大きくするのは小さい利益でしかない、それに反して事体《ママ》は容易ではない。どのように言おうとも、願書はすぐ却下される」と述べた。一方、政務局長・山座は「この時局であればこそ、領土編入を急ぐべきである。望楼を建てて無線もしくは海底電信を設置すれば、敵艦監視上きわめて強力である。特に外交上、内務のことは顧慮する必要はない。早く願書を本省に提出すべきである」と言っている。[20]

以上の経過をみると、①竹島の編入は日露戦争のまさに真っ最中に行なわれていること、②中井の「リャンコ島領土編入並に貸下願」提出の前に、海軍はすでに独島での監視所設置のため、軍艦新高号で独島の調査を行なっていること、③内務省は、戦争中に韓国領土の疑いがある島(岩礁)を取得すれば、韓国併呑の野心があるという疑いを諸外国に引き起こさせるかもしれないから、中井の「領土編入並に貸下願」を却下すべきと考えたこと、④それに対して中井は、地元出身の政治家の紹介を借りて、外務省に再陳情に出向いたこと、⑤水産局長や水路部長は、当該の島が韓国の所属ではない・無所属であると考えたこと。⑥外務省官吏は、内務省とは逆に、戦争中だからこそ編入を急ぐべきである、望楼を建てて無線や海底電信を設置すれば、敵艦監視上有用であると考えたこと、などがわかる。

常識的に考えて、ある国が他の国の領土の軍事利用を可能にする協定や、その国の推薦する外交・財政の顧問を採用すべきとする協定があり、戦争中に特定の島を占拠して監視所を作る目的で調査を行ない、そして後で実際に作っている場合、その最中に行なわれた「編入」は「軍事占領」の一種であるとみなされるのが自然であろう。しかも、内務省官僚の言うように、戦争中に韓国領有の疑いのある島を編入するというのは、諸外国に領土併呑の疑いを起こさせるからすべきでないと考えるのが適切ではないだろうか。

また、水産局長や水路部長が当該の島が「韓国の所属ではない・無所属である」と考えたというのも奇妙である。通常は、本当に「無所属かどうか」は相手国に照会しなければわからない。しかもこの島は、一つの国家の版図と他の国家の版図が海上で接する「国境地帯」である。前近代から近代への移行期にあって、現実的にはどの国も十分に実効支配をしていない所属が曖昧な地域であったとしても、一方の国が一方的に、しかも戦争中に編入した場合、相手国は納得しないであろう。特に、竹島の場合、韓国は１９００年（日本の編入の5年前）に「大韓帝国勅令四一号第二条」をすでに制定している。これはもちろん日本の竹島編入と同様、国内的処置であり、他国に通告したかどうかは不明である。またその条文のなかの「石島」が現在の「独島」かどうかについては、さらなる検証も必要であるが。

以上をまとめると、次のように言える。「竹島・日本固有領土論」は、国際法上の「無主地先占」を主張して「１９０５年の竹島編入」を正当化するが、実際は当時の内務省の政策判断の方が適切である。「リアンクール岩礁」の存在は、日本側にもずっと以前から知られていたのであるから、１９０５年以前にまさに「無主地先占」すればよく、もしくは他国の誤解を招かないように、戦争が終ってから「無主地先占」すればよいのではなかろうか。日露戦争中の真っ最中に、重要な海戦を前にして監視所を作ることを目的にして調査を繰り返し、そして実際に作ったということが、「竹島の編入」ではなく、「竹島を軍事占領したうえでの編入」であることは明白に思える。

こうしたことは逆の立場になればよくわかる。日本の対馬や隠岐諸島の近くに小さな岩礁がいくつかある。岩礁であるから特に誰の目も引かない。時々韓国や日本の漁民が立ち寄って、アワビを取ったりアシカを取ったりしている。明治政府が日本領であるという法令を発した。同じ時期、韓国は近隣国と戦争をするため、日本の国土を必要に応じて自由に使えるという協定を日本政府に押し付けた。いざ戦争が始まると、韓国は戦争遂行に必要な監視所を作り、日本に問い合わせもせずに「領土編入」を行なった。そして「どの国の所属でもない無主地であった岩礁を先占した」と主張した場合、日本の政府も国民もそれで納得するだろうか、ということである。

紛争解決論は、こうした場合の〝相手の視点からみることの重要さ〟と〝コミュニケーションの有無の重要さ〟を強調する。「おのおのの法的な解釈や判断は、相手とのコミュニケーションによって調整される必要がある」とするのである。当然、お互いの解釈や判断が異なる場合がある。その場合には交渉が行われなければならない。交渉をせず、一方的に解釈し行動するとすれば、そこに自ら〝紛争の種〟を蒔くことを意味する。竹島／独島をめぐる１００年前の意思決定行動の誤りが、１００年後の日韓両国の国民を含む私たちすべてをいまだに苦しめているのである。

3．久米赤島（大正島）の国有地編入（国有地台帳に記載）

久米赤島は１９２１年７月25日に国有台帳に記載され、正式に編入された。しかしながら、すでに述べたように、久米赤島が日本に編入されたのがいつかについては諸説があり、はっきりしない。したがって、１９２１年７月25日以前の島の地位については不明としか言いようがない。

久米赤島が１９２１年７月25日に編入された経緯については、筆者の研究は不十分であり、現段階では確定的なことは言えない。ただ、他の島嶼の編入過程と比較するために、状況証拠だけ示したい。

１９１４年
７・28　オーストリアがセルビアに宣戦布告する（第一次世界大戦勃発）。
８・23　日本、ドイツに宣戦布告する。
10・３　海軍、ドイツ領南洋群島占領（～10・14）。
10・31　中国山東省の青島攻略・占領（11・７）。
１９１５年
１月　日本、中国政府に二十一カ条の要求をする（５月、日華条約で16カ条に合意）。
１９１８年　シベリア出兵（～１９２２）。
１９１９年　６・28のヴェルサイユ講和条約で、中国における日本の旧ドイツ権益がいったん認められる。

1919年　10・14　中国東北地方の間島へ日本出兵。
1920年
7・3　北樺太を占領する（〜1925）。
12・17　国際連盟理事会が、赤道以北の南洋群島を日本の委任統治下に置くことを決定。
1921年
7・25　久米赤島（大正島）編入（国有地台帳に記載）。
11・20　ワシントン会議始まる。四カ国条約、軍縮条約締結。
1922年
2・6　四カ国条約・軍縮条約・九カ国条約締結。日本、満蒙における権益延長の事実上の承認を得る。
4・1　南洋庁による南洋群島の統治が始まる。

1914年6月28日、サラエヴォでのオーストリアの皇太子暗殺がきっかけとなり、7月28日、オーストリアはセルビアに対し宣戦布告をした。日本は8月7日に対独戦を決定し、23日にドイツに宣戦布告をした。10月にはドイツ領南洋群島をほぼ制圧し軍政を始めた。11月には中国におけるドイツの租借地青島を攻略して占領した。1918年末に第一次世界大戦が終った。1919年5月7日、戦勝国による「最高会議」が開かれ、「赤道以北のドイツ領諸島は日本国の委任統治とすること」が決定された。1920年12月17日、国際連盟理事会は、赤道以北の旧ドイツ南洋群島を日本の委任統治下に置くことを決定した。

1921年の7月25日に、久米赤島（大正島）が国有財産に記帳され、編入された。その年の

11月22日にワシントン会議が始まり、翌年の１９２２年の２月６日までに、四カ国条約、軍縮条約締結、九カ国条約が次々と結ばれた。日本は山東半島における旧ドイツ権益を中国政府に返還したものの、旅順・大連などの租借権の延長を含む権益の事実上の承認を得た。日本政府は同年の４月１日、内閣の下に南洋庁を設置して、占領地軍政から民政に移管させた。これによって日本は、旧ドイツ領を帝国の一部に組み入れたのである。

4. 沖ノ鳥島編入の過程

日本最南端の島である沖ノ鳥島の編入過程は、帝国膨張期における尖閣二島、竹島、久米赤島、沖ノ鳥島、新南群島と続く一連の編入過程と共通性があり、非常に示唆的である。沖ノ鳥島は、１９３１年に東京府に編入されたが、ここでは伊藤と百瀬の研究によりながら、沖ノ鳥島の編入過程をみてみよう。

沖ノ鳥島は、もともと、１５６５年にスペイン船が、１６３９年にはオランダ船が発見したと言われている。最後に１７８９年、イギリス船が確認して「ダグラス環礁」と名付けた。１９３１年５月、海軍の水路部に、水路誌に環礁を日本名でもって記載したいとの希望があり、軍令部も水上飛行機の基地として確保したいという欲求があったので、海軍が内務省に対してダグラス環礁を東京府小笠原支庁管轄下に編入したいと申し入れた。当初内務省としては、南鳥島の場合は、日本人の硫黄採掘などの実績があって先占に似た事態があったが、この環礁には先占の事実がなく、また実際先占することが難しいと考えた。しかし、軍事上の必要があれば、形式上東京府の行政権下に置くことも可能であろうと判断した。

一方、外務省は、公海における珊瑚礁や海底に対する領土権の主張には、海洋自由の見地から学説上異論があるだろうと考えた。省内では、ほとんど海面下に沈んでいる珊瑚礁に対して領土権を主張できるかとの議論もあったが、一応、内務省案に傾いた。しかし、編入についてはあまり仰々しく新聞発表などをすることは適当ではなく、閣議決定して内務省公示は行なうが、外交的に宣言通告などの手続きは不要であろうとした。内務省は海軍に押されて、理に合わないがもともとの日本領土であるという仮説により、最終的に東京府の行政に入れることにした。外務省は学説上の問題から依然として消極的であったが、内務省案を採用し、せめてもの抵抗として外国にも知らせず、新聞発表も控えさせた。こうして1931年の7月7日、満州事変の勃発直前に、沖ノ鳥島は編入されたのである。

その後は、海軍の専用水上飛行機基地となることもなく、1939年からの三ヵ年計画で海軍・陸軍・逓信・農林・文部省の計画により、公共的文化施設と灯台建設が着工された。1941年に基礎工事が終わった段階で、工事は中止された。[21]

以上が伊藤・百瀬による沖ノ鳥島編入の顛末であるが、この編入の背景を理解することも重要である。まず沖ノ鳥島編入をめぐる年表を見てみよう。

1922年　測量艦・満州が測量を行なう。
1927年
5・28　中国山東省への第一次山東出兵
6・27　東方会議「対支政策綱領」が方針化される（〜7・7）。
1928年
4月　中国山東省への第二次山東出兵
5・3　中国山東省への第三次山東出兵、済南事件（日中軍の衝突）発生。
6・4　張作霖爆殺事件
1930年
末頃　南次郎陸相のもとで陸軍五課長による「満蒙問題解決方策大綱」が作成される。
末頃　永田軍事課長が石原莞爾に軍事行動への支持を与え、大口径砲を奉天へ送る手配をする。
1931年
1・23　松岡洋右が議会で「満蒙生命線演説」を行なう。
3月　陸軍参謀本部第二部の「情勢判断」で、満蒙占領を含む政策を示す。
4・14　重光葵代理公使が南京に行き、中国政府の「関東州・満鉄回収」の方針を確認。
7月　関東軍によって、奉天に重砲が搬入される。
7・7　沖ノ鳥島編入決定
9・18　満州事変
1932年
3・1　満州国建国宣言
5・5　上海停戦

9・15　日満議定書締結

1933年

3・12　国際連盟脱退、南洋群島領有化

5・3　塘沽《タンクー》協定締結（満州事変終結）[22]

1921～1922年のワシントン軍縮会議は、列強の建艦競争を避けるため、主要海軍国の主要艦比率を規定したが、皮肉なことに日本海軍の一部はこれに不満をもち、現状打破を目指すようになった。1923年の国防方針（第二次改訂）では、アメリカが「我ト衝突ノ可能性最大」の国と位置づけられた。一方アメリカも、同時期に日本を仮想敵国と考えるようになってきた。両国ともお互いを仮想敵国として位置づけ、早晩戦争は避けられないと思うようになった。麻田貞雄によると、1930年代に日米の決戦の予想海面は、軍事技術の発達につれ次第に東へ移動した。当初は日本近海だったが、1934年ごろには小笠原＝マリアナ諸島線に移動していた。[23] しかし、国際連盟の委任統治条項により、南洋群島に軍事施設を作ることは禁止されていた。日本が南洋群島に軍事施設の構築を開始したのは、国際連盟を脱退した1933年以降と考えられている。[24]

一方1921年から、小笠原諸島の父島では、軍によって「要塞地帯法」が公布され、以後、島の要塞化が強化されていった。1920年代の末から1930年代初頭にかけて、中国における「門戸開放」「機会均等」を掲げるアメリカと満蒙権益の確保を目指す日本の対立が次第に強まっていった。1933年3月に日本は国際連盟を脱退したが、軍部は「満蒙がソ連の南進を防ぐ『陸の生命線』なら、南洋群島はアメリカの西進に備える『海の生命線』である」として、委任統治領の放棄の考えを一蹴した。[25] 実際この頃、海軍の中には「日本がアメリカの「恫喝」をしりぞけ、国際連盟の抗議を無視して、後顧の憂いなく満州征服を全うしえたのも、帝国海軍が西太平洋に厳とにらみをきかせていたため」であるとする見方があった。[26] 満州事変を引き起こした石原莞爾なども、満州事変、日中戦争、日米戦争を結びつけて考えていた。

ここで当時の状況を説明したのは、沖ノ鳥島が編入された1931年という年が、満州事変勃発の年でもあるということの意味を考えるためである。満州事変が日本政府中央と関係なく、現地駐留軍の暴走によって引き起こされたことを考えると、政府の意思決定において、沖ノ鳥島の編入と満州事変がどれだけ結びついていたかははっきりとはわからない。しかし、軍部の参謀本部第二部は、1930年末から準備し1931年3月に決定した「情勢判断」のなかで、満蒙占領を含む「満蒙問題の解決方針」の考えをすでに提起していた。そういう状況の中で、1931年の4月頃、外務省首脳は、満州の情勢と軍部の態度を見れば早晩衝突を免れないとも感じていた。[27] つまり、1931年という年は、いつ戦争が起こっても不思議ではない状態の年であったし、もし1928年の中国への山東出兵や済南事件、張作霖爆殺事件を視野に入れるとすると、中国との戦争状態はすでに始まっていたとも考えられるのである。済南事件における日中軍の衝突では、日本軍は182人の死傷者、中国側は軍民あわせて約5000人の死傷者を出している。[28] ソ連との1939年の軍事衝突であるノモンハン事件と同じで、「事件」という言葉を使っているが、これはもはや戦争であろう。

こうした中で海軍は、内務省や外務省の懐疑を押し切って沖ノ鳥島を日本領に編入し、そこに水上飛行機の基地建設を画策したのである。それはやがて来るであろうアメリカとの戦争に備えるためであった。当時の軍部も政府も、日本の満州への進出が中国への進出を狙うアメリカの利益と対立することを予想していたからである。ちなみに、日本政府は1922年に測量艦を送って、ダグラス環礁を調査しているが、測量艦の名前もそのものずばり「満州号」であった。

5. 新南群島の1939年の編入

現在日本領でない新南群島のことを知っている人は、あまりいないに違いない。しかしこの島は、サンフランシスコ平和条約の条文の中で、日本が放棄する領土のなかにしっかりと入っている島嶼なのである。実は新南群島というのは日本名で、中国名は南沙諸島、欧米名はスプラートリー諸島という。南沙諸島もしくはスプラートリー諸島と聞けば、多くの人は気付くに違いない。現在南シナ海で起こっている中国と近隣諸国の領有争いの渦中の島であることを。しかし、実はこの争いの原因の一つに、戦前の日本の占領・領有があり、帝国の崩壊後の帰属の不明確さが、現在の南沙諸島の争いの元になっているとも考えられるのである。サンフランシスコ平和条約のなかで、日本は新南群島を放棄はしているが、帰属先は明記していない。新南群島編入をめぐる過程については、沖ノ鳥島編入の事例と同様、今後もっと研究が必要であるが、ここではとりあえず伊藤・百瀬、後藤乾一らの事例研究に依拠して、編入の経緯について述べたい。

1918年　ラサ島燐鉱株式会社（ラ社）がグアノ（鳥糞石）や燐鉱の採掘を始める。
1922年　ラ社がイアツバ島を「長島」と命名する。この頃、外務省に島の編入を提言する。
1933年
　3・12　日本が国際連盟を脱退する。
　7・15　フランス政府が同群島に対する主権保持を通告する。
　8・15　日本政府が、フランス政府に対して領有宣言の撤回を申し入れる。
1934年
　10月　不況のため一時撤退していたラ社が、事業再開の許可を外務省に陳情する。
1935年　台湾総督府が、海軍との分業方式の当該群島の開発を計画する。以後、台湾総督府と海軍が、当該群島の経済的価値と軍事的価値を強調し、台湾在住の事業家・平田末治の漁業経済活動を支援する。
1936年
　1月　ラ社が、事業再開の許可を再び外務省に陳情する。
1937年
　7・7　中国の盧溝橋で日中軍が衝突する（日中戦争の始まり）。
　12月　フランス艦が、「仏印属地」である群島での日本人の活動に警告を発する。日本政府はフランスの「先占」を認めず、抗議をする。

1938年　この時期、日本の「南進論」が強まり、当該群島が南進の要路として関心を集める。
12・23　新南群島編入を閣議決定する。
1939年
1・13　海南島攻略の閣議決定。
2・10　日本軍、中国の海南島を占領する。
3・30　新南群島を台湾高雄州へ編入する（4・18　新南群島の編入を官報に公示する）。
4・5　フランス政府が、日本の一方的な編入に抗議する。以後、イギリスやアメリカも日本の編入を批判する。
1940年
3・30　日本と汪兆銘が交渉、南京に汪兆銘政権が形成される。[29]

新南群島は、ベトナム沖600キロの南シナ海のほぼ中央にある環礁で、伊藤と百瀬によると、中国は以前から自国領と考えていたという。1918年にラサ島燐鉱株式会社が、グアノ（鳥糞石）や燐鉱の採掘を同群島で始め、外務省へ群島の編入を提言したりしていた。外務省は1927年頃からこの環礁について調べ始め、仏領インドシナがこの群島に関心がないとの感触を得、一応帰属未確定の島と考えた。しかし、欧米各国と摩擦を起こしかねない領有化は控えていた。1933年3月に日本が国際連盟から脱退すると、7月にフランス政府の主権保持通告がなされたため、日本政府は直ちにフランスの領有宣言の撤回を申し入れた。日本政府からすれば、1920年代から事業を続けていた日本のラサ島燐鉱株式会社が不況のために事業を中断していたすきに、フランスが領有宣言を行なったように見えたのである。フランス側は、一民間会社が採鉱を行なっていたことが日本の先占には当たらないと主張した。

一方、１９３０年代の中頃になると、日本海軍はアメリカが東南アジアへの通過点として領土獲得を画策していると推測するようになり、将来の潜水艦基地をつくる目的で、これらの環礁での日本人業者の事業を応援し始めた。同じ頃、台湾総督府も領有に興味を示し始め、同群島の経済的価値と軍事的価値を強調する開発計画を策定した。やがてフランス政府は、フランスの領有権さえ認めれば、日本人の経済活動を認めてもよいと通告してきたが、日本政府がこれを拒否したところ、フランス政府は軍艦を派遣して本格的な漁業活動の支援をとり始めた。１９３８年に入ると、泥沼化した日中戦争を打開するため軍部の中で「南進論」が強まり、南進の要路として、当群島が注目されるようになる。こうしたなか、12月23日の閣議でこれらの環礁の台湾編入が決定され、日本軍が中国の海南島を占領した直後の１９３９年３月、台湾高雄州への編入を終了させたのである。

それに対してフランス政府は日本に厳重抗議し、日本の編入措置によってフランスの主権が否認されたことにはならないとした。アメリカやイギリスも日本を批判した。オランダやオーストラリアは、日本の行為を自国の安全への脅威と見なした。日本の新南群島領有はどの国からも承認されなかった。しかし、日本の軍事力の強さを知っていたため、どの国も実力で日本の領有を否定しようとはしなかった。その後日本は新南群島に潜水艦基地を造り、日本の業者も燐鉱採掘や漁業を再開した。１９４０年の３月末、泥沼化した日中戦争を終らせようと、日本政府は汪兆銘と交渉し南京に「南京政府」を成立させた。しかしその後も日中戦争は終らず、1941年にはついに米英仏蘭豪との太平洋戦争に突入したのである。[30]

以上が、新南群島編入の経緯についての伊藤・百瀬と後藤の研究の紹介である。伊藤・百瀬によると、「無主物先占の理で新南群島を領土化することは、日本近海もしくは台湾近海のものであればとにかく、台湾から遠く離れた小島を編入しようとしたことには無理があった」という。[31]しかしこの見方は少し変である。国際法は距離の近接は問題にしないはずであり、本国からの距離が近かろうが遠かかろうが、「無主地を先占すること」の合法性を問題にするはずである。

読者はすでに気付かれたであろう。新南群島編入の経緯が、尖閣諸島や竹島の編入過程に似ていることを。新南群島編入の閣議決定の文言を読むと、竹島や沖ノ鳥島編入の閣議決定文に似ていることがわかる。閣議決定文では、新南群島が「従来無主ノ礁島トシテ知ラレ」ていることや「帝国側ノ先占ヲ確保シ」といった文面が続いている。中国の海南島占領に続いて編入が行なわれていることも似ている。新南群島の場合、もはやアメリカ、イギリス、オランダ、オーストラリアを含めたどの国も承認しなかった。過去にうまくいったことが、1939年のこの時にはもはやうまくいかなかったのである。

6．戦争と編入のパターンの反復

帝国膨張期における日本の島嶼編入は、表向きの理由は「無主地先占」であるが、なぜか編入の年が戦争と重なっている。１８９５年の日清戦争中には魚釣島と久場島、１９０５年の日露戦争中には竹島、１９３１年の満州事変の直前には沖ノ鳥島が、１９３９年の日中戦争中には新南群島がそれぞれ編入されている。久米赤島については多少の違いがあるが、第一次世界大戦から始まる一連の戦争や占領が終わりかけた頃、ワシントン会議によって東アジアと太平洋の法的枠組みが決定される直前に編入されている。偶然なのだろうか。

１９１４年に始まった第一次大戦後は１９１８年に終わり、１９１９年6月にはパリ講和会議が調印された。日本は、１９１８年にシベリアに出兵し、１９２０年には北樺太を一時占領した。最終的に日本軍が大陸から撤退したのは、１９２２年の10月である。第一次世界大戦後のアジア・太平洋地域の国際秩序の法的な枠組みは、１９２１年の11月に始まったワシントン会議の四カ国条約、軍縮条約、九カ国条約で形成された。最後の九カ国条約で日本は旧ドイツ権益を中国に返還したが、対華二十一カ条の要求の一つであった満蒙権益延長の事実上の承認を得ている。ワシントン会議がはじまる４ヵ月前に、日本政府は久米赤島を国有地に編入し国有地台帳に記載したのである。

帝国膨張期に、日本は合計して9回の島嶼編入を行なった。この時期の初期に行なわれた四つの編入事例は、どこの国にも属さない大海の無人島を編入するというイメージに当てはまる1885年の大東島の沖縄県へ編入、1891年の硫黄島の東京府への編入、1898年の南鳥島の編入、1900年の沖大東島の編入である。これらを除くと、1895年以降の編入はすべて、何らかの形で戦争に関わって行なわれている。大東島、硫黄島、南鳥島、沖大東島とも日本の東側の太平洋にあるが、戦争中に編入された尖閣二島、竹島、久米赤島、新南群島はみな日本の西側にある。沖ノ鳥島だけが例外である。ちなみに小笠原の東側にある南鳥島ではアメリカ人と小競り合いが起こっている。すでに得た領域の内側の無主地先占では問題は起こっていないが、領土と領域を外側に拡大していこうとすれば、当然他の国々とぶつからざるをえないということであろう。

民間人の開拓願いの申請から編入までの期間に関しても、南鳥島は、1896年に東京府出身の水谷新六が踏査し、捕鳥・漁業を目的として移住、政府に同島の借下げ願を申請してから1年後に編入が行なわれている。なぜ尖閣二島の編入は10年も時期を待つ必要があったのか。国際法の形式論理を使う人々は、こうした背景も十分考える必要があるように思える。日清戦争後の島嶼の編入には、左記のようなパターンが見られる。

もちろん、ここで示しているのは〝全体的な大きなパターン〟である。歴史の事象はただ一回限りの出来事であり、まったく同じ状況というのはありえないだろう。実際、左記の五つの事例

尖閣二島

（1894.7）（1895.1）（1895.4）（1895.5）

民間人の活動→測量艦による調査→日清戦争勃発→二島編入→講和条約→台湾併合

竹島

（1904.2）（1905.1）（1905.9）（1905.11）

民間人の活動→測量艦による調査→日露戦争勃発→竹島編入→講和条約→朝鮮保護国化
→南樺太併合
（1906.6）

久米赤島

（1914.8）（1921.7）（1922.2）（1922.4）

民間人の活動→測量艦による調査→第一次大戦参戦→久米赤島編入→ワシントン会議
→南洋群島委任統治
→満蒙権益の延長

沖ノ鳥島

（1928.5）（1931.7）（1931.7）（1932.3）（1933.3）

測量艦による調査→第三次山東出兵→沖ノ鳥島編入→満州事変→満州国建国→国際連盟脱退
→南洋群島領有

新南群島

（1937.7）（1938.12）（1939.2）（1940.3）

民間人の活動→（調査？）→日中戦争勃発→新南群島編入→海南島占領→汪兆銘政権の形成

では、個別の状況は異なっている。しかし、いずれの島嶼の編入も、何らかの形で戦争を契機としているということ、さらには、重要な動機の一つとして〝戦争遂行に役立てる〟ということがあったと言えるのではないだろうか。領土編入におけるこのようなパターンは、日本の海外帝国の形成過程を追ったマーク・ピーティーの観察を裏付けるように思える。ピーティーによると、戦前の日本の政府は海外帝国の形成に当たって、〝戦略的力関係〟に過度の関心を持っていた。「近代の植民地帝国の中で、日本帝国ほど明白に戦略的考慮に基づいて形成され、それが本国の当局者の間で慎重に検討され広く合意されていた例はない。……日本の植民地はすべて、その獲得が日本の戦略的利益に合致するという最高レベルでの慎重な決定に基づいて領有された」。少なくとも1931年以前は。[32]

日本政府や海軍は、尖閣諸島、竹島、久米赤島、沖ノ鳥島のいずれも事前に測量艦で調査している。民間人の活動実績や開拓願いなどが出されることもある。それらは「先占」の事実を裏付けるうえで大切ではあるが、全体としてみると、あくまでも二次的な要因という印象を受ける。沖ノ鳥島は環礁にすぎないので「先占」を裏付ける活動はないにも関わらず、海軍の意向で編入している。尖閣諸島は最初の開拓許可願いから10年も経っている。竹島の場合も、内務省は最初は却下している。久米赤島についても、日本政府はすでに尖閣諸島周辺を数度にわたって調査し、また小島も合わせた四島を編入時に明記している以上、何の問題もないはずなのに、1921年にやっと国有地台帳に記載している。単に忘れただけなのか、それ以外の理由があるのかわからない。こうした点については、歴史家による今後の研究を待たなければならないだろう。

尖閣二島、竹島、久米赤島、沖ノ鳥島の編入は戦争中に行われているが、外国の政府はその事実を知らなかったと思われる。したがって講和会議でも、それらの島々は議題には上っていない。しかし、戦争の結果は、その隣接地域の併合や保護国化、委任統治領化、傀儡政権化が行われている。したがって、これらの四つの事例について、編入は「『無主地先占』であって、戦争とは関係ない」とは言えないのではないかと思われる。

国際法学者のなかには、領土編入の対外的通知は義務ではなく、何らかの実効支配の徴《しるし》があればよいとする主張もある。しかし、ある国が島嶼を先に発見し（記録に残して）、時には上陸したり領有宣言をしたりしていた場合、その国の編入や領有意思を他国が知らないと紛争が起きることになる。実際、南鳥島の場合、それが起こった。南鳥島の場合、たまたまアメリカ政府がローズヒルのクレームを認めなかっただけであり、もしアメリカ政府が民間人と一緒になって領有権を主張して紛争になったとしたら、どうなっていただろうか。

通常は、①相手国と交渉するか、②一方的な占拠を続けるか、③領土をめぐって戦争するか、しかないであろう。もちろん、両方が合意すれば、国際裁判所で司法的な決着をつけてもらうことはできる。しかし、それができないとすれば、この三つの方法を選ぶしかないのである。しかし、海洋上の島嶼の取得方法に関して、尖閣や竹島の場合をみると、もう一つの場合があるように思える。島嶼の領有をめぐって、①小笠原諸島の場合のように、相手側に問い合わせや通告、交渉をしないが、②新南群島の場合のように明瞭な占拠もしない。③フォークランド諸島（マルビナス諸島）やシュムシュ島（占守島）のように、領有をめぐって直接戦争もしない。しかし④他の地域（大陸本土）における経済的利権や政治的支配をめぐって起きた〝戦争時〟に、海上の小さな島嶼を密かに占拠して〝国内編入した〟と称して実効支配を始めるのである（尖閣諸島）。場合によっては、竹島の場合のように、密かに占拠して〝国内編入〟を行ない、公示も行なう。しかし〝公示〟もなるべく目立たないように、後々突っ込まれても一応説明が付くようにするのである。

芹田は、国際法上「先占」が有効になるのは、国家が領有の意思を持って実効的支配をする場合であるとする。芹田によると、領有意思は、当該地域を国家の版図に編入する旨の宣言、立法上または行政上の措置、他国への通告によって示される。通告はなされていなくとも、それ以外の手段で領有意思が表明されておれば十分であるとする。ところが、芹田は、「尖閣諸島の領域編入は、日本のその他の島嶼の領域編入の際に用いられた「通告」とか、「告示」とかの形式……がとられておらず、また標杭が建てられた事実も確認されていないので、不正規なものである」とする批判には反対する。相手国との関係で、「編入手続き」がどれだけ〝適切か〟、少なくとも紛争を引き起こさない程度に適切であったかの議論をしているはずが、芹田はそれには答えないで、いきなり占拠後の「実効支配」の論理を持ち出す。そして「尖閣諸島に対する日本の実効支配は明らかであるが、そのほとんどは日本が台湾の割譲を受けた後の台湾統治時代のものである」と指摘する。そのように述べたすぐ後で「そのため、中国からの抗議はないものの、無主地先占をした島嶼に対する支配なのか、割譲された地域に含まれる島嶼に対する支配なのか、必ずしも分明にすることができないかもしれない」と述べている[33]。こうした議論には首を傾げざるをえない。

まず、無人島の領有をめぐって、交渉するか、占拠するか、窃取するか、戦争するかの方法がある。その議論が終って後に、「占有の現状」はどうなっているのかという議論に移る必要があるのではなかろうか。領有の仕方の適切さの程度に応じて、法的な合法性の程度も指摘しうる。そして、いったん領有した後は、その島嶼の支配の実効性や合法性についての議論をしえるのである。潜在的に係争になりそうな島嶼を、相手側の無知につけこんだり、弱みに付け込んだりして獲得し、場合によっては実力によって奪ったものを、「現在は俺たちが実効支配しているから、法的に強い」と言ってよいものだろうか？　国内におけるさまざまな取引や行政的措置についても言える問題であるが、たとえ〝実定法合法的〟（リーガル、legal）であっても、〝法の精神にかなっていないこと〟（アンローフル、unlawful）や〝脱法的〟（an evasion of the law）な行為はいくらでもある。たとえ〝合法的〟であっても、〝モラル上〟問題がある行為もあるし、お互いが一緒に協力して仕事をしていく上で〝不適切な〟行為もある。国境の確定問題についても、私たちはこうしたさまざまな判断基準を持って考える必要があるのではないだろうか。さらには、判断基準についてのこうした一般的な考え方だけでなく、戦前の日本による領有過程の一つひとつの事例を比較することによって、それらの〝適切さの程度〟を指摘する必要があるのではないだろうか。現在起こっている国境画定問題は、少なくとも相手との関係において、過去の〝問題含みな〟、場合によっては現在の視点から見て（おそらく当時も）〝不適切な〟領有過程が生み出したものなのである。

7．無人島の領有の四つの方法――交渉、占拠、窃取、戦争

先に述べた島嶼の領有の四つの方法は、図5―1のような関係にあると考えられる。戦争の場合は、軍隊同士がぶつかって実力で島嶼を奪取し、戦争が終われば講和条約によって、一連の法的な権利義務関係が明らかになる。交渉の場合は、明治時代の千島諸島や樺太の事例のように、条約によって一連の法的な権利義務関係が明確に示される。しかし占拠の場合は、住民による占拠や警備隊・軍隊などによる占拠の違いはあるにせよ、現実の占拠状況とその法的な解釈は複雑・曖昧になる。

窃取の場合は、さらに問題が複雑・微妙になる。「非公示」の占拠であることは指摘できるが、何が「窃取」なのかの定義から始まって、意図や現状の解釈、法律の解釈が幾重にもからまり、議論による解決は困難になる。もしお互いに相手への共感と信頼がなければ、係争問題があることを否定し、現実に行なっている占拠を続けた側が勝ちということになる。ただし、それは他方の側が、その現状に挑戦しないという前提がある場合だけである。法的に解決が困難なものを、もし島嶼の占拠に

図5－1　交渉、占拠、窃取、戦争の関係

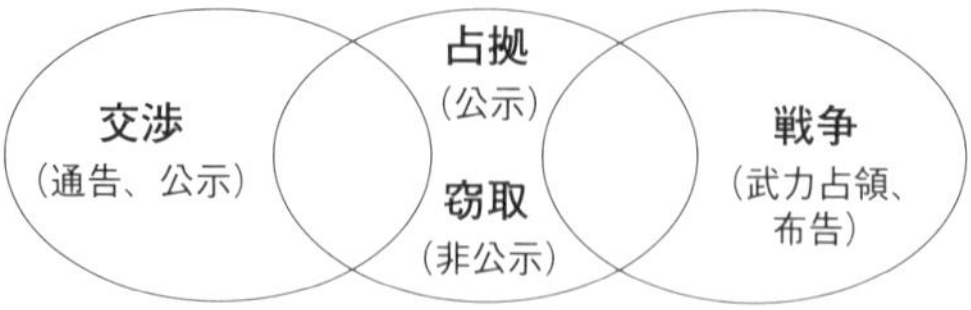

よって優位にある側が、いつまでもその優位性を盾にして交渉を拒否するとすれば、相手側が力によって解決を図ろうとする動機は強まるであろう。尖閣諸島をめぐる現在の状況がこれである。明治時代以来の戦前の日本による島嶼領有の歴史をみると、千島や小笠原をめぐるやり取りから始まって、公示の公開性と実力の行使のレベルが変化しているのが見て取れる。交渉の駆け引きはあるにせよ、相手側との比較的オープンな議論と公示の公開性の高いレベルから、次第に、一方的な行動と隠密的な行動になり、最後は新南群島の場合のように武力の動員による直接的な占領へと変わっていっていることが理解できる。21世紀に生きる私たちに問われているのは、19世紀から20世紀にかけて普通に行なわれていたこうした行動を、当時使われた強者の論理である国際法の論理をそのまま用いて正当化してよいのかということである。

注

1　芹田健太郎（２０１０）、１２８―１２９頁。もっともこのような「そうすればよかった（できた）のに、しなかった」式の議論にも問題はある。当時は中国本土で、国民党と共産党が血みどろの内戦の真っ最中であり、本土から遠くはなれたちっぽけな無人島のことなど頭には浮かばなかったとも思える。

2　外務省ホームページ参照。

3　朝日新聞、２０１２年10月31日、朝刊10面。

4　井上清（１９９６）、１０４頁。

5　浦野起央の本文と年表の日付が異なっている場合は、記述間違いと想定し、本文の日付を採用した。

6　同前、１２８頁。原文は「台湾東北辺之海島、近有日本人懸日旗於其上、大有占拠之勢」。

7 浦野起央、『日本外交文書』第十八巻の「事項二三雑件、一、版図関係雑件」、第二十三巻、「八重山群島釣魚所轄決定ニ関スル件」、伊藤隆・百瀬孝、『那覇市史』資料篇第二巻（244―245頁）などを参考にして構成。

8 以上は、『日本外交文書』第十八巻の「事項二三雑件、一、版図関係雑件」573―576頁の要約。

9 『日本外交文書』23巻の「事項十九雑件」にある「秘別第一三三号」（531頁）の原文は、以下の通りである（一部、現代漢字にしてある）。

「久場島魚釣島へ所轄標杭ノ義別紙甲號之通リ沖縄県知事ヨリ上申中候處本件ニ関シテ別紙乙號ノ通リ明治十八年中貴省ト御協議ノ末指令及ヒタル次第モ有之候得共其當時ト今日トハ事情モ相異候ニ付別紙閣議提出ノ見込ニ有之候條一應及御協議候也」。

10 伊藤隆・百瀬孝（2010）、57―59頁。

11 同前、69頁。

12 井上、前掲、126―127頁。石垣市の建てた標杭の写真が、吉田嗣延編集『季刊沖縄』の2頁に載っている。

13 KKベストセラーズ発行の雑誌『歴史人・日本の領土の真実』2012年12月号、24頁。旧漢字は新漢字に直してある。ちなみに「間切」は「マギリ」と読み、沖縄の村のことを指す。

14 濱川今日子（2007）、6―7頁。

15 芹田、前掲、154頁／奥原敏雄（1970）、4頁／尾崎重義（1972）、48―49頁。

16 伊藤・百瀬、前掲、89頁／インターネット百科事典・ウィキペディアの記事を参考にした。

17 井上、前掲、123頁。

18 以上の期日は、池内、愼、金学俊（2012）の研究からまとめたもの。

19 竹島問題研究会（2007）「竹島問題に関する調査資料」、「〈資料〉『竹島経営者中井養三郎氏立志伝』明治三十九年（一九〇六）年　奥原碧雲」、74頁。

20 同前、塚本孝「奥原碧雲竹島関係資料（奥原秀夫所蔵）をめぐって」から再引、66頁。以下が原文である。

21　「内務省当局者ハ此時局ニ際シ（日露開戦中）韓国領地ノ疑いアル蕞爾タル一箇不毛ノ岩礁ヲ収メテ環視ノ諸外国ニ我国ガ韓国併呑ノ野心アルコトノ疑ヲ大ナラシムルハ利益ノ極メテ小ナルニ反シテ事体決シテ容易ナラズトテ如何ニ陳弁スルモ願出ハ将ニ却下セラレントシタリ斯クテ挫折スベキニアラザルヲ以テ直ニ外務省ニ走リ時ノ政務局長山座円二郎氏ニ就キ大ニ論陳スル所アリタリ氏ハ時局ナレバコソ其ノ領土編入ヲ急要トスルナリ望楼ヲ建築シ無線若クハ海底電信ヲ設置セバ敵艦監視上極メテ屈竟ナラズヤ特ニ外交上内務ノ如キ顧慮ヲ要スルコトナシ。須ラク速カニ願書ヲ本省ニ回附セシムベシ意気軒昂タリ此ノ如クシテ本島ハ本邦領土ニ編入セラレタリ」。

22　伊藤・百瀬、前掲、１４５―１４６頁。沖ノ鳥島については、もともとの国際連盟の委任統治地域に含まれていたのかどうか不明な点がある。地図をみると、沖ノ鳥島は、ちょうど委任統治地域の縁の部分か、日本側の領域との境界部分に位置する。位置的には、韓国と日本の間にある竹島や中国と日本の間にある尖閣諸島と同じように、境界領域に沖ノ鳥島は位置する。国際連盟の規定によって、委任統治領には軍事施設の建設はできないことになっていたので、環礁である沖ノ鳥島を内地に編入して、そこに軍事基地を作ろうとしたのではないかとも思われる。この点は、竹島や尖閣諸島の編入経過と似たようなパターンが、沖ノ鳥島にも当てはまるのではないかという推測である。この点は仮説として提起しておき、今後の歴史家による実証研究に期待したい。

23　古谷哲夫（１９８５）、江口圭一（１９８８）、22―57頁に基づいて作成。

24　麻田貞雄（１９７１）、１０２頁／ウォルド・ハインリクス（１９７１）、１６３頁。

25　春田哲吉（１９９９）、94頁。

26　春田、前掲、91頁。

27　麻田貞雄（１９９３）、２２４頁。

28　江口圭一（１９８８）、50頁。

29　『日本20世紀館』（小学館、１９９９）、３３７頁。

30　伊藤・百瀬、前掲／後藤乾一（１９９７）を参考にしてまとめた。

伊藤・百瀬、同前１４７―１４９頁、および後藤乾一、同前。

31　伊藤・百瀬、前掲、149頁。
32　マーク・ピーティー（1996）、80頁、81―82頁。
33　芹田、前掲、155―157頁。

第6章　〝帝国の残滓《ざんし》〟の後始末としての国境画定問題
――ウヤムヤにされた〝帝国の清算〟

1．帝国の崩壊とその清算

〝私たちが生きている今の時代〟は、いつから始まったのか？　このような質問への答え方には幾通りもの答え方がある。一つの答え方は、その起点を1945年の8月15日にすることである。

玉音放送とそれに続く内閣告諭の放送後、鈴木首相は天皇に拝謁し、辞表を奉呈、ここに鈴木内閣は総辞職した。天皇に対して二度までも聖断を仰いだことに対して責任を取るとの理由からであった。老宰相鈴木貫太郎にとって、この日を次世代による新しい日本の建設のスタートと位置づけようとした一つの政治的決断でもあったが、現実にはこの日をもって新日本が生まれたわけではなく、むしろ帝国の清算がはじまったのである。しかし、この日の内閣総辞職によって帝国の清算は有耶無耶《うやむや》にされてしまった。[1]

歴史家の加藤聖文は『「大日本帝国」崩壊』のなかで、1945年8月15日に起こった敗戦の激動に翻弄されていく日本とアジアの状況を、支配者と民衆の両方の視点から鋭く描いている。しかしながら、加藤の言う「帝国の清算」とは、植民地帝国としての日本の崩壊期に起こった降伏手続きや外地にいた民間人の保護・復員、内地における台湾・朝鮮出身者への対応、植民地の独立の過程で起きたもろもろの問題の処理のことを主に指していた。特に外地にいた民間人の保護に対する責任を、日本政府はほとんど果たさなかったと指摘している。[2]

筆者の問題意識は、さらに現在まで続く「有耶無耶にされた帝国の清算」にある。単に鈴木内閣だけの問題ではなく、戦後の歴代の内閣が帝国の清算を有耶無耶にしてきたのである。現在の日本や東アジアの抱えるさまざまな問題が、1945年8月15日の前後に起こった出来事に影響を受けているという加藤の指摘はもっともである。「有耶無耶にされた帝国の清算」を問題含みの法的な形で確定したのが、1951年に日本と米英を主とする48カ国の間で結ばれたサンフランシスコ平和条約であった。日本の敗戦の過程で「有耶無耶にされた帝国の清算」は、まだ終っていない。「有耶無耶にされた帝国の清算」のおかげで、いまだに国境画定の問題が終っていないばかりか、紛争の火種になっているのである。この章ではそのことについて考えてみたい。

2. 日本にとってのアジア太平洋戦争はいつ終ったのか？

戦後の日本における北方四島の国境確定問題を考えるにあたって、日本にとってのアジア太平洋戦争はいつ終ったのかという質問は重要な意味を持つ。というのも、大方の人の頭の中では、「中立条約を結んでいたソ連が条約を背信的に破って参戦し、しかも日本がポツダム宣言を受諾して降伏した8月14日以降も戦争をやめずに〝火事場泥棒〟的に千島諸島を占領した」と思っているからである。しかし、別の見方もあるということを知ることは意義がある。

佐藤卓己は、天皇の宣言文書である「降伏詔書」の日付が１９４５年8月14日であり、その日に連合国に通告したこと、8月15日の玉音放送は国内向けの放送にすぎないこと、大本営が展開中の部隊司令部に「玉音放送は停戦を意味しない」旨の通達を送っていたこと、現地軍に自衛戦闘を除く停戦命令をだしたのは16日であったこと、終戦日として国際的に通用するのは、法的に正式の外交文書である降伏文書に署名した9月2日であることを指摘している。なぜなら、本来「終戦」とは相手のある外交事項であるからであるという。実際、アメリカのトルーマン大統領は9月2日を「対日戦勝記念日」（VJデイ）と指定した。

「終戦の日付という「客観的事実」さえ確定できない状態で、歴史認識の対話が本当に可能だろうか」と佐藤は疑問を投げかけている。しかも、日本政府は、現在も「終戦日」の運用を国内と国外で使い分けている。例えば、「日本国との平和条約に基づき日本の国籍を離脱した者等の出入国管理に関する特例法」（1991年）において、日本政府は「平和条約国籍離脱者」（大半は在日韓国・朝鮮人）の定義を「昭和二十年9月2日以前から引き続き本邦に在留する者」として、〝国際標準の終戦日〟を認定基準に使っている。一方、戦前の朝鮮半島や満州などに居住していた日本国民に対しては、「引揚者給付金等支給法」（1957年）などで、〝国内基準の終戦日〟である8月15日を採用している。さらに佐藤は、戦後すぐの時期のマッカーサー司令官や日本の政治家のスピーチも9月2日を「降伏記念日」と考えていたとする。8月15日にスポットをあてた現行の「8月ジャーナリズム」が定着するのは、占領が終って「九・二降伏記念日」が忘却された1955年の「終戦十周年」イベントからだとするのである。「八・一五終戦記念日」が法制化されるのはさらに後である。[3]

佐藤の指摘で特に重要なのは、全面的停戦の実施予告は海軍で1945年8月17日、陸軍で18日に発せられ、実際に内地部隊の全面的な戦闘停止が実施されたのは22日、北海道や外地部隊の全面的な戦闘停止（22日発令）は25日に実施されたということである。しかもこの時点でも、中国大陸のみはなお例外とされていた。つまり、8月15日の段階では、どの戦域でも戦闘が停止されていたわけではない。北千島の占守島での停戦協定文の調印は8月22日、沖縄の日本軍が降伏文書に調印したのは9月7日、中国での降伏文書署名は9月9日であった。[4]

ソ連軍による千島諸島の侵攻は8月18日に始まり、択捉島占領（28日）、国後島・色丹島占領

（9月1日）と続いた。9月2日の午前9時から20分まで、東京湾の戦艦ミズーリー号の上で日本とソ連を含む連合国の間で降伏文書の調印が行なわれた。その同じ日の2日に、ソ連の現地軍に歯舞群島の占領命令が出され、5日までに占領が完了した。和田春樹は、ソ連軍の9月1日までの行動はクリル諸島をソ連軍の占領地域にするという「一般命令第一号」にもとづく「連合国軍としての進駐」であったが、歯舞諸島の占領は明瞭な命令に基づかない現場の判断で行なわれた問題のあるものとしている。[5]

逆に言えば、日本とソ連邦の戦争が終ったのは1945年の9月2日であり、それまでは戦争状態が続いていたということである。それ以降の戦闘行為と占領は法的には明らかに「違法である」と言える。まさに歯舞諸島は「不法に占拠された」のである。この点は半藤一利によってもすでに指摘されていた。8月14日の「ポツダム宣言受諾による降伏といっても、連合国にとっては、日本の降伏の意思表示にすぎなかったということ。つまり、国際法上の正式の「降伏」を完了させるには、すべての降伏条件をみたす正式調印をまたなければならなかった」のである。[6]半藤はまた、日本政府は連合国司令官はマッカーサーと信じていたが、ソ連はそれを認めていなかったということも指摘している。[7]

歴史的事件に対して、何をもって「不法占拠」というかは、採用する判断基準による。日本が連合国軍に降伏したのは1945年の8月14日だから、それ以降のソ連軍の侵攻は「違法」であるとするこれまでの考え方がある。一方、9月2日の降伏文書調印まで戦争が続いていたと考えるならば、それまでの占領は戦争行為の一環であり、それ以降の侵攻と占領は「違法」であるとする考え方も成り立つのである。「違法」の解釈が異なれば、千島諸島占領の解釈も異なってくるであろう。もちろん、協定による「占領行為」の法的定式化が行なわれなければ、通常は法的承認がなされたとは認められないのであるが。

ちなみに、イタリアとドイツの「終戦日」はいつかと調べてみると、興味深いことがわかった。イタリアは、1943年の9月3日に、ムッソリーニ失脚後に成立したピエトロ・バドリオ政権が連合国軍と停戦協定を結んでいる。その後イタリア政府は、パルチザン軍や連合国軍と一緒になって、ナチス・ドイツ軍に支援されたムッソリーニ政権と北イタリアで戦っている。ドイツは、ヒトラー亡き後にドイツ政府首班になったカール・デーニッツ海軍元帥が、海軍・空軍の代表者とともに、1945年の5月7日、パリ郊外のランスにあるアイゼンハワー司令官の司令部で無条件降伏文書に調印した。降伏文書の規定では、中部欧州標準時で5月8日午後11時1分に停戦規定が発効することになっていた。首班デーニッツは、翌8日にラジオ演説を行ない、午後11時をもって戦闘行為を停止するように全軍に指令している。ところが、当時、東部戦線で戦いベルリンを占領していたソ連軍が、降伏文書の調印がドイツと西側連合国軍との間でだけ調印されたことを不服としたのである。そのため、同じ降伏文書の調印を、東部戦線でもう一度行なうことになった。8日午後11時15分、ベルリンのソ連軍の司令部で、ドイツ国防軍司令官が降伏文書への署名を行なった。この二度目の調印式には、米仏の代表は欠席した。降伏文書は8日にすぐに発効した。降伏文書発効の日である「5月8日」が、ヨーロッパにおける第二次世界大戦終結の日で、現在の「ヨーロッパ戦勝記念日」（VEデイ）になった。5月23日にデーニッツ政権は消滅し、ドイツは占領下に入った。[8]

なぜわざわざイタリアとドイツの「降伏受諾」の日を指摘したかというと、日本のポツダム宣言受諾と玉音放送との比較のためである。結局のところ、ポツダム宣言を受諾した8月14日は、「受諾する」（降伏する）という連合国への通告の日であり、15日の玉音放送は天皇の国民向けの放送である。戦争を終らせるには相手との間で「停戦協定」に調印しなければならず、それまでは少なくとも法的には「戦争状態」が続いていたということなのである。こうした点は重要に思えるが、これまで意外に注意を払われてこなかったように思える。

このような事実は、北方四島をめぐる今後の交渉を進める場合の見方に影響を与えるであろう。いかにソ連の対日参戦が日本人にとって感情的に受け入れがたいものであったとしても、１９４５年の9月2日まではソ連と日本の間で、戦争が続いていたということである。「8月14日に日本が降伏した後、ソ連は千島諸島に攻め込んだ〝強欲で不法なやから〟」という硬直した見方をわずかでも相対化してみる努力をしてみようということなのである。戦争は非情なものである。ひとたび戦争が始まれば、交戦国の双方が相手国の弱みに付け込み、払った犠牲に見合うだけの戦利品をせしめようと最後の停戦協定まで突き進む。〝連合国軍〟とは言っても、同じ司令官の指揮下に統合された軍隊ではなく、英米軍とソ連軍は協調しつつもそれぞれの戦線で戦っただけである。時間の長さは異なっても、ドイツと日本で似たようなことが起こっている。ドイツの場合、国土の東部の4割もの地域がソ連軍に占領されて停戦協定が調印され、日本の場合は南樺太と千島諸島、色丹島が占領されて停戦協定が調印されたのである。

ソ連の参戦についてのもう一つの問題である「日ソ中立条約破り」についてはどうであろうか。1941年6月にドイツがソ連との不可侵条約を破って独ソ戦が始まるが、それをみた外相・松岡洋右はソ連との戦争を主張し始めた。それに対して杉山元参謀総長は、すぐには戦争はできない、準備が四、五〇日必要でそれが完了する頃に「ソレテヨケレバ起ツノダ」と言っている。実際に1941年7月2日の御前会議で、「独『ソ』戦争ノ推移帝国ノ為有利ニ進展セハ武力ヲ行使シテ北方問題ヲ解決シ北辺ノ安定ヲ確保ス」と決定している。[9] 長谷川毅は、この点について次のように述べている。

独ソ戦が始まったときに日本政府は、真剣に中立条約を破棄して、ソ連と戦争を開始するオプションを考えたのであり、このオプションがとられなかったのは、中立条約に忠実たろうとする遵法精神からではなく、その時点でソ連と戦争をすることは、日本の南進政策に鑑みて時期尚早であると判断したからである。しかも、参戦を準備するために「密ニ」対ソ武力的準備を行なった。これが、関東軍特別大演習、所謂「関特演」であった。すなわち、日本もソ連も、中立条約を権謀術数の一手段としてとったのであり、どちらも必要がなくなれば、良心の呵責を感じることなしに破棄することを考えていた。もちろん、中立条約に違反したのはソ連であり、日本ではなかった。だからといって、日本が、遵法精神の高みからソ連を批判することはできない[10]。

なぜこのような事実を取り上げるかというと、次のような理由である。3章の図3―2をもう一度みていただきたい。戦前の日本は、1894年の日清戦争以来、ほぼ10年ごとに対外戦争を行なってきた。そしてその戦争の後ごとに、領土の「編入」と「併合」を繰り返した。アメリカ軍は1945年の3月に硫黄島、6月には沖縄を占領した。ソ連は8月9日に参戦し、18日から千島諸島を占領し始めた。日本政府は8月14日にポツダム宣言受諾の通告を連合国に行ない、9月2日に降伏して第二次世界大戦は終った。9月2日の敗戦以降の戦後の歴史は、日本の「対外縮小期」もしくは「帝国の解体期」として理解できるということである。戦争末期の混乱期に起こったさまざまなことは、その前史である「帝国の膨張期」に起こった日本の近隣諸国への支配や植民地化の過程とセットになってはじめて理解できるのであり、戦後に起こった国境画定問題も「帝国の清算」の歴史、「帝国の残滓」の処理の問題として理解できるということである。「帝国の膨張期」に起こった一つひとつの出来事に対し、戦後の「帝国の解体期」には、全体としてみれば、その逆の過程が進行したということを理解してはじめて、私たちは国境画定問題に適切に対処できるであろう。

長谷川は次のことを指摘する。日本の戦争責任を真剣に考える人々の間でも、日ソ戦争はソ連によって犯された不正の戦争であり、日本が犠牲者であったという考え方が支配的である。確かに戦争末のソ連の行動には大きな問題があった。しかし、だからと言って、日本の政策が正しかったと主張することはできない。日本は東アジアにおいて、決して正義とは言えない戦争を遂行してきた。アメリカの原爆投下とソ連の参戦は、日本人に日本も被害者であったという心情を植えつけたかもしれない。プリンストン大学のローズマンの言葉を借りれば、戦後の日本の歴史は「北方領土症候群」と「ヒロシマ症候群」との競争であった。しかし、この二つの症候群は日本のナショナリズムの変形であり、日本人が戦争責任に直面することを妨げることに貢献した。北方領土問題は、日本人にとっては、単に領土問題に留まらず、戦争末期にソ連によって犯された一連の行動に対する〝民族の怒りの象徴〟である。領土問題の解決は、日本にとって単に領土の帰属問題というだけでなく、ソ連の犯した行動に〝正義を求めること〟でもある。それはそれなりに正しい要求であるが、それが正しい要求として認められるためには、日本自身の戦争責任を真摯に感じてはじめて説得力を持つであろう。[11]

それゆえ、日本もまたいかに数多くの不正を行なってきたか、近隣諸国の犠牲の上にどのように帝国を建設してきたか、帝国崩壊の最後で戦争がいつどのようにして終ったのか、といったことについて適切な理解を持つことが必要であろう。そして、北方四島、竹島、尖閣諸島の問題は、いずれも「帝国の残滓」の問題であり、その残滓をいかに清算するかという問題でもあるということを理解することによって、今後それらの問題により適切に対処できるのではないだろうかということである。

3. 冷戦とサンフランシスコ平和条約によって画定されなかった国境

東アジアと太平洋地域を巻き込んだ一つの大きな戦争が終り、一つの「植民地帝国」が崩壊した後で何が必要か？ 本来なら、対戦国の間、そして帝国から独立した小国家との間で講和条約が結ばれ、国境が明示的に画定されるはずである。ところが日本の場合、これがキチンと行なわれず、しかも錯綜して歪《いびつ》に行なわれた。日本と戦った二つのメジャーな国家であるソビエトと中国、重要な隣接植民地であった韓国・朝鮮が講和過程に参加しなかったのである。

日本が受諾したポツダム宣言は、カイロ宣言の履行に加え、降伏後の日本の領域を「本州、北海道、九州、四国並に吾等の決定する諸小島に局限せらるべし」と定めてあるが、どれが「吾等の決定する諸小島」なのか具体的には決めていなかった。9月2日の降伏文書のなかでも、ポツダム宣言の条項を誠実に履行することと、その履行のために連合国最高司令官が発する命令等に従うことが規定されているだけである。

降伏後の日本の国境問題を考えるに当たって重要な行政法令が二つある。1946年1月29日に発せられた「若干の外郭地域を統治上行政上日本から分離することに関する覚書」

（Memorandum for Governmental and Administrative Separation of Certain Outlying Areas from Japan）である。これは通常、連合国総司令部覚書ＳＣＡＰＩＮ（Supreme Command for Allied Powers Instruction Note）第六七七号と呼ばれている。この指令で日本から除かれる島嶼地域は、（１）鬱陵島、リアンクール岩（竹島）、済州島、（２）北緯30度以南の琉球諸島等、（３）小笠原諸島と硫黄島、（４）千島列島、歯舞諸島、色丹島などであった。しかし、この指令の第六項は「この指令の中の如何なる規定も、ポツダム宣言第八項に言及された「『諸小島』の最終的決定に関する連合国の政策を示したものではない」としていた。１９４６年６月22日に、「日本の漁業および捕鯨業に認可された区域に関する覚書」（ＳＣＡＰＩＮ第一〇三三号）が布告された。これによって設定された海上の区域が「マッカーサー・ライン」であり、当初、竹島はこのラインから除外された。

一方、１９５１年２月13日に公布された大蔵省第四号は、日本の「付属の島」から除外される島々を列挙したが、この中には鬱陵島、竹島、済州島が含まれている。さらに１９５１年６月６日に公布された総理府第二四号でも、これら三つの島は日本の領域から除外されていた。[12]

しかしながら、こうした一連の処置があったにも関わらず、サンフランシスコ平和条約の案文が作成される過程で、不思議なことが起こった。英米豪、ニュージーランドを含む関係諸国でさまざまな草案が作られたが、第五次草案までは一貫して独島／竹島が韓国領に入っていたのが、第八次草案以降では、それが消えたのである。対日平和条約案の変遷をつぶさに調べた原貴美恵は、この変化をウィリアム・Ｊ・シーボルト駐日政治顧問が国務長官宛に送った電文の影響とみる。彼は1949年11月段階の平和条約草案にコメントを付け、日本が放棄する島嶼に竹島が含まれない理由として、竹島が島根県の行政下にあったという歴史的な理由と戦略的考察を挙げている。シーボルトは、メモのなかで「合衆国の利害に関係のある問題として、安全保障の配慮からこの島に気象及びレーダー局を設置する事も考えられよう」と書いている。[13] 不安定な朝鮮情勢を背景にして、アメリカは竹島の軍事的利用の観点から、新たな反共同盟国としての日本に竹島を帰属させようとした判断が働いたものと思われる。実際アメリカは、1950年6月に朝鮮戦争が勃発した後、1951年7月に、SCAPIN第2160号でもって、竹島を米軍の海上爆撃演習地区に指定した。

韓国・朝鮮は、対日平和条約案の起草過程に参加させられなかった。1951年7月の段階で日本が放棄する島嶼に竹島が含まれていなかったことを知り、梁《ヤン》駐米韓国大使がその件についてアチソン米国務長官宛に書簡を提出した。それに対して、ラスク極東担当国務次官補は「ドク島、または竹島ないしリアンクール岩として知られる島に関しては、この通常無人である岩島は、我々の情報によれば朝鮮の一部として取り扱われたことが決してなく、1905年頃から日本の島根県隠岐島支庁の管轄下にある。この島は、かつて朝鮮によって領有権の主張がなされたとはみられない」と返答したのである。[14] 日本側はこのラスク書簡をもって、アメリカ政府が竹島の日本領有を認めたという根拠の一つにしている。

しかしながら、1952年10月3日にアメリカ大使館は国務省宛に書簡を送り、これとは逆の見方を示している。独島／竹島（リアンクール岩）はある時期に朝鮮王朝の一部であったが、日本がその帝国を朝鮮に拡張した時に朝鮮の残りの領土とともに併合された。現在、この島をめぐって日韓に領有紛争が起こっている。日本はリアンクール岩に対する領有権を理由のあることとしているが、韓国が意義を唱えるのも明白な理由に基づくものである、とこの書簡は述べている。それに加えて、この島が北朝鮮からの爆撃から戻る際に、投下目的地で使用されなかった爆弾を落とせるレーダー照準点としても、実際の爆撃標的としても有用であると〝アメリカにとっての軍事的価値〟も強調している。[15] このことは、後に尖閣諸島の久米赤島（大正島）が米軍の爆撃演習場として利用された状況ときわめて似ている。

１９５１年９月８日にサンフランシスコ平和条約が調印され、翌年４月28日に発効が予定された。韓国政府は、日本が主権を回復すれば、一時的に韓国沖合の魚場を保護していたマッカーサー・ラインが撤廃されるので、その維持をアメリカ政府に求めた。しかしその要請は拒否され、韓国の漁業発展が妨げられる恐れが出てきた。またこの海域にある独島が日本領になる可能性もあった。こうした予測から、韓国政府は１９５２年１月18日、「大韓民国に隣接した海域の主権に関する大統領宣言（平和宣言）」を公布し、海上にいわゆる「李承晩ライン」を設定し、独島を自国の領域に囲い込んだのである。[16] その後、１９５４年６月に、韓国政府は沿岸警備隊を独島に駐留させるようになった。

対日講和条約起草をめぐる過程を検討した原は、竹島処理は、冷戦の激化にともない、韓国よりも日本に有利に取り計られた感があるとしている。韓国は講和会議にも招待されず、公式の場で自国の立場を表明することが許されなかった。韓国が「李承晩ライン」を設定した理由は、(1)歴史的正当性の確信とともに、(2)米国政策への不満であった。原は、「竹島問題は、直接及び間接的にも、米国政策の結果として発生した問題ということが出来よう」と指摘している。[17]

これまで、竹島と尖閣諸島についての議論のほとんどすべてが、前近代における歴史的経緯や編入過程および実効支配についての国際法的解釈に終始しているのに対し、原は、北方四島、竹島、尖閣諸島の問題を戦後の冷戦構造とサンフランシスコ平和条約の不備から生まれたものであることを指摘した。原は、個別の領有問題ではなく、冷戦を背景にした「サンフランシスコ平和条約体制」の成立という全体的視点から、国境画定問題を実に見事に説得力のある筆致で分析している。引き続き、原の研究成果に沿って戦後の経過をみてみよう。

原によると、アジア太平洋地域では、冷戦の到来は戦勝国の協調による戦後支配を想定した「ヤルタ構想」が崩壊し、「サンフランシスコ体制」に変容していく過程であった。米国による初期の平和条約案は、長大で詳細なもので、特に領土条項においては、「将来紛争が発生しないように」明確な国境画定がなされていた。草案は全体として大戦中の検討を反映した「厳格な講和」と同盟国間の協調を重視したヤルタ精神に基づくものであった。しかし冷戦が始まると、条約草案はしだいに「シンプル」になり、竹島の文字も消え、台湾の帰属先であった中国も千島・南樺太の帰属先であったソ連の名前も消えていった。サンフランシスコ平和条約は、個々の領土の厳密な範囲や最終帰属先を明記しておらず曖昧な内容になっている。そのために、この地域でさまざまな「未解決の諸問題」が発生する種が残されたのである。

対日領土処理から発生した「未解決の問題」は、冷戦の地理的「前哨地帯」（frontiers）であった。それらは、共産主義のソ連との間に残された北方四島問題、北半分が共産主義化した朝鮮との間に残された竹島問題、大部分が共産化した中国との間に残された沖縄・尖閣問題である。これらは、米国のアジア戦略においてその西側確保が最優先となった日本を囲む楔のように並んでいる。元来、日本と中国との領土問題は沖縄（琉球）であったが、70年代にその施政権が日本に返還される頃から係争の焦点は尖閣諸島へ移行した。対中国の観点からは、沖縄・尖閣、台湾、南沙・西沙諸島という中国の海洋フロンティア問題は、対中「封じ込め」の楔として位置づけられた。南沙・西沙諸島問題は、戦前の植民地獲得競争の前哨から冷戦の前哨へと、新たに生まれ変わった。これらの地域紛争の種は確かに米国主導で蒔かれたが、紛争に発展したのは問題が育つ土壌がそこにあったからである。

サンフランシスコ平和条約は日本と48カ国との間で締結された多国間条約である。しかし、領土紛争に関わる国のうち、日本以外の係争当事国が講和に参加していない。竹島については韓国・朝鮮が、北方四島についてはソ連が、沖縄・台湾・南沙・西沙諸島については中国がこの条約に参加していない。日ソ間では、サンフランシスコ平和条約で残された領土帰属と平和条約締結問題は、1950年代半ばに「二島返還」で当事国間の和解が実現しそうになるが、ここでも第三者である米国の介入が入る。以来、「四島返還」が日ソ間にしっかりと打ちつけられた楔として固定していく。つまるところ、サンフランシスコ平和条約は連合国と日本との戦争処理であったが、それは不備な条約であった。冷戦という状況で、問題の存在が好都合だった面もあった。例えば、北方四島問題は、西側陣営に属していた日本にとって「ソ連と和解しない理由」として使える便利な面があった。

歴史的経験が示唆するのは、こうした領土・領有権問題は、当事者間の枠組みに留まっている限り解決が難しいということである。多国間の枠組みを使った重層的アプローチが重要である。多国間の枠組みの中で相互に受け入れ可能な条件を模索することにより、最終的に隣接国家同士の合意も可能になるであろう。東アジアには冷戦以前から「抗日ナショナリズム」が根強く残っているが、日本と隣国との間に抱える「未解決の問題」は新しい対立を引き起こす〝起爆剤〟になる可能性がある。本当は隣国が脅威でないのに、国民や国同士をまとめるために、政治家が対立を利用することさえある。

将来、日本がこの地域で孤立するのを避けて外交のオプションを広げていくためには、日米関係を維持しながら、隣国との懸案を解決して「楔」や「しこり」を取り除いて、建設的な関係を築いていく必要がある。東アジアでは冷戦構造はなくなっていない。「冷戦の終焉」は過去の史実ではなく、未来への課題である。これまで幾重にももつれて固まってしまった東アジアの国際関係の糸は容易には解けない。しかし、解決の糸口がある限り、決して不可能な課題ではない[18]。

個々の領有権問題ではなく、軍事的・経済的ブロック構造としての冷戦構造と、その法的表現としての「サンフランシスコ平和条約体制」に目を向けた原の洞察は、私たちの目を見開かせる。尖閣、竹島、北方四島の問題が、戦前及び戦争期にルーツを持つとしても、それらが現在の形のように形成されたのが冷戦期にあったことが理解されれば、今後の解決の目標が定まるからである。確かに、平和条約の初期の草案に竹島が含まれていたのであるから、そのまま単純に承認すれば、現在の竹島問題は起こらなかった。重光葵外相が決意していたように〝敗戦の厳しい現実〟を真正面から見据え、サンフランシスコ平和条約の条文通り千島諸島を放棄し、北海道の一部である色丹島と歯舞諸島の返還でソ連と平和条約を結んでいれば、60年以上にもわたる苦々しい対立は起こらなかったかもしれない。またアメリカによる戦後処理の一貫である沖縄返還時に、尖閣諸島の領有問題を当事者同士で話し合っておれば、現在の日中の対立は起きなかったかもしれない（もっとも、尖閣の問題は石油の問題が絡んでしまって、1972年当時解決が可能であったかどうかは難しいところであるが）。

敗戦をなかったことにすることはできず、戦勝国による日本の領土の占領という苦渋の現実を受け入れないわけにはいかない。そのような厳しい現実において国境を交渉によって画定しようとすれば、常識的に考えて「お互いが受け入れることが可能な妥協」をせざるを得ないのではないだろうか。

実際、原がオーストラリア公文書館で発見した外務省作成の「MINOR ISLANDS ADJACENT

図6−1 外務省作成「MINOR ISLANDS ADJACENT TO JAPAN PROPER」（日本本土に付随する小諸島、Part 1, クリル諸島、歯舞諸島、色丹島、1946年）の表紙と地図

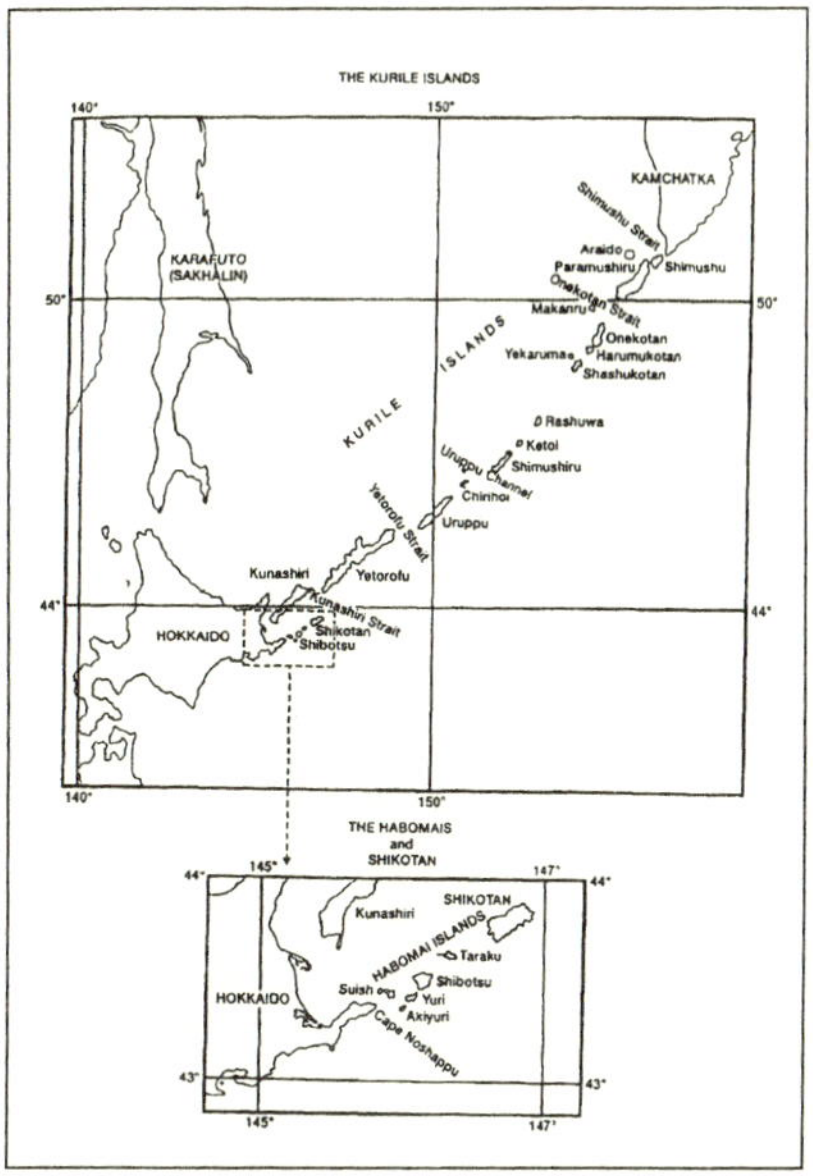

秘

MINOR ISLANDS ADJACENT TO JAPAN PROPER

DEPARTMENT OF EXTERNAL AFFAIRS

PART I. THE KURILE ISLANDS, THE HABOMAIS AND SHIKOTAN

FOREIGN OFFICE
JAPANESE GOVERNMENT
NOVEMBER 1946.

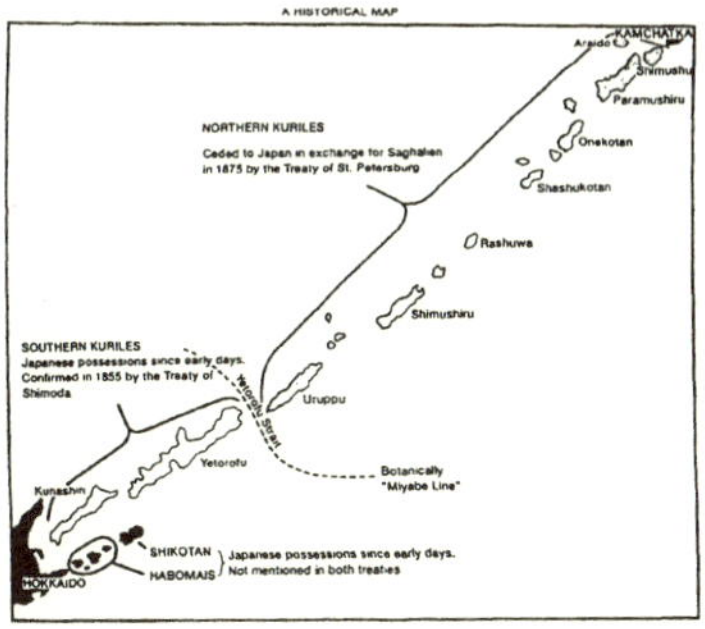

出所：原貴美恵『サンフランシスコ平和条約の盲点』（2005）、123頁より。

TO JAPAN PROPER」（日本本土に付随する小諸島、1946年）を見れば、国後・択捉が千島諸島に含まれていることがわかる。（図6—1を参照せよ）1961年以降、日本政府が主張するに至った「択捉島と国後島は千島諸島に含まれない」とする解釈が成り立たないことが理解できる。「外務省自ら国後・択捉は千島列島の一部であると認識していたことを証明する資料が発見された以上、この問題に関する議論の余地は基本的に消滅したといえよう。」と原は述べている。もっともこの点についても、竹島論争について池内が述べたように、「学問的には成り立たないことが明白な主張が再三再四蒸し返されて強弁され、堂々巡りの議論が延々と続くことにな」っているようにみえるが。[19]

小笠原信之は、「千島列島」は地理的概念で「北方領土」は「政治的呼称」とし、当初日本政府自身が、「南千島」である国後・択捉をまとめて「千島列島」としていたのが、歯舞・色丹を含む四島を一括して「北方領土」とよぶ政治主導の概念をにわかに捻《ひね》り出したと指摘している。[20]和田春樹は〝国後島と択捉島は列島に含まれないとする議論〟を、国際的にも通用しない、1952年当時の外務省自身も取らなかった主張として「最大の詭弁」と呼んでいる。そして外交交渉は事実に即して誠実な議論をしなければならず、詭弁を弄してはならない、そうでなければ相手を説得できないと述べる。[21]最近、1991年にゴルバチョフ政権が北方四島問題に関して行なった内部調査資料が明らかにされたが、「択捉、国後がサンフランシスコ講和条約で日本が放棄した「クリル諸島」の概念に入らないことを日本側が証明するのは大変に困難」としている。[22]

4．〝帝国の残滓〟の後始末としての国境画定問題の解決――未完の〝帝国の清算〟

今後は、冷戦時代にサンフランシスコ平和条約によって日露、日韓、日中の間に「打ち込まれた楔」を、一つひとつ取り除いていく作業が必要になる。当事者同士が真摯に向かい合い、それぞれの勝手な解釈ではなく、お互いが理解できる「共通の言葉」でもって、一つひとつの障害を克服していくことが求められる。そして、古い「サンフランシスコ平和条約体制」に代わる「新しい国際体制」の創造・創設を通して、東アジアにおける国々の〝真の和解〟を実現していくのである。

サンフランシスコ平和条約は、１６４８年にヨーロッパの三十年戦争を終らせたウェストファリア条約や、18～19世紀の三十年戦争であるフランス革命・ナポレオン戦争を終らせたウィーン議定書を比べても、20世紀の三十年戦争である両世界大戦終結時の条約としてはきわめて不十分なものであった。これまでみてきたように、主要な戦勝国であったソ連と中国が参加していなかったからであり、カイロ宣言の履行と言いながら、その文言で触れられている朝鮮半島の国家も参加させられなかった。結局「片面講和」は「片肺飛行」のようなもので、日本という国家が国際外交空間を自由に飛ぶことはできなくなったという結果をもたらした。そして今、両翼の先端と尾翼の三箇所が〝錆び付く〟と同時に火花まで発するようになって、ますます自由に飛べなくなってきている。尖閣、竹島、北方四島の三つの国境画定問題は、このような〝火花を発する錆び〟のようなものであろう。なぜならそれらは、国家の外交機能を腐食によって低下させると同時に、〝錆びた部分〟から発する火花が国家の中枢機能まで引火するかもしれないからである。

3章の図3―4（97頁）は、戦後の植民地帝国日本の解体で、あたかも戦前の逆の過程を歩むかのように、それぞれの戦争をきっかけにして中国、韓国が回復していくプロセスを私たちに理解させる。しかしそのプロセスは不完全な形（もしくは歪んだ形）で進んだ。例えば、サンフランシスコ平和条約の締結過程から排除させられた韓国が、朝鮮戦争のさなかに敗戦国日本の竹島を占拠した。これは植民地の独立過程でしばしば起こるような、本国の一部を分離地域が占拠して自国領土に併合する過程に似ている。日本としてはいかに不法なものに感じられても、まさに戦前の日本が長年にわたって韓国に行なった実力による占拠の裏返しであろう。似たようなことを韓国は行なったのである。

1904年の日露戦争は、満州と朝鮮に関する日露間の交渉が模索されていた最中の2月8日に、日本軍による仁川と旅順のロシア軍艦への奇襲攻撃によって始まった。日本が宣戦布告をしたのは2日後の2月10日である。ロシアはこの攻撃を、今でも「日本による背信行為」と呼んでいる。日本人の目からみて「背信行為」を行なったのが、第二次大戦末期のソ連軍であろう。中立条約を破って突然、樺太・千島に侵攻したのであるから。1894年の日清戦争の場合も、日本軍は7月25日に豊島沖の清国海軍に攻撃を仕掛けた。清政府に対して宣戦布告を行なったのは、一週間後の8月1日であった。第一次世界大戦中、日本は中国の山東省に攻撃を仕掛けた後、「二十一ヵ条の要求」を突きつけて中国の植民地化を図るための圧力を掛けた。

図3―4は、第二次世界大戦中にソ連による北方四島の占拠が行なわれ、朝鮮戦争中の1952年に韓国による竹島の占拠が行なわれたことを示している。しかし、1956年には日ソの国交回復が行なわれた。アメリカがベトナム戦争に本格介入を始めた1965年には日韓基本条約が締結され、1968年の小笠原諸島の返還、1972年の沖縄の返還と続いた。中国とも1972年の国交回復を経て、1978年に平和条約が締結された。しかし、その過程で尖閣諸島の領有問題が発生したのである。そして今、中国は実力で尖閣諸島を占拠する勢いをみせている。これまで、帝国の残滓としての北方四島と竹島が平和条約によって確定されないまま実力によって占拠され続け、一方ではそれぞれの国家の利益を実現するために国交は回復するという不自然な方法が取られてきた。中国とも尖閣諸島の問題は「棚上げ」にして平和友好条約が結ばれた。今、その〝先延ばしのツケ〟は回ってきたのである。

こうした一連の経過を図にまとめると、図6―2のようになるだろう。図6―3は、国境画定をめぐる日本とアメリカ、ロシア、韓国、中国との関係を示している。奄美諸島と小笠原諸島、沖縄はアメリカから返還された。竹島は1952年に韓国によって占拠された。歯舞諸島と色丹は1956年の日ソ共同宣言によって返還が確約されたが、実施されていない。今後は千島諸島をめぐっての交渉が必要であろう。尖閣諸島は、日本と中国が交渉によって解決するか、中国によって占拠の既成事実が作られるかの分岐点にあるようにみえる。ちょうど60年前に韓国が竹島に対して行なったように。尖閣問題を交渉によって解決しなければ、実力占拠の可能性は高くなるであろう。仮に銃撃戦のようなことが起きれば、日中双方とも死傷者が出て大変な事態になる。そのような事態の発生を誰が望むだろうか？

原貴美恵が指摘する冷戦時代につくられた「サンフランシスコ平和条約体制」は、その不備や欠陥のために機能不全に陥る最後の局面に入っているようにもみえる。日本と韓国（北朝鮮も含めて）、日本と中国、日本とロシアのそれぞれが、国境画定問題に真正面から真摯に向かい合う時期に来ているのではないだろうか。日本は北方四島問題を早急に解決しないと、解決のチャンスは失われるであろう、周知のようにロシアはすでに70年近くも北方四島を占拠し、近年はインフラ整備に多額の政府予算をつぎ込んで実効支配を強化している。時間が経てば経つほど、日本との事実上の国境が固定化して、変える動機も理由も減少していくだろうから。報道によれば、戦後直後の移住世代のロシア人と違って、孫の世代は「北方四島は歴史的にロシアの領土で自分たちの祖国、故郷である」という教育も始まっているそうである。[23] 竹島も韓国が60年以上実効支配しており、独島関係の活動はますます盛況になっている。韓国政府は「独島体験館」を立てただけでなく、「独島を守る拠点学校」を指定して子どもたちに2泊3日の旅行をさせ、「独島科挙大会」まで開催している。一方、竹島訪問の観光客は２０１２年で20万人に達しているという。[24]

筆者が聞いた話では、「独島は我らがもの」という歌というのもあって小学校一年生から習うそ

図6－2　日本帝国崩壊後の米ロによる日本の占領と、領有問題の対処過程

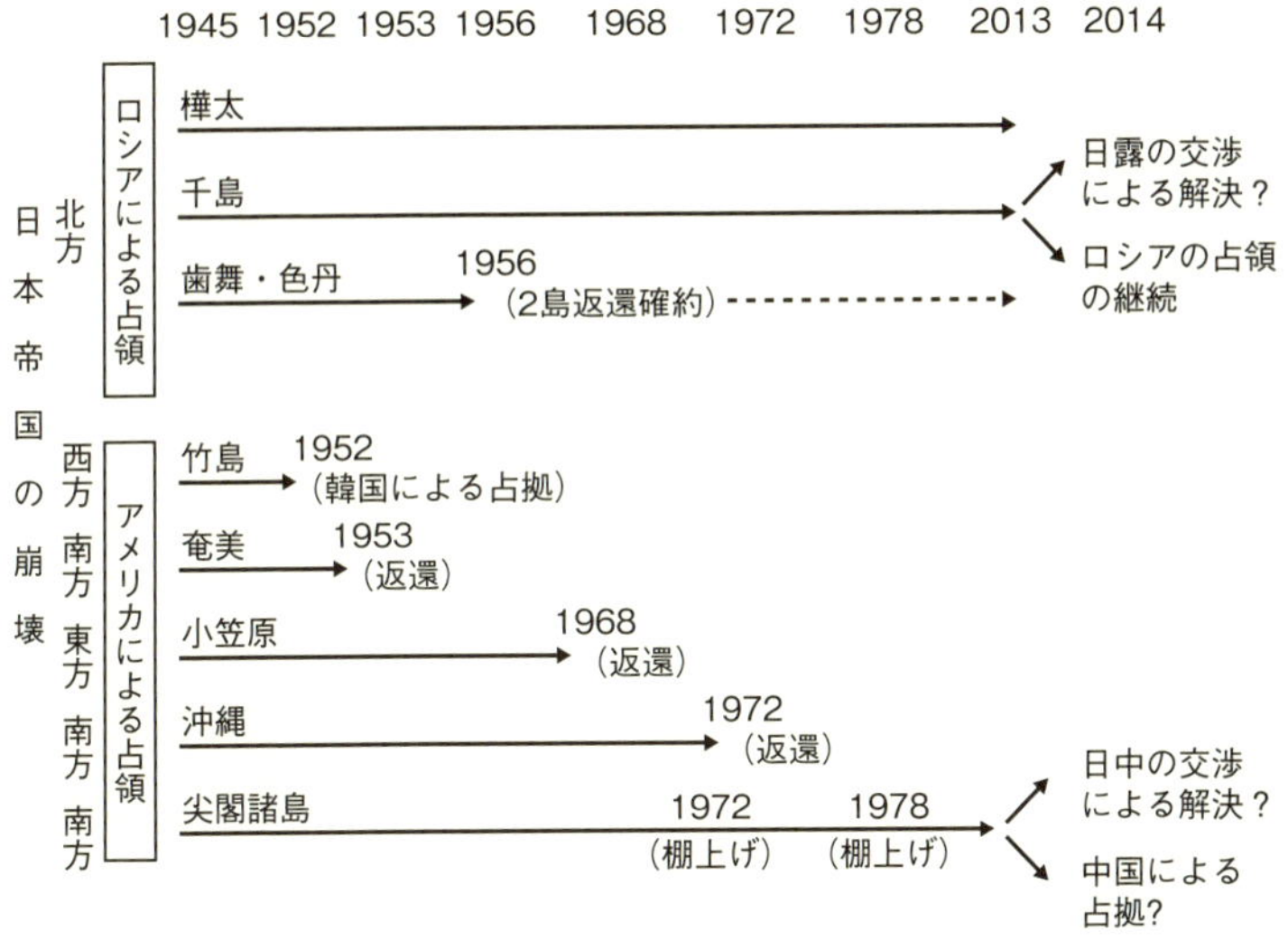

図6－3　3つの帝国の残滓（千島諸島·歯舞色丹、竹島、尖閣諸島）をめぐる国際関係（奄美、小笠原、沖縄は解決済み）

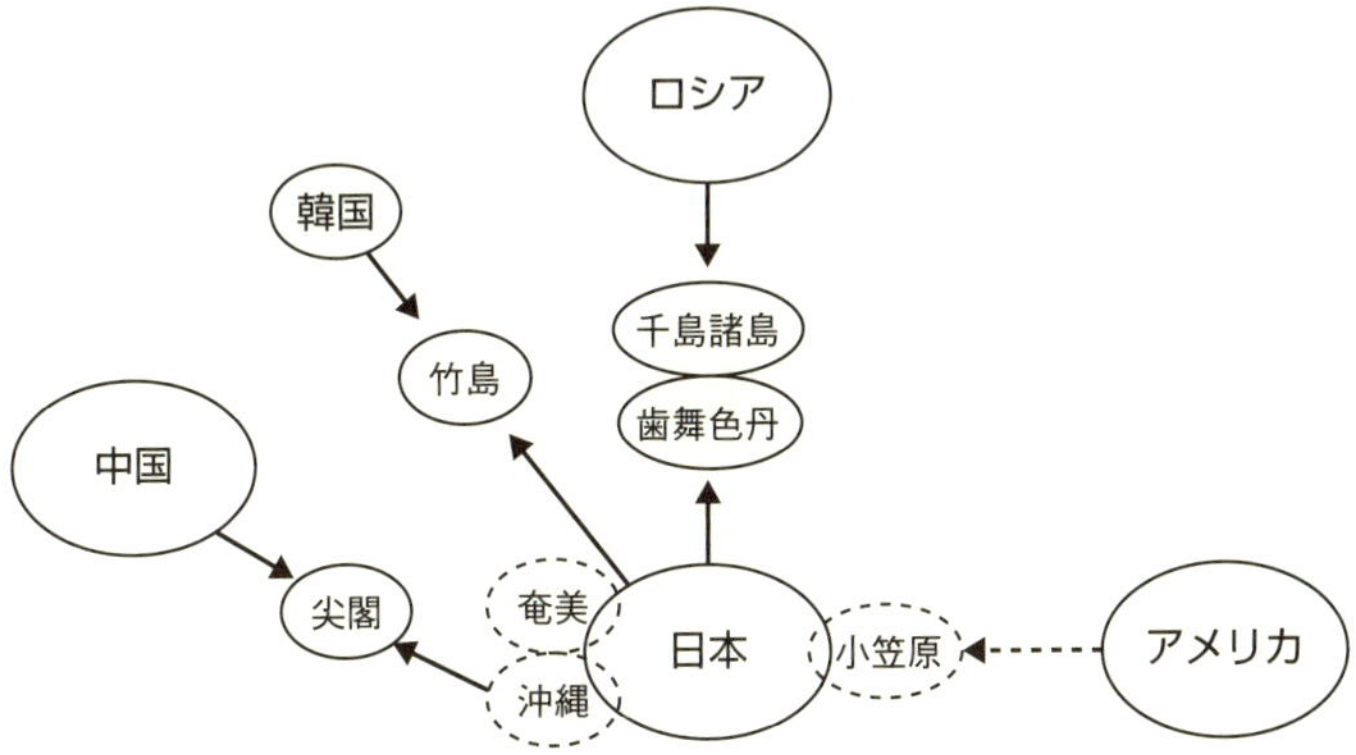

うである。こうした現実の中で、竹島に関して何かがあるたびに、日韓政府のとげとげしいやり取りが繰り返される。こうしたことは、はたして両国にとって生産的であろうか？

２０１２年の日本政府による尖閣諸島の国有化によって、現状維持についての〝暗黙の了解〟とメンツを潰された中国は、怒りを募らせている。日本政府が「領土問題は存在しない」と突っぱね一切の交渉可能性を否定しているので、残る方法は一つしかなくなる。国際的舞台での宣伝の活発化と海上監視船や漁船による実力での進入である。国内における個人間の紛争でもそうであるが、対話や交渉による解決を拒否された相手は、もし問題の解決を諦めるのでなければ、裁判か政治的闘争を始める。場合によっては座り込みや閉鎖などの占拠行動を行なう。中国が行なっているのはまさにそういった行動であろう。この状態がいつまで続くのであろうか？　そして、そうした一方の「拒否行動」と他方の「占拠行動」の応酬が続いている間、どれだけの利益とどれだけの不利益が生じるのか、考えるときに来ているように思える。

〝帝国の残滓〟の後始末としての国境画定問題の解決、未完の〝帝国の清算〟―これが現在の私たちに残されている仕事である。政治家だけでなく国民の一人ひとりが、敗戦の現実に向かい合い、歴史を学び直して未来を切り開いていく必要に迫られている。戦後処理の一環としての交渉による「国境の画定」と、国際的インフラとしての〝安定した国境〟が作り出す経済的社会的交流の発展と政治的選択肢の拡大を実現する時期に来ているように思える。これは別の視点からすれば、一種の〝分岐点〟でもあろう。過去にあったさまざまな〝分岐点〟と同様、この機会をうまく生かせれば、世界史の新しい段階に入れるだろう。しかし失敗すれば、東アジアにおける〝新冷戦〟の始まりともなろう。そうならないために、どのようなことが必要か、次章で考えてみたい。

注

1　加藤聖文（２００９）、58頁。
2　同前、２３１―２３２頁。
3　佐藤卓己（２００８）、7―17頁。
4　同前、12頁。
5　和田春樹（２０１２）、６５頁。和田は別の著書（１９９０、４５３頁）で、ソ連軍による歯舞諸島侵攻を「千島の併合のためには戦闘が必要だと考えたスターリンの犯罪」とも呼んでいる。
6　半藤一利（１９９９）、２３８頁。
7　同前、２３８頁。
8　講談社『クロニック世界全史』（１９９４）、１０２１頁。
9　参謀本部編『杉山メモ（上）』（１９９４）、２４５―２４６頁、２６０頁。
10　長谷川毅（２０００）、32頁。
11　同前、50頁。
12　これらの点は金学俊（２０１２）、２４６頁によって指摘された。
13　原貴美恵（２００５）、49頁。
14　外務省（２００８）、11頁。
15　内藤正中・朴炳渉（２００７）の資料に、原文および訳文が収められている（３２６―３３６頁）。「The rocks

［竹島］…were at one time part of the Kingdom of Korea. They were, of course, annexed together with the remaining territory of Korea when Japan extended its Empire over the former Korean State.」（３３６頁）

16　金学俊、前掲、２６６頁。

17　原貴美恵、前掲、67―68頁。

18　同前、２８７―３０１頁、１頁。原は「前哨」（frontiers）という言葉を使っているが、イメージしにくいので、筆者は「frontiers」の訳として「前哨地帯」が適当と考えている。ちなみに、日ソ国交回復交渉へのアメリカの介入は、「ダレスの恫喝」と通称されている干渉行動である。敗戦という現実を受け入れて「二島返還」で妥結しようと思っていた重光葵全権に対して、「もしソ連が択捉島と国後島を領有するなら、アメリカは沖縄を併合する」と言ったことを指す。重光は日ソ交渉に参加した松本俊一にたいして「ダレスは全くひどいことをいう。もし日本が国後、択捉をソ連に帰属せしめたら、沖縄をアメリカの領土とするということをいった」と述べている。松本俊一（２０１２）、１２５―１２６頁。

19　池内敏（２０１２）、７頁。

20　小笠原信之（２０１２）、21頁。

21　和田春樹、前掲74―１００頁。

22　朝日新聞、２０１３年４月24日、朝刊12面。

23　朝日新聞、２０１３年、朝刊１面・２面。

24　朝日新聞、２０１２年11月１日、朝刊20面。

第3部　未来

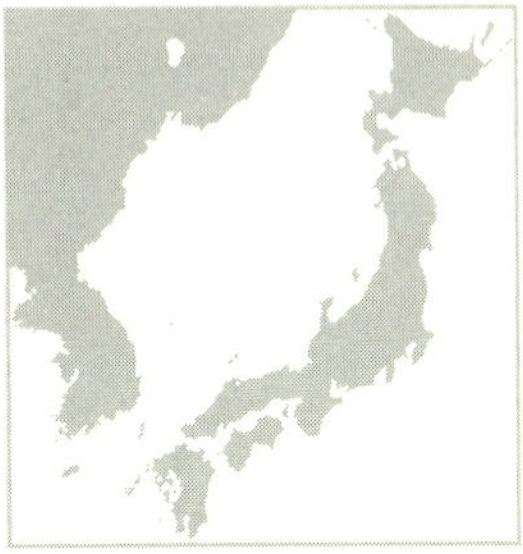

第7章　紛争解決論からのアプローチ

1. これまでのような〝領土論争〟では結論が出ない

歴史の研究というのは〝底なし沼〟を探るようなものである。一つの事実の下に別の事実が横たわり、その下にさらに別の事実が横たわる。一つの前提の下に別の前提がひそみ、その下にさらに別の前提がひそむ。どこまで行ってもキリがない。

〝領土問題〟もそうである。主張の根拠となる歴史的事実の前に、別の歴史的事実があり、さらにその前に別の歴史的事実がある。過去をどこまで遡ればいいのか、誰もわからない。何をより重要な根拠とするのか、人それぞれ、政府によってもそれぞれである。研究者の間でさえ、事実についてはまだしも、解釈については合意がない場合も多い。それどころか、どんな人間も偏見や思い込みがあることを忘れ、自分の主張は〝客観的〟だが相手の主張は〝主観的〟と強弁することもしばしば起こる。政府間交渉においても、時代が変わり交渉者が変われば、また別の主張が出てくる。すでにみたように、例えばどこまでを「千島諸島」の範囲とするのか、日本だけでなく、アメリカの歴代の政権によってでも主張が変わった。相手側が百科事典からの引用を引っ張り出し、古地図を証拠として突きつけても、必ず何か微細な欠点をあげつらって足をすくう。かつて外務省自身が作成した調査報告書の地図が見つかってから12年も経つのに、それで外務省の「北方領土四島返還」の主張が変わったという話は聞かない。「当時と今では状況が違う」とでも言えばそれで済むのである。これらがこれまでの〝領土論争〟の特徴である。

こうしたことについての結論は何か？　まさに「〝領土論争〟について結論は出ない」ということが結論である。一方、「領土について結論は出るはずだ、あの国のものか、この国のものか、真実は一つしかない」と思い込んでいる人たちは、何十年でも議論を続けるだろう。場合によっては百年以上でも。これは誇張ではなく、実際、高橋和夫と川島淳司の『日本と世界の領土問題』を読むと、百年以上も領土問題で争っている国の例がいくつも出てくる。北方四島をめぐる日本とロシアの〝領土論争〟でさえ、すでに67年をすぎようとしている。いったいいつまで〝領土論争〟を続けるつもりであろうか？　戦争を直接体験した世代が去り、現在の日本政府の政治家たちを「二世代目」とすると、「三世代目」、場合によっては「四世代目」まで〝領土論争〟を続けるつもりであろうか？

いつまでたってもキリがない〝底なし沼〟のような〝領土論争〟を通じて、一つだけ残る事実がある。それはポツダム宣言第8項の「吾等の決定する諸小島」の範囲がどこまでか、戦勝国の集まりである連合国の間でも合意されていないし、戦勝国と敗戦国の間でも合意されていないという事実である。さらに言えば、カイロ宣言にある「満州、台湾及び澎湖島の如き日本国が清国人より盗取したる一切の地域」、サンフランシスコ平和条約の2条にある「済州島、巨文島及び鬱陵島を含む朝鮮に対するすべての権利、権原及び請求権」の範囲についても合意されていないという事実である。唯一ここに〝領土問題〟を解決する突破口がある。「合意がなければ、合意を作ればいい」ということである。

このような言い方は、人によっては奇妙に聞こえるかもしれない。「条文の解釈について同じでないから、紛争が続いているのではないか」というわけである。例えば、「台湾及び澎湖島の如き」という場合の「如き」の意味は、辞書では「比喩」や「例示」とあるから、文字で明示的に示されていなくても尖閣諸島も含むという解釈もありえる。一方、「列挙」で明示されていないから含まないという解釈もありえる。これは、一つには法律論争でもよく起こる「拡張解釈」と「縮小解釈」の問題でもある。当事者たちは、法律の条文を拡張するか縮小して解釈し主張する。裁判官が事実と判例に照らし合わせてバランスよく解釈すればいいが、たとえ裁判官であっても、「拡張解釈」と「縮小解釈」の問題から自由ではありえない。「条文の解釈について同じでないから、紛争が続いているのではないか」という考え方は、暗黙のうちに法律論の思考枠組みを使っているのである。

一方、紛争解決論の立場から言えば、「解決方法について合意がないから紛争が続いているのである。だから、何らかの合意を作ればいい」となる。〝合意がないという事実〟から出発して、いかに合意に達するかを考えるのである。これまでの領土論争では、〝解釈が同じでないから、合意できない〟と考える。もちろん〝共通の解釈〟は望ましいし、それがまったくなければ合意はできない。しかし、その場合でも、紛争解決論では、〝共通の解釈〟は実際には〝ある程度の共通の解釈〟であり、〝完全に共通の解釈〟もしくは〝解釈における完全な一致〟はなくてもよいと考えるのである。別の表現で言えば、紛争解決論の視点からすれば、紛争当事者たちは「解釈が同じでないから、合意できない」のではなく、「共通の利益や補完的利益を見つけきれないから、合意できない」のである。したがって、「解決のためのさまざまな選択肢を作って共通の利益や補完的利益を見つければ、合意はできる」ということになる。私たちが日常的に使う最初の考え方とは違って、ここに紛争解決論の考え方の特徴がある。

〝領土紛争の底なし沼〟から脱出する方法は、過去の歴史の事実をめぐって下へ下へと降りていくことではなく、選択肢というロープを〝底なし沼〟の外にある未来の堅固な岩にかけることである。〝未来の堅固な岩〟とは、お互いの信頼関係に根差した共通の未来である。そして、その共通の未来を足場にして実現する私たちの子孫たちの共通の利益である。そのために、現在の世代が知恵を振り絞る必要がある。前の世代は〝近隣との領土紛争〟という負の遺産を私たちに残した。しかし、逆に私たちの世代は〝領土紛争の解決〟という正の遺産を次の世代に残すことに尽力できる。

過去に遡って「これまでこうであったから、今後もこうであろう」と考える思考方法がある。逆に、「これまでこうであったにもかかわらず、今後はこうできる」という思考方法がある。このように紛争解決法（コンフリクト・レゾリューション）は、過去の原因に焦点を当てるよりも、未来の共通利益の実現と関係づくりに焦点を当てる。紛争解決法はよく「非裁判的・非暴力的解決方法」を目指すとされるが、11世紀から13世紀の西・南フランスの諺を引用すると、「合意は法に勝り、和解は判決に勝る」そして「各人にその取り分を」が紛争解決法の基本的考え方である。[1] それでは次に、紛争解決論の基本的考え方を参考にしながら、国境画定問題について考えてみよう。

2．なぜ紛争が起きるのか――〝行為者・構造・過程・利害状況モデル〟による理解

紛争を解決するためには、なぜそれが起きるかを理解しなければならない。図7―1を見ながら説明したい。紛争は、2種類の構造因を含む四つの〝原因〟が相互に影響し合って起こる。それらは、①行為者因（人間の思考・感情・欲求における思い込み）、②構造因（社会制度の不備や不全と物質的構造の不備や不全）、③資源的条件因（社会における不十分で不公正な資源の配分状態）、④相互作用因（パーソナル・コミュニケーションの不十分さや歪み、社会的コミュニケーションの不十分さや歪

み）である。

国境画定問題における交渉者たちは、それぞれの国家の一員として、紛争の渦中にある島嶼が自国のものと思い込んでおり、強いナショナリスティックな感情を持って、全部の島を欲しがっている。社会的構造とは制度のことであり、実際には融合しているが相対的に区別されうる三つの要因によって構成される。シンボル・システムというのは、例えば以前にはなかった「固有の領土」（特に北方領土）といった言葉や観念が定着した状態である。それを使って人々は考え、コミュニケーションをする。ひとたび、その用語が流布すれば、思考もコミュニケーションもパターン化して、そこから抜け出るのは難しくなる。

ルールとは、国際社会にある慣習や規則、国際法を指す。東南アジア諸国連合（ASEAN）は2010年に「南シナ海行動宣言」を発表して、南シナ海における紛争の平和的解決の指針とした。しかし宣言では拘束力が弱いので、法的拘束力のある「南シナ海行動規範」を作ろうとしている。島嶼国境に関する国際法としては、「海洋の憲法」である「国連海洋法条約」がある。ルールが不備であったり曖昧であれば、紛争の原因となる。例えば、海洋上の中間線を選ぶか大陸棚を選ぶかで、判断基準が変わってくる。

制度を構成する組織的構造としては、世界的な機構としては国際連合や国際司法裁判所があり、地域的な機構としては「アジア太平洋経済協力機構」（APEC）、ASEAN、日中韓を加えた「ASEAN＋3」、ASEAN地域フォーラム（ARF）などがある。

図7−1　行為者・構造・過程・利害状況モデル

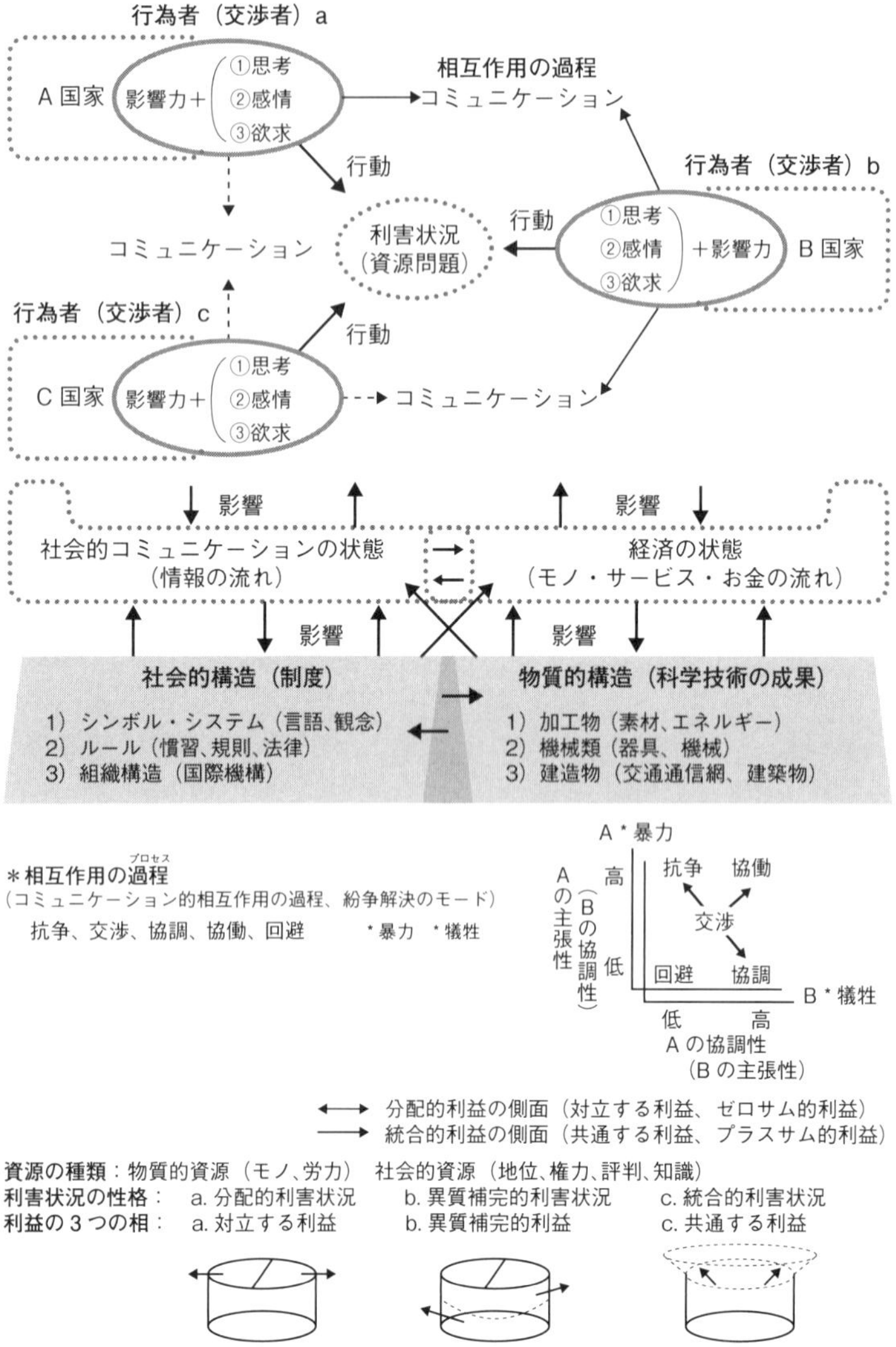

物質的構造というのは、科学技術の成果を指す。例えば新しい素材やエネルギー源、新しい機器や兵器の開発、軍事基地や通信施設や道路網などの建造物のあり方を指す。それらの有無によって、交渉者の考えやコミュニケーションの仕方が変わってくる。例えば、１９４５年のポツダム会議中に、原爆実験成功の報告がトルーマンにもたらされ、彼の思考もスターリンとのコミュニケーション方法も変わった。もはやソ連の参戦に頼る必要もなく、ルーズベルト時代のような緊密なコミュニケーションをする必要もなくなったのである。日中間の関係についても、仮に太陽電池の新素材の発明に加えて新しい発電機器が開発され、ゴビ砂漠から朝鮮半島を経て日本に至る送電網が実現するとすれば、政策形成者や国民の意識やコミュニケーションの仕方も今以上に親しいものになるかもしれない。物質的構造と社会的構造（制度）もまた相互に影響を与え合う。

社会的コミュニケーションというのは、マスメディアによる報道のことである。国境画定問題に関しても、報道が不足していたり、逆に歪んだ形で過剰に情報が流されれば、一方的な主張が増えることになろう。

資源的条件因とは、世界経済と国内経済の状態である。不況になり、国家間や階層間の経済状態が悪化したり格差が広がったりすると、紛争は起きやすくなるであろう。社会における不十分で不公正な資源の配分状態が、紛争を引き起こす原因の一つになるのである。世界経済が悪化し、中国や日本国内における経済格差が広がれば、両国の民衆や政治家、外交交渉の担当者も、石油

図7―2 紛争《コンフリクト》解決のモード・モデル（二重関心相互作用モデル）
（当事者AとBの非対称的な相互作用行動を、Aの側からみて表現したもの）

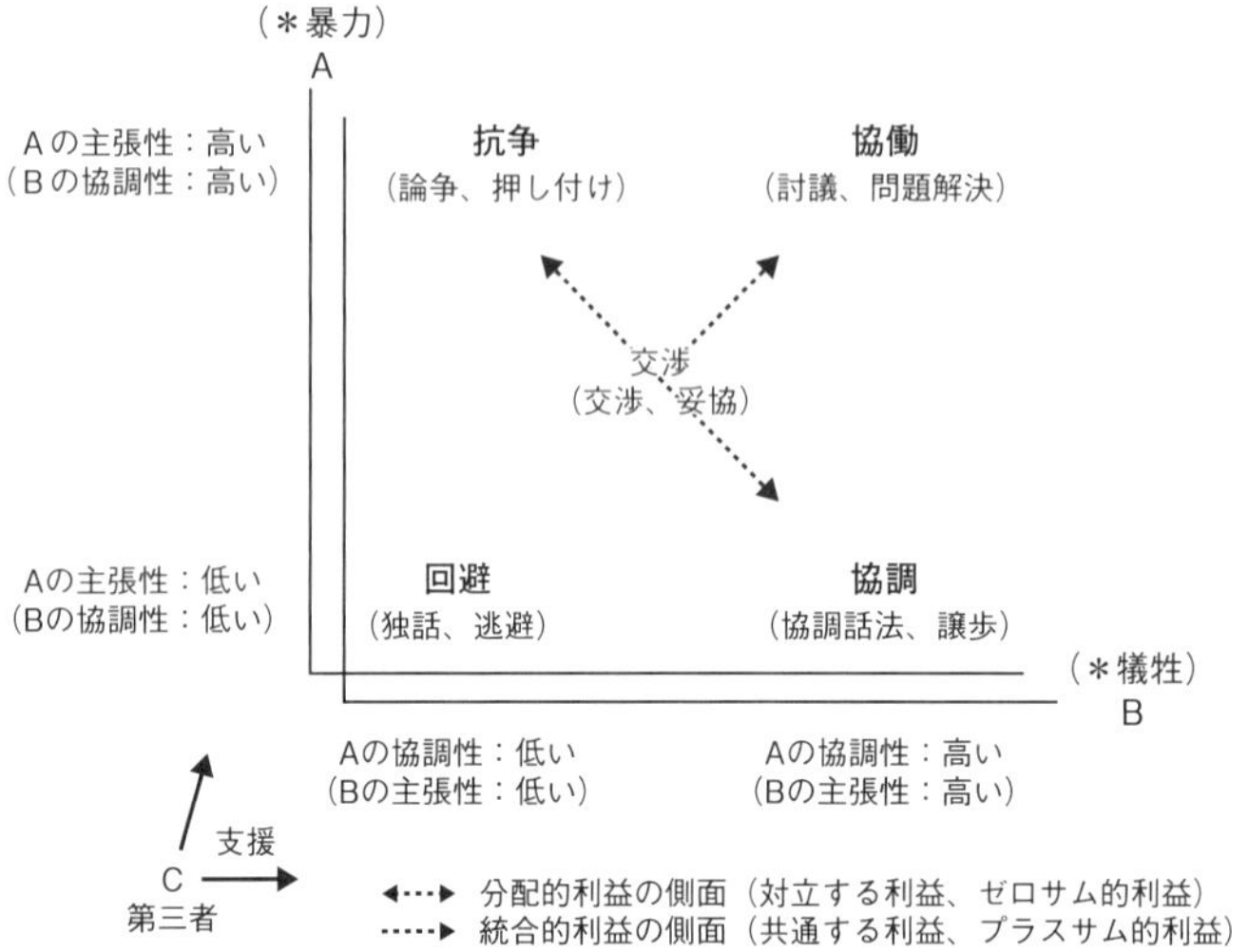

ほしさに相手国に簡単には妥協したくなくなるであろう。ここでの利害状況（資源問題）とは、もちろん第一義的には係争中の尖閣諸島を指す。

図7―2は紛争解決モードを詳しく図解している。紛争解決のモードとは、個人や集団・組織、国家が、考えや感情、利害の不一致を解決していく過程における「方法」のことをいう。それは、行為者Aと行為者Bが、自己の考えや利益についての「主張性」と相手の考えや利益についての「協調性」の二つの関心の高低に応じて〝相互作用する仕方〟を示している。それには、自己利益だけ主張する「抗争」、その反対に相手に譲る「協調」、その中間の「交渉」（妥協）、自分と相手のニーズを満たして共通の利益を実現しようとする「協

働的問題解決」、最後に「回避」というモードがある。抗争が極端になると「暴力」になり、国家間では戦争という武力行使を意味する。その逆が「犠牲」であり侵略を甘んじて受けることである。尖閣をめぐる日中の現在のやり取りは抗争的といえるであろう。お互いが相手の言い分を否定し、自己の考えと利益だけを主張しているのである。

利害状況の性格というのは、何かの資源、例えば係争中の島嶼を分割するような「ゼロサム的関係」や、共通の利益の実現を目指して協力する「プラスサム的関係」（統合的利益）を指す。その中間が、「異質補完的利害状況」で、例えば、一方の本当のニーズが石油であり、他方のニーズが主権の保持や安全保障といった場合である。それらは補完的であることによって、互いの欲求を同時に満たすことができる。ここで大切なことは、いかなる利害状況においても、「ゼロサム的な対立する利益」、「プラスサム的な共通利益」、「ヴァリアブルな異質補完的な利益」の側面があることである。客観的な利害状況を、私たちは「対立する利益」、「共通する利益」「異質な補完的利益」と認識する。ある一定の利害状況のなかに、共通する利益と異質補完的な利益を見つけ出していくことが、紛争解決の鍵である。

図7―3と図7―4は問題解決のプロセスと解決結果についてのモデルである。このモデルは、まずお互いの信頼関係を作り、問題を分析して理解し、さらに選択肢を作って、最後に決定するというプロセスを踏むことによって、紛争が解決しやすくなることを示している。そして最後に、お互いがお互いの真の利益関心（ニーズ）を充たし、共通の利益も実現するような「ハッピー・

図7－3　問題解決プロセスの重層モデル

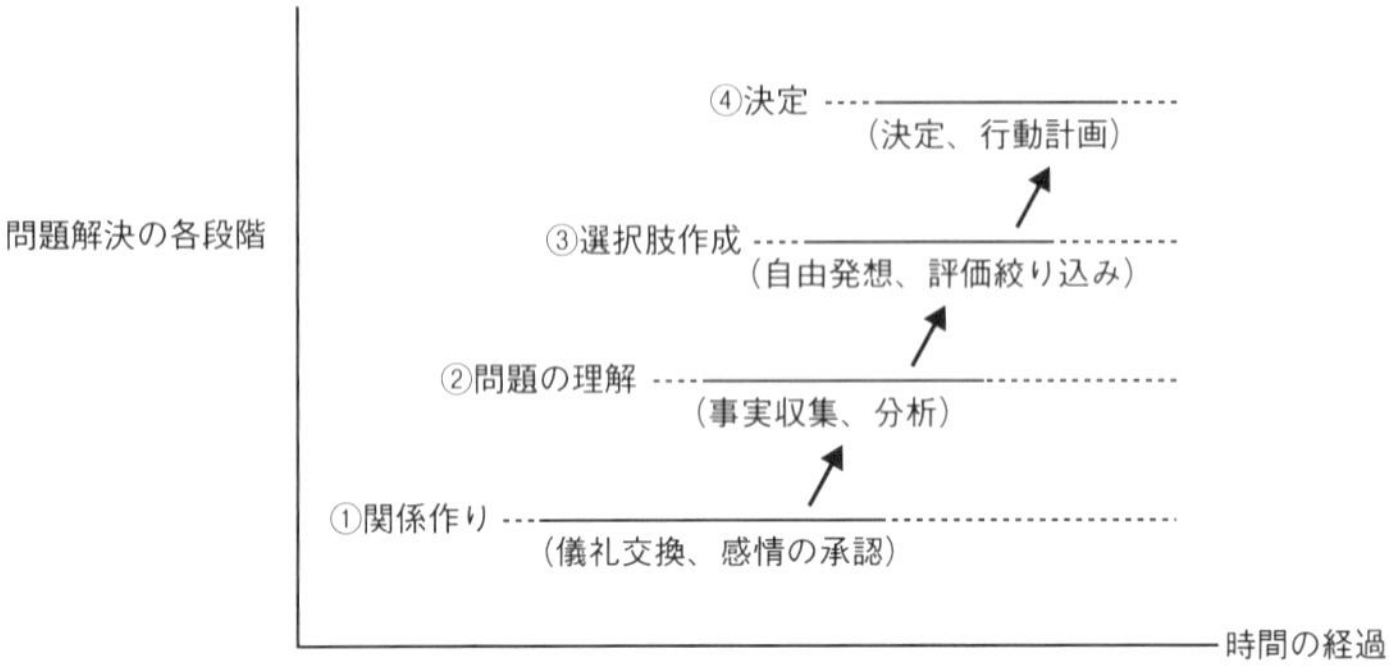

図7－4　解決相互作用の結果《アウトカム》
（解決モードと当事者A、Bの満足度の組み合わせの結果を表現したもの）

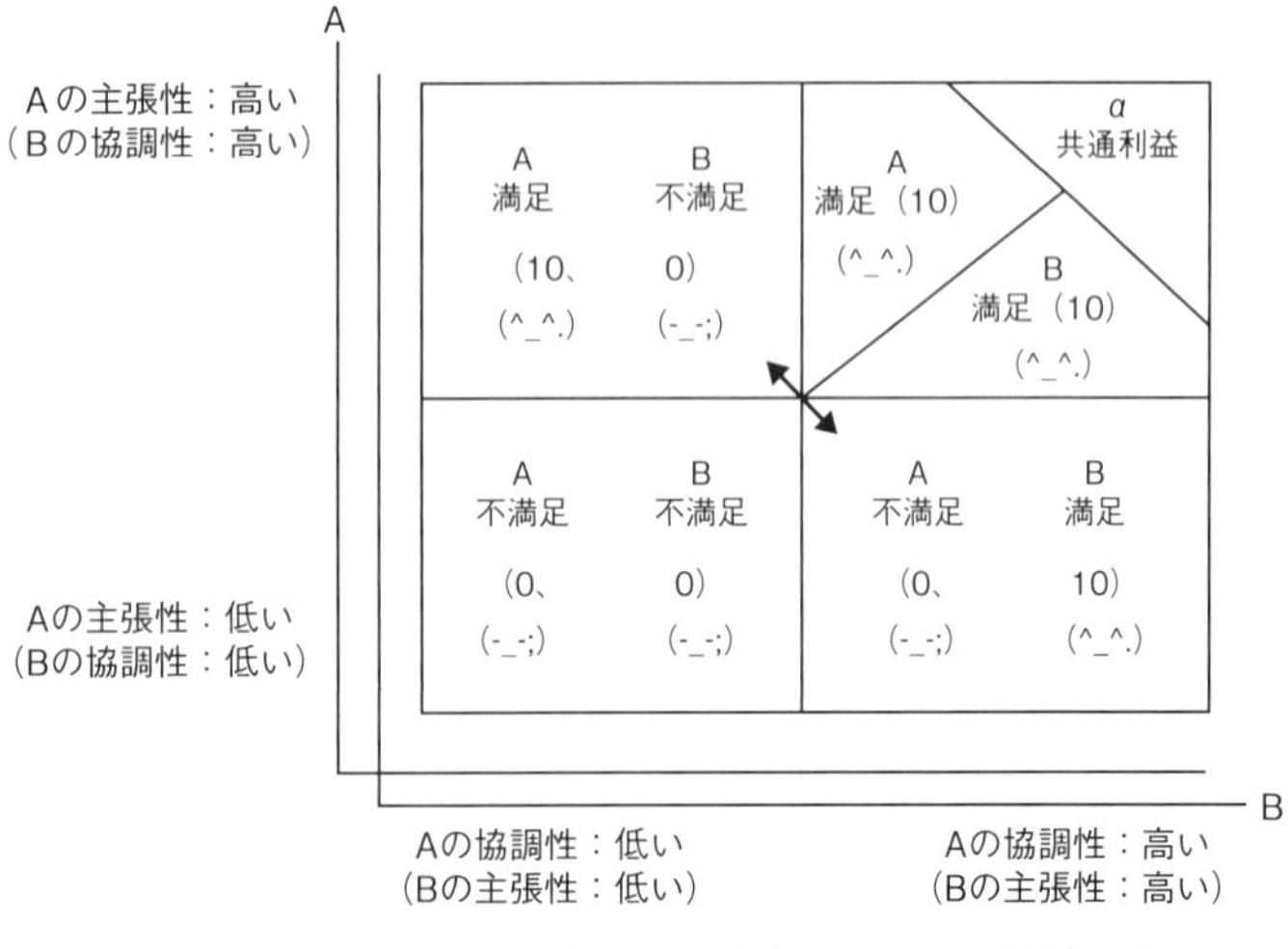

ハッピー（満足・満足）の解決」を目指すのである。

以上をまとめると次のようになる。紛争を解決するには、〝意識を変え、コミュニケーションの方法を変え、制度を変え、物質的構造を変える〟必要がある。〝硬直した思考方法〟、〝傲慢な感情〟、自分だけの利益を考える〝強欲な〟姿勢から、柔軟で共感的・共有的な態度に変えていくのである。現在の日中の交渉関係者が行なっているような〝相手の言うことを否定して、自分の考えを一方的にまくし立てるような〟抗争的なコミュニケーションの仕方も変える必要があろう。相手側が島嶼の取得の歴史的過程について話している最中に、国際法を盾に形式的な法律論を主張するとすれば、話がすれ違うばかりか、お互いの感情的な齟齬をますます大きくするだけであろう。日中の交渉者が、お互いの建前や「立場」の主張だけをし合うようなディベート的なコミュニケーションでは、いつまでたっても解決方法は見つからないであろう。「公的な立場」の背後にあるお互いの「真の利益関心」や「ニーズ」を見つける必要がある。

制度に関しては、「固有の領土」の代わりに「国境画定」という言葉を定着させ、マスメディアもそのように報道し続ければ、人々の意識もコミュニケーションの仕方も変わるに違いない。新たな国際関係を切り開くルールを作り、また新たな国際的組織を創設することも可能である。例えば、１９８９年に起こった日米貿易危機を解決するのに、当時の海部《かいふ》首相とアメリカのブッシュ大統領は、トップ直属の「合同ワーキング・グループ」を設けて紛争の原因を徹底的に洗い直した。それが「日米構造協議」と呼ばれる一連の経済交渉である。[2] 現在の尖閣諸島に関する緊張した日中関係についても、もし両国の政治指導者が望むなら、「合同の危機管理委員会」を早急に設けることができる。衝突の危機回避のための「ホットライン」は最低必要であろう。「物資的構造を変える」というのは、例えば日中合同での海底採掘技術を開発することである。共同開発のための開発資金調達とは別に、より効率的な海底採掘技術が開発されれば、たとえ利益を折半しても「利益の絶対額」は増えるであろうから。尖閣諸島に石油や天然ガスがどれだけ埋蔵しているか、実際のところよくわかっていないし、たとえ埋蔵していても採算が取れるかもわからない。頻繁に台風が来る海上での石油採掘は技術的なリスクが伴う。日中が協力すれば、お互いにとってメリットが生まれるに違いない。

表7―1[3]は、ハーバード大学の交渉プロジェクトの創始者ロジャー・フィッシャーとウィリアム・ユーリー、ブルース・パットンの「原則立脚型交渉」の原則を示している。これをみると、これまでの日韓・日中・日露の政府同士、そして交渉官同士が、問題解決的交渉と言うよりも「ハード型」の交渉をしてきたことが理解できるに違いない。お互いが自分たちの公的な「立「立場」にとらわれてそこから一歩も動かない状態である。それを原則立脚型の問題解決的交渉に転換することによって、紛争をうまく解決する可能性を広げるのである。

表7－1　ソフト型交渉、ハード型交渉、原則立脚型交渉（問題解決的交渉）

ソフト型交渉	ハード型交渉	原則立脚型交渉（問題解決的交渉）
・参加者は、友人である。	・参加者は、敵対者である。	・参加者は、問題解決者である。
・目的は、合意である。	・目的は、勝利である。	・目的は、効率的で友好的に達せられた賢明な結果を得ることである。
・友好関係を深めるために譲歩する。	・友好関係の条件として譲歩を迫る。	・人と問題を切り離す。
・人に対しても、問題に対しても、軟らかく当たる。	・問題に対しても、人に対しても、強硬に当たる。	・人に対しては柔軟に、問題に対しては強く当たる。
・相手を信頼する。	・相手を疑う。	・信頼の問題とは無関係に進行する。
・自分の立場を簡単に変える。	・自分の立場に固執する。	・立場ではなく、利害に焦点を当てる。
・提供する。	・脅す。	・利益を探求する。
・最低線を明かす。	・最低線を相手に誤信させる。	・最低線を出すやり方を避ける。
・合意に達するために、一方的な損も受け入れる。	・合意の対価として、一方的に有利な条件を要求する。	・双方にとって有利な選択肢を考え出す。
・ただ一つの答えを探す：相手が受け入れるもの。	・ただ一つの答えを探す：自分が受け入れられるもの。	・[一緒に] 複数の選択肢をまず作り、決定はその後にする。
・合意を強調する。	・自分の立場を強調する。	・客観的基準の使用を強調する。
・意思のぶつかり合いを避けようとする。	・意思のぶつかり合いに勝とうとする。	・意思とは無関係な客観的基準にもとづいて、合意を求める。
・圧力に屈する。	・圧力をかける。	・理を説き理に耳を傾け、原則に従い、圧力に屈しない。

出所：フィッシャー、ユーリー & パットン、*Getting To Yes*、1991, p.133

コンフリクトを解決するための基本的姿勢と基本原理

紛争解決にはいくつかの原則や技法があり、オリバー・ラムズボサムらが『現代世界の紛争解決学』（2009年）のなかで詳細に論じている。ここでは筆者が「紛争と紛争解決」の授業で用いている原則の概略を紹介したい。

(1) コンフリクトを解決するための基本的姿勢

〝尊重、交渉、合意〟…相手の考えや感情、利益を尊重し、話し合い、合意によって解決する。

〝共感、共有、共同〟……お互いに共感し、情報を共有し、共同で決定する（↔独善、独断、独行）

(2) コンフリクトを解決するための基本原理

〝互譲互酬、公平、満足〟……お互いに利益を与え譲り合い、公正な基準に従って、それぞれが本当に欲しいものを得て満足する。（〝満満解決〟、〝ハッピー・ハッピー〟の解決）

(3) コンフリクトを解決するための基本原則

（1）人を支援し、問題を解決する。（Support the people, Solve the problem.）

相手と関係をつくって、一緒に協力し問題を解決していく。［人と問題の分離の原則］

（2）感情を認め合い、関係を良好にし、問題を分析する。

〝感情は表現されて、認知され、関係は表明されて、確認され、問題は分析されて、解決される必要がある。〟［問題複合への対処の原則］

（3）共通の利益を創り出し、異質の利益（補完的利益）を発見し、対立する利益を（何らかの基準に従って）調整する。

［〝補完・統合・基準分割〟の原則、または、〝分化・拡大・分割〟の原則］

（4）①関係作り、②問題の理解、③選択肢形成、④決定の四つの段階を経るようにする。

＊［問題解決プロセスの重層モデルの適用］

特に③と④については、［選択肢形成と決定の分離の原則］

（5）二つの公正さ（①手続き的公正と、②結果の公正）を遵守する。［二つの公正原則］

（6）二つの基本的基準：①科学技術的基準と、②法的社会的基準に従って判断する。

＊〝二つの基準と一つの配慮〟（理にかない、法にかない、情にかなう解決）

（7）五つの分配原則：①形式的平等、②必要、③努力（時間）、④能力（結果）、⑤地位・資格のいずれか、もしくはそれらの混合にしたがって分配する。

（4）コンフリクトを解決するためのコミュニケーション技法（スキル）

〝解決コミュニケーション〟を用いる。「（相手の考えや利益を）認めて、（問題についての理解や選択肢を）補い広げる」という形のコミュニケーションである（現在のようなディベート的な主張・反論の応酬では、議論は平行線であろう）。

3．相手の言い分や感情を尊重する事の大切さ——〝歴史問題〟の理解

現在起こっている国境画定問題はどこから始まったか？　国際法では、ある紛争が起きた日付を「クリティカル・デート」（critical date）と呼ぶ。研究者の中には、竹島問題のクリティカル・デートを1952年の韓国政府による李承晩ラインの設定に、尖閣問題のクリティカル・デートを、1971年に中国政府と台湾政府が公式に領有を表明した日とする見方もある。しかし、このような狭い短期的な見方では、国境画定問題の性格を見誤る可能性がある。少なくとも、紛争を解決するにはどうすればいいのかを考える紛争解決論の視点からは、こういう狭い見方は不十分である。例えば、竹島と尖閣の問題を韓国政府と中国政府は「歴史問題」と位置づけるが、日本政府にとっては単なる「領土問題」もしくは「領有権の問題」である。おそらく、多くの日本国民や政治家、官僚にとってもそうであろう。

歴史観というのは、人によって国によってそれぞれ異なり、一致することは難しい。それゆえ歴史の議論を始めると収拾がつかなくなり、島嶼や石油という物質的問題の解決ができなくなるというわけであろう。実際、筆者が参加した2012年に持たれた立教大学での討論会でも、韓

国や中国の留学生は竹島や尖閣がいかに「歴史問題」であるかを強調していたのに対し、日本人学生は「日本人にとっては竹島や尖閣は領土問題であり、なぜ歴史と結びついた歴史問題なのかわからない」という発言があった。おそらく、その意味は、歴史的資料と実効支配の実績をつき合わせて、どちらの主張により説得力があるか比較すれば、領有問題はおのずと明らかになる、ということなのであろう。

紛争解決の理論からすれば、むしろ逆である。歴史的視点から問題を理解しなければ紛争は解決できない。世界中のほとんどの国の人々や民族は、何百年も前のことを鮮明に覚えている。現在起きている多くの紛争の根っこに、何百年、時には何千年も前の出来事があると信じている。そうした出来事を、あたかもなかった事のようにすることはできないのである。筆者は1991年にメキシコを旅行したが、1846〜1848年のアメリカ＝メキシコ戦争のことを人々があたかも昨日のことのように語るのを聞いて驚いた。「アメリカは難癖をつけて戦争を起こし、カリフォルニアなど国の最も豊かな土地を奪った」と言うのである。一方、ほとんどのアメリカ人は、150年も前のアメリカ＝メキシコ戦争のことなど覚えていない。せいぜい、「そう言えば歴史の授業で習った覚えがある」程度である。

戦争に勝った方は領土を併合し、あたかもその土地がずっと自分たちのものであったかのように思い込む。戦争に負けた側は、敗戦と領土を失った「屈辱と怒り」をずっともち続ける。それが世代から世代へと語り継がれ、無意識の復讐心として沈殿し、国境画定問題を難しくするのである。場合によっては、次の戦争を準備する下地を作る。1870―71年のプロシア＝フランス戦争に敗れたフランスの軍人たちは、次のように言われ続けて訓練を受けた。「(ドイツとの次の戦争のことを)口に出すな、常に考えよ」。言うまでもなく、このような風土が、第一次世界大戦の遠因の一つになった。一方、第一次世界大戦でアルザス・ロレーヌを〝フランスに奪われた〟ドイツは、東部領土とともに今度はそれを取り戻そうとした。領土問題は、どこかでキリをつけないと終わりがないのである。

日本国民は両方を経験している。〝屈辱的な裏切り〟と敗戦によって奪われた北方四島のことはずっと覚えている。しかし、かつて日清戦争のさなかに尖閣諸島を占拠(占領)して〝編入し〟、日露戦争の真っ最中に竹島を占拠(占領)して〝編入した〟事実を覚えている国民はほとんどいない。

竹島と尖閣問題が、その取得の経過に根を持つ「歴史問題」であることは疑い得ない。「竹島・日本固有領土論」の急先鋒である下條正夫でさえ、次の事実には気づいている。もっとも、下條はその結びつきを否定するのであるが。

尖閣諸島が日本領となったのが、日清戦争最中の1895年1月14日。これは日露戦争中の1905年1月、「無主の地」であった竹島が日本領に編入されたのとその経緯が酷似している。竹島も尖閣諸島も、戦時下で日本領となり、「無主の地」を日本が先占したという共通性から、日本による侵略といった歴史認識に結びつきやすいのである。[4]

東郷和彦も竹島問題と尖閣問題の「相似形」を指摘し、次のように述べている。

中国にしても、台湾にしても、彼らから見た尖閣問題は、日本帝国がその力をアジアにおいて拡張した時代の記憶と結びついている。その観点から見た時、恐ろしい事態が現出する。それは、竹島と尖閣の領有の過程が、あまりにもよく似ているということである。

……

……下條氏があえて言及していない重要なポイントがもう一つある。竹島の領有は五年後の韓国併合の前座と解釈され、韓国人の激昂をかっている。尖閣の領有は、三ヶ月後の四月十七日下関条約による台湾併合の前座とみなされうる時期にあるということである。

インターネットの時代である。この相似形が「尖閣諸島問題は、歴史問題である」という爆発を起こす前に、日本外交になすべきことはないのか。

いてもたってもいられなくなるような、外交上の不作為を、いま日本はしているのではないだろうか。[5]

東郷の指摘は的《まと》を得ている。竹島・尖閣問題は歴史問題そのものであり、日本政府は外交上の不作為を行なっている。竹島・尖閣の問題を解決しようとすれば、「竹島編入」と「尖閣編入」の過程の一つひとつの事実を、日韓・日中の政策形成者が共同で検証し、また国民の間でも議論をしてある程度の共通認識を積み上げていく必要がある。そのうえで、どのような現実的解決が可能なのか、さまざまな選択肢を考えていく必要があるのである。竹島の問題も尖閣の問題も「歴史の事実の理解」であり、両方の間で「それらの事実をどのように歴史の流れの中で位置づけて理解するか」という問題である。

その場合大切なことは、相手側の感情や見方を尊重することであろう。国境画定問題に関するこれまでの論文、特に国際法の論理を用いる議論をみていると疑問を感じざるを得ない。「法理」と「数理」は抽象的な形式論理を用いるという点においては、非常に似ている。しかし、現実の歴史的過程や〝領土を取られた〟と感じる側の感情を無視して、数理のような抽象的な論理をまくし立てるとすれば、相手の怒りを買うだけであろう。相手側は、自分たちの感情や歴史的過程を無視されたように感じる。そしてあいも変わらない日本政府や日本人の「傲慢さ」に反発して、議論は平行線をたどるのである。

ちなみに、日本政府の主張を後押しする「先占に関する国際法的な議論」に頻繁に登場する事例をみると、二国家もしくは複数の国家が、ある島嶼や海域、領土をめぐって同時にクレームし、それを国際法的な観点から妥当性を判断するという事例ばかりのような印象を受ける。例えば、1928年のパルマス島事件、1931年のクリッパー島事件、1933年のグリーンランド島事件、１９５３年のマンキエ・エクレオ事件、１９０９年のグリスパダルナ事件といった事例は、尖閣問題を論じる場合の定番の事例である。しかし、こうした事例について書かれた説明を読むと、筆者の理解した限りでは、尖閣諸島や竹島の事例のように「戦争中に編入または併合された事例」は一つもない。歴史的経過についてまったく異なった事例を引き出して、「国際法的にも日本の領土である」と主張しているのである。１章で述べたように、「前提が異なれば、推論の過程も結果も異なる」のに、ひたすら〝国際法一点張りの議論〟を行なおうとする。しかし、英国の哲学者バートランド・ラッセルがかつて言ったように「論理は緻密であればあるほどもろい」。もろい基盤の上に、いくら一見緻密な議論を積み重ねても、相手側を説得することは困難であろう。

もちろん、相手の感情や言い分を尊重するという点においては、中国側や韓国側も同様な努力が必要であろう。お互いが、「なぜ相手はそのように主張するのか」という「認識のフレーム」を理解しなければ、コミュニケーションは困難になる。コミュニケーションが困難になれば、解決はおぼつかないであろう。

4．思考フレームの転換――国境画定の論理や本質、そして現実

過去の事例をみると、近代的国境画定の論理や本質、現実に、読者の皆さんはすでにお気づき

になられたと思う。近代的な国境画定の過程が、「無主地」「無主地先占」という言葉で多くの人がイメージするような「誰もいない島——無人島を先に見つけた方が占拠し、それによって所有の権利が生まれる」というようなものではないということが。「自国民がすでに発見していた、それを記録に残していた、地図もある」というのは、実際はあまり重要ではない。なぜなら、前近代の国境というのは「国境がないのが国境だからである」。人口が密集して政治活動や経済活動が行なわれる中央の都市から遠く離れ、人影まばらな草原地帯や山林、海域が漠然と広がっているのが、前近代社会における「国境《くにざかい》」（正確には「社会境《しゃかいざかい》」）である。当然、隣接する両方の政治共同体の人々が、何らかの程度で行き来しているはずである。行き来していれば、当然、両方の側に地図も記録も残る。そして、しばしば前近代社会の民衆の記録には曖昧さや誇張が入り込み、「絵地図」も不正確で当てにはならない。したがって、そうした史料は〝参考にはなる〟が、それらを確実な〝根拠とすること〟はできないのである。

「先に見つけた」というのも、一つの〝理由付け〟にしかすぎない。それを言うなら、小笠原諸島や沖の鳥島や南鳥島はスペイン人やオランダ人、イギリス人、アメリカ人が先に〝見つけているはず〟だから、彼らのものであるはずである。「魚介類などをとって経済活動をしていた」「小屋を建てて住んでいた」というのも、別の〝理由付け〟の一つにしかすぎない。小笠原にはすでに一世代にわたって欧米系の住人が住んでいた。そうした点を考慮すれば、日本政府が近年しきりに強調する「実効支配の実績」はイギリスやアメリカにあったかもしれなかったのである。[6]

「すでに行なっていた漁を本格的に行なうための使用許可を申し出た」などと言うのは、〝きっかけ〟にしかすぎない。なぜなら、すでに自分たちのものであると考えているなら、あえて中央政府に使用許可などは申し出ないはずだからである。「何度か実地調査を行ない、どの国のものでもないことを確認したので編入した」という主張にも首を傾げざるを得ない。〝どの国のものでもないかどうか〟は、相手国に問い合わせて初めてわかる。それをしないで「どの国のものでもないことを確認した」というのは、実際は確認していないということである。尖閣諸島や竹島の「編入」については、異なった省庁や担当者の間でも判断の分かれた事案を、中央政府の一握りの人々が、しかも戦争中に行なっている。後々まで火種になりうる可能性のある領土の編入という国家にとって重要な問題を、賢明に決定したようにはみえない。

19世紀から20世紀にかけて行なわれた島嶼の「国境の画定」の本質は、メイジャーなネイション（優勢な政治的文化集団）が、自らの政治的・経済的支配権を確立しようとして、一方的に「社《しゃ》会境《かいざかい》地帯」（国境《くにざかい》地帯）を取り込んで区分けをしようとし、お互いの間で駆け引きをしたという点にある。そこに誰が住んでいたかというのは実際は二の次である。そのステップは、通常次のように進む。まず、①ある国の政府が、その島を「自分たちが発見した」と主張する。場合によっては主張するだけでなく「軍事的占拠」をして標識を建てる。実際、多くの場合「無主地先占」を行なうのは、軍艦に乗った軍人や役人たちである。②次に目立たないように、場合によっては秘密裏に「国内的手続き」を行なう。これが「閣議決定」そして「編入」である。③もし必要と思えば、他国に領有について問い合わせたり、通告を行なう。ここで、もし他国が領有その他の権利を主張すれば、国家間の交渉が始まる。交渉の結果は、一つには過去の地図や記録などの提示と解釈、もう一つはお互いのその時点の〝力関係〟（軍事力）、そして最後に第三国の思惑や加担、この三つで決まる。例えば、小笠原の場合、イギリスやアメリカもすでに領有権を主張していた。もしイギリスが強く出ていれば幕府や明治政府は引いたかもしれない。また、もしアメリカが、太平洋と東アジア（特に中国）における競争相手であるイギリスよりも日本が所有した方がよいと考えなかったら、結果は変わっていたかもしれない。

このように、近代における「国境画定」の本質は、メイジャーなネイションの勢力争いによる「国境線《こっきょうせん》」の確定である。その現実は、「誰もいない島を先に発見し使用した国が法的権利を持つ」といったものではなく、ある政治社会と別の政治社会、または、ある優勢民族国家（メイジャー・ネイション＝ステート）と別の優勢民族国家（メイジャー・ネイション＝ステート）の間にある前近代的な「社会境《しゃかいざかい》地帯」を、どの国家が国境内に囲い込んで所有するかをめぐる争いである。しばしば、国家間の力関係を背景にした一方的宣言もしくは交渉によって、事実上「国境が画定される」。したがって、「もともとこの島は誰も住んでいなかった、我々が先に見つけて利用していたから、我々の側に法的権利がある」といったものではない。それは跡付けの論理である。力関係の現実がまず先にあり、法的主張はその後になされる。ところが、多くの人々や政府はそういったあからさまな事実は認めたくないので、過去の記録や地図を根拠にしていかに自分たちの主張に正当性があるかを強調するのである。どのような政府も、自国が〝法を守るまともな国家〟であるかという体裁を気にするものである。しかし、立場が変われば主張も変わってくる。

国際法は重要な国際的規範であるが、いまだ発展途上という側面もある。金子利喜男によれば、現代国際法において国際裁判所は、誰が最初に見つけたか、それを実効的に支配したかに深入りしない。その後の一連の条約と国際慣習法を重視する。そして現行国際慣習法となれば、植民地独立、民族自決権、先住権などが重視される[7]。

しかしながら、同時に国際法は、国家にとって今も昔も自国の主張を正当化するための手段であるという側面がある。第二次大戦前は、あからさまな力関係に法的権利義務関係の体裁を与えるための手段であり、現在は、国家利益を主張する場合の論拠として使われるが、しばしば、複雑な法解釈をめぐって大量の情報資源を持った国が有利になるような手段でもある。単に解釈だけでなく、その解釈を後押ししてくれる〝友好国〟の支持も勝負になる。その場合は軍事力ではなく、友好国の数という〝数字力〟が決め手となろう。現実には、それぞれの国家がさまざまな思惑と利害関係で動いているのであるから、国際法の解釈もそれぞれの国の思惑と利害関係でなされる。国際法は重要ではあるが、「無主地先占の法理」がそれだけでは相手国政府を説得できないのは、結局こうした事情にある。例えば、韓国政府は、「日本による竹島併合の当時、韓国政府は国際法を根拠にして領有権を主張できる状況になかった。実際、高宗皇帝によるハーグ密使派遣時に、１９０５年の第二次日韓協約がいかに不当かを韓国が訴えても、列強は相手にしなかったではないか」と主張している。韓国政府にしてみれば、日本は自分たちが強い立場にある時には〝無法行為〟を行ない、弱い立場になった時には〝法律を持ち出す〟のはご都合主義ではないか、となる。

ここでの要点は、そうした行為は（望ましくはないが）どの国家も行なう〝普通のこと〟であり、相手国だけを「無法国家」であるとか「不法占拠である」などと言うのはやめようではないかということである。少なくともそうした言い方は、相手側の感情を逆なでして問題をこじらせることにはなっても、国境画定問題の解決をより難しくさせるということだけは確かであろう。実際、日本政府が竹島や北方四島を「不法占拠」と言うたびに、韓国やロシアは激怒して反発を強めた。日本政府がそのようなことをするのは、おそらく、国際法上の係争権利を維持するために、事あるごとに抗議やクレームを行なう必要があるということであろうが、賢明な方法なのだろうか。[8]実際の交渉によって解決するのではなく（またできないから）、交渉はしないで抗議を行なうのである。あるが、当然相手側は国民レベルで反発する。向こう側が反発すれば、こちら側もそれに反発する。その繰り返しである。そろそろ、そうしたパターンを止めるときではないだろうか。

5．中国の大気汚染をめぐっての日中協力

日本と中国の関係を考えるにあたって、大気汚染の問題を事例にして考えてみよう。この問題

については、朝日新聞の坂尻信義・中国総支局長が書いた記事「中国の大気汚染 日中協力、息苦しいまま」が大変参考になる。まず、記事の内容を要約する。

２０１３年２月末の北京市は大気汚染がひどかった。大気中の微小粒子状物質（ＰＭ２・５）の濃度は1立方メートルあたり２５０マイクログラム超で、日本が環境基準とする35マイクログラムをはるかに超え、中国のゆるい基準でも「重度汚染」のレベルである。専門家に言わせれば「山火事の風下にいるのと同じ」だそうである。北京の日本人学校では、「このままでは大変なことになる」と、昨年４月から空気清浄機を導入し始めた。学校長によると、大気汚染が最悪の「厳重汚染」の水準に達すると、屋外での授業をやめるという。教員たちは日本の環境基準を適用したいが、それでは１日も外に出してやれない。将来に及ぶ児童の健康を心配する思いと、校庭で運動させてあげたいという願いの板挟みの日々である。

日本人学校から約２キロの所に、北京正東電子動力集団の熱電併給設備がある。旧来の石炭ボイラーに代わり、天然ガスで電気や熱をつくり、中国で「暖気」と呼ばれる家庭やオフィスの暖房システムを供給している。この設備は環境分野での日中協力を象徴する設備で、年間総事業費１１５億円のうち約90億円は「円借款」が投じられ、２００９年に稼動した。年間２０００トン以上の煤塵や二酸化硫黄、１０００トン以上の窒素酸化物の削減に結びついている。

だが、知日派と評判の中国人社長に取材を申し込むと「長期出張中」ということである。事業の概要を説明した展示室の見学もだめだという。窓口の担当者に「日中関係の影響か」と問うと「そう理解してもらって構わない」と返された。

同じ頃、北京の日本大使館が大気汚染についての説明会で「動物実験のよう」と述べたことについて、ネット上での評価投票が行なわれた。その投票で最も多い4割近くが「客観的な描写」、1割余りが「控えめな表現」と答えて好意的に評価した。一方、「日本人が下心をもって中国社会の矛盾を突いている」とする評価が2割、少数ではあるが「日本人の中国人に対する傲慢さや偏見を代表している」という評価もあった。

中国では、日本製の空気清浄機が、ものすごい勢いで売れている。日本製の清浄機では、2年は保証されているフィルターが1ヵ月で真っ茶色になるが、中国製では2年近くたってもフィルターがあまり汚れない。中国の人々は、日本の技術が優れていることをよく知っている。

しかし、政治と外交という壁が日中協力を阻む。円借款を投じた熱電併給設備の正門わきに、日本の桜の若木18本が植えてある。花を咲かせるまでにはまだ育っていない。[9]

坂尻の記事は、この間の日中関係そして国境画定問題について考えるにあたって、いろいろな面でとても参考になる。まず、北京の大気汚染のレベルが深刻な健康被害をもたらすほどになっているという事実がある。大気汚染は、何よりも中国住民の健康をおかすだけでなく北京在住の日本人の健康もおかす。特に、中国人と日本人の子どもたちの健康を深刻におびやかす。ここに日本人と中国人の共通の利益がある。大気汚染によって、両方の国民の健康と命が脅かされるのである。中国と日本の環境基準に違いがあるのは事実であるが、かつての日本も環境基準が緩かった。１９６０年代まで、日本でも経済発展が優先され、〝四日市喘息〟を含めあちらこちらで大気汚染が発生したという歴史がある。

大気汚染の深刻さに対する単なる懸念の表現なのか、環境基準や環境規制の緩さへの苛立ちの表現なのかはわからないが、日本大使館が「動物実験のよう」と口を滑らせた。北京の日本人学校長のように、単に「厳重汚染の水準に達すると屋外での授業をやめる」とか「このままでは大変なことになる」と述べればいいのではないかとも思える。いかに中国各地の大気汚染がひどいものであったとしても、中国と日本の日中戦争を含む過去数十年の複雑な歴史を考えると、「動物実験のよう」というような表現は非常にセンシティヴで注意が必要であろう。[10]

幸いなことに、この問題に関しては中国の民衆自身が「ひどい」と感じており、政府の対応の遅さに不満をもっているので、ネット投票で「客観的な描写」や「控えめな表現」という評価がされたのであろう。それでも、「日本人が下心をもって中国社会の矛盾を突いている」とする評価や「日本人の中国人に対する傲慢さや偏見を代表している」という評価が２割余りあったという点に、注意を向ける必要がある。「たった２割」という見方も可能である。しかし一方で、さまざまな国のさまざまな問題で「たった2割程度」の人々、場合によってはもっと少数の人々が問題を歪曲・誇張し、それをマスメディアがさらに増幅して取り上げることによって、雪だるま式に問題が膨らんでいくのである。２０１２年の春から夏にかけて尖閣問題をめぐって日中で起きた一連の騒動が、まさにその一つの事例であろう。

中国本土だけでなく、日本にも飛来する大気汚染の防止や改善という面で、日中には統合的な共通の利益がある。実際、円借款を用いての熱電併給設備の設置と稼動は、両国の協力の賜物であった。それは中国にとっても日本にとっても利益がある。もしその円借款の一部が日本の民間銀行によって提供されているとすれば、たとえ利子率が市場金利より低くても融資機会を得た結果、その後の中国展開に役立つかもしれない。日本製の空気清浄機がものすごい勢いで売れているということは、もちろん日本企業にとっては願ってもないビジネス・チャンスである。日本の企業は経済的利益を得、中国の住民は健康を得る。中国の人々は日本企業の技術が優れていることを知っているということなので、もし日中合弁の空気清浄機を開発して国内や第三国で売れば、さらなる利益を得ることが可能になる。大気汚染が改善すれば、住民の不満が減り行政当局の評価も上がるので、中国政府にとってもプラスになるにちがいない。隣国の政治社会状況が安定することは、日本政府にとってもプラスになるはずである。

しかしながら、現実にはそうなっていない。坂尻によると「政治や外交という壁が日中協力を阻んでいる」のである。その結果、これまで行なった円借款の利用による友好事業までも影が薄くなり、あまつさえ、知日派といわれる人々までが息を潜め、環境事業の展示室の見学さえもままならない状況になっている。「熱電併給設備の正門わきに、日本の桜の若木18本が植えてある。花を咲かせるまでには、育っていない」という氏の最後の文章が象徴的である。

尖閣諸島をめぐる領土問題もそうであるが、この大気汚染の問題で、もし日中の企業や政治家が空気清浄機の販売をめぐる〝ゼロサム的な対立〟の側面だけを考えると、図7―5のようなマトリックスになる。

図7―5

中国

日本	非協力（自己利益のみ追求）	協力
協力	１０、０	
非協力（自己利益のみ追求）		０、１０

ここでの「非協力」というのは、空気清浄機をめぐって日中の企業が、お互いの利益が対立するものと考え、相手に協力しない場合の「頭の中の思考方法」とまた実際に「協力しない場合の状況」を表現している。つまり、中国企業と中国政府が日本の空気清浄機を規制によって売らせないようにして、国内市場を独占している状態である。この場合、中国企業は国内市場を独占しているので、利得を「10」と表現している。一方、日本企業は中国で空気清浄機を売れないので、利得が「0」である。

他方、もし高性能の日本製空気清浄機が中国市場を席巻し中国製がまったく売れないとすると、中国企業の利得は「0」で日本企業の利得は「10」である。もちろん実際には、空気清浄機を作る会社は日中で何十社とあり、製品も価格も多くあるにちがいない。それにもかかわらず、

図7－6

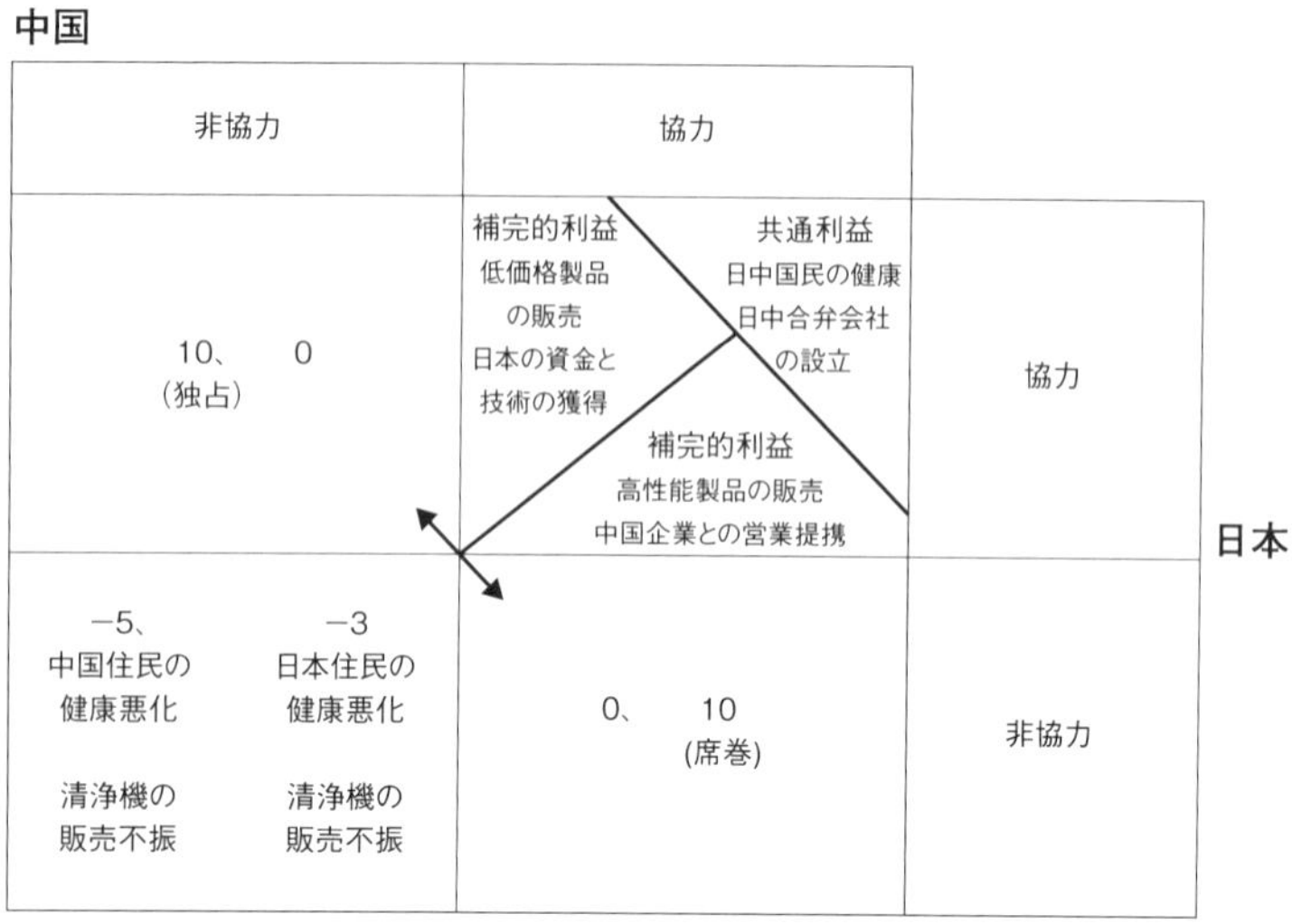

すべてを「日本企業と中国企業の利害の対立」もしくは「日本と中国の利害の対立」ととらえるところに、「ゼロサム的単純思考」の問題があるのである。このような思考方法においては、お互いの共通利益の面が忘れ去られ、市場における協力関係の面が無視され、すべては「日本政府と中国政府」もしくは「日本と中国」の対立に単純化される。

　領土問題においても、複雑な利害関係の側面を無視して、すべてをゼロサム的な対立的利害関係としてみるところにナショナリズムの問題がある。ナショナリズムは人々の思考を停止させ、すべてを「我らと彼ら」「自分たちの利益と彼らの利益」「勝つか負けるか」という思考に単純化する。それはまさに「政治イデオロギー」であり、敵を作り人々を駆り立てる。そして「領土問題では１センチも譲らない」「主権の問題では全体に妥協しない」と叫ばせるのである。さらには、両方の側で軍備を拡張させ、騒擾を起こして自分たちと自分の子孫たちの利益さえ損なう事態にまでエスカレートさせても平気になる。そして、自分たちと異なる考えの人々を、「非国民」や「売国奴」「裏切り者」「親日派」「親中派」と呼んで排除したりもするのである。

一方、坂尻の記事に書かれていたような日中の複雑で多面的な利益の側面を表現すると、図7―6のようなマトリックスも可能であろう。このマトリックスでは、中国と日本の利益の分配的側面（対立的側面）だけでなく、統合的側面（共通利益）と補完的利益の側面が表現されている。実際の人間と人間、企業と企業、国家と国家の利害関係もこのようにさまざまな側面があり、複雑なものである。このような関係や利益の全体を考えることによって、国境画定問題もまた解決しやすくなるであろう。

6．さまざまな選択肢を考え出すことの重要性

これまで多くの研究者が、尖閣諸島、竹島、北方四島の解決方法や原則について提案してきた。さまざまな選択肢を考え出すことは、紛争解決にとって重要なプロセスである。例えば、北方四島については、和田春樹（1990）が四島の非軍事化や共同開発、自由往来などをすでに提案している。岩下明裕（2005）は、中ロ国境紛争の解決プロセスを詳しく研究して「フィフテ

ィ・フィフティの原則」の重要さを強調する。バルト海に浮かぶオーランド島をめぐるフィンランドとスウェーデンの解決方法についての原貴美恵（２０１０）の研究は、実に詳細で今後の北方四島の解決方法のモデルになると思える。原は、オーランド島紛争の解決方法が、主権問題の解決、多国間枠組み、自治、島民権、言語規定、非武装化というすべての面を組み合わせて、係争当事国政府だけでなく、係争諸島の住民ひいては地域全体が何らかの利益を得た独創的なものであったと評価している。そこでは、統合的利益や補完的利益を実現するために、さまざまな方法が編み出されている。

尖閣諸島、竹島、北方四島についても、さまざまな選択肢を考え抜くことが求められよう。共同統治や共同管理といった方法から、島の分割、漁業権の相互尊重、他の問題との互酬的リンケージが考えられる。お互いの感情や歴史認識を尊重し、そのうえで一つひとつの代案を考え抜いていくのである。ごく最近、北方四島に関して、ロシア政府のプーチン大統領が「領土二等分方式」を提案したという報道がなされた。２００８年の中ロの国境画定方式やロシアとノルウェーとの海域の分割について用いた面積を半分にする「フィフティ・フィフティの原則」を適用しようと考えているのである。図７―７は、朝日新聞から引用したロシア提案である。北方四島の解決の兆しがみえてきたということであろうか。問題はこれまで「四島一括返還」を主張し続けてきた日本政府がどう考えるかであろう。

原を含めすでに何人かの人々によっても提案されたように、ヨーロッパにおける１９７５年の

図7−7　ロシアによる北方四島の「フィフティ・フィフティ」の分割案

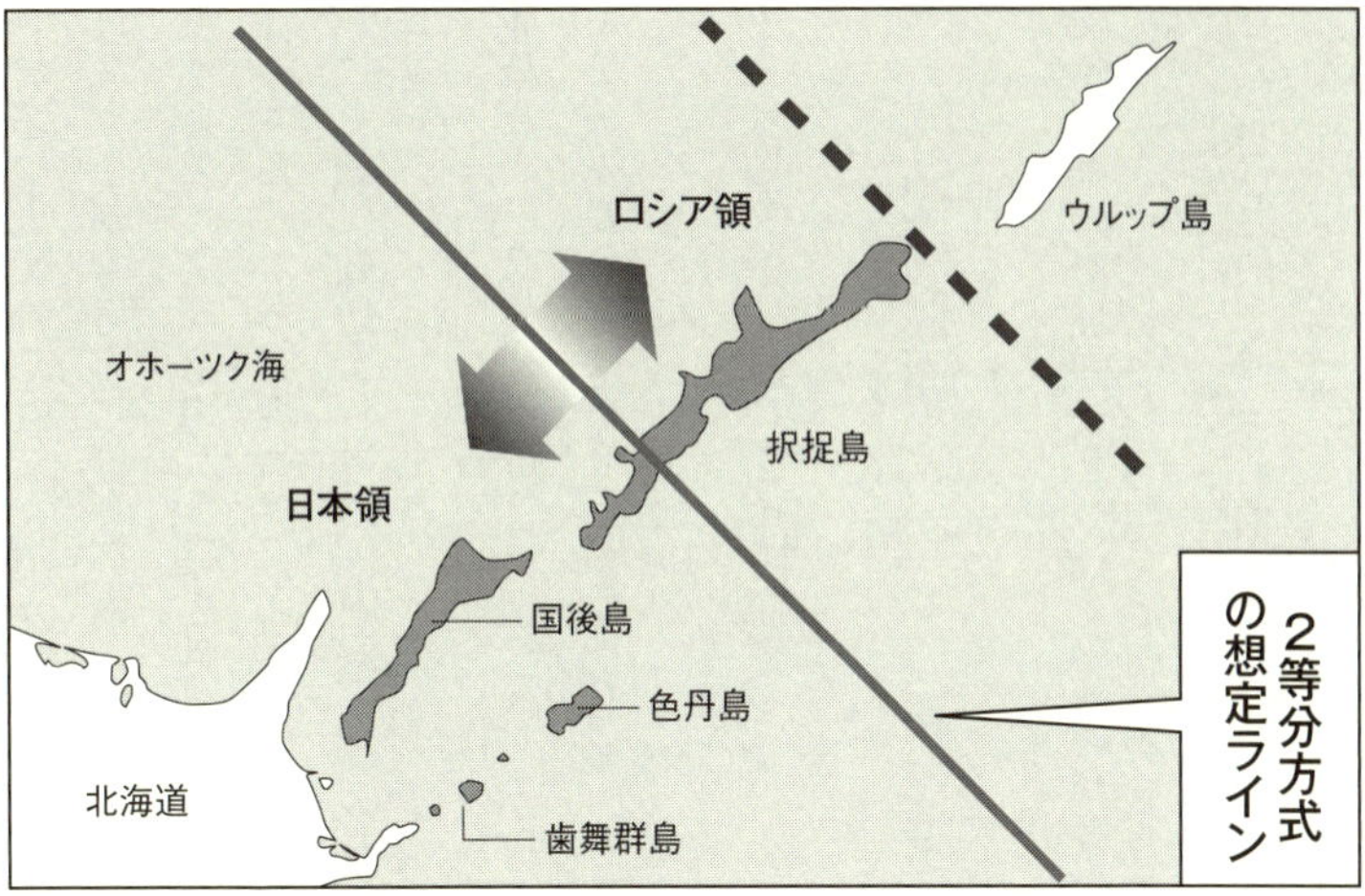

全欧安全保障協力会議（ヘルシンキ会議）のような多国間の枠組みによる尖閣、竹島、北方四島の同時解決が一番良いようにも思える。もちろん、ヨーロッパにおいてもそうであったように、ドイツとポーランド、ドイツとロシアといった二国間の交渉や条約も必要であろう。そして、可能であれば、南沙諸島や西沙諸島の問題も含めて、東アジア全体の国境画定問題を多国間会議で話し合うのである。これはハードルの高い試みであるが、もし20世紀の「サンフランシスコ平和条約体制」にかわる新しい体制を作ろうとすれば、国境画定の多国間の場における承認は必要であろう。

多国間交渉のメリットの一つは、国民を説得する材料に使えることである。「他の国々も譲った。東アジアの国々が皆少しずつ譲って、全体の利益を考えた。我々もそれに協力しよう」

と言えることである。また原が提案するように、北方四島問題、竹島、尖閣、南シナ海問題の解決リンケージも考えられる。例えば、日本は北方四島についてはロシアに、竹島については韓国に幾分譲歩する代わりに尖閣と沖縄については中国が日本に譲歩し、中国は、尖閣・沖縄で日本に譲歩する代わりに西沙諸島については協議参加国から主権承認を受ける、といった具合である。さらに、領土問題と日本の国連安保理入りといった別の案件とのリンケージの可能性についても、原は示唆している。[11]

重要なことは、東アジアの国すべてが何らかのメリットを得るような、そして地域の協力と信頼、安定を高めるような「多国間体制」を構築するということである。もしそれが成功すれば、東アジアの国々は、今後100年にわたって使える〝国際的な制度インフラ〟の構築に成功することになるに違いない。その恩恵を受けるのは、私たちの子どもたちの世代である。

7．分配的側面についての利害調整

紛争解決の原理のひとつは、〝共通利益を創り出し、異質で補完的な利益を発見し、対立する利益を何らかの基準に従って調整する〟というものである。いかなる利害状況にも、対立する利益と異質補完的利益、共通する利益がある。どんなに共通する利益や補完的利益を実現する選択肢を考え出しても、最後に対立する利益の調整が残る場合がある。その場合、どうすればよいのか。繰り返し述べたように、紛争解決論は、お互いのニーズを充たすさまざまなアイデアに基づいた「選択肢創造」の重要性を特に強調する。したがって、決まりきった要求や固定観念に基づいた解決方法を想定しない。したがって、以下に述べるアイデアは単なる選択肢の一つにしか過ぎない。関係両国の国民と政策決定者がブレーンストーミング（集団的自由発想法）でもって、さまざまな選択肢を創り出すことの方がもっと重要である。ここではそうした議論の出発点として、いくつかの解決方法について考えてみたい。

ロシアと中国は、２００８年にアムール川とウスリー川の合流地点の中洲にある大ウスリー島を二等分し、７０００キロメートルに及ぶ国境線に関わるその他の係争も同時に解決した。２０１０年には、ロシアとノルウェーは40年以上にわたって争ってきた海域を二等分によって解決した。「フィフティ・フィフティ」の原則は、あらゆる交渉において使われるパワフルな原則の一つであるが、実際にロシアと中国は、それを使って長年の国境紛争という分配的利害対立をすべて解決するという前例を作った。

中ロ国境紛争の解決過程については、岩下明裕が詳細に研究している。北方四島については、根室の住民の中には「島よりも海」そして「二島先行で構わない」という意見もあるそうである。実際、岩下の推計では、二島のみが返還された場合でも、太平洋側に日本の経済海域はかなり広がる。最低でも、全四島が引き渡された場合の二割を超える排他的経済水域が日本のものになるという（図７―８参照）。小笠原信之は、安全な漁業操業を願う根室の「生活する人々の具体的要

図7－8　経済水域を含む海の国境線

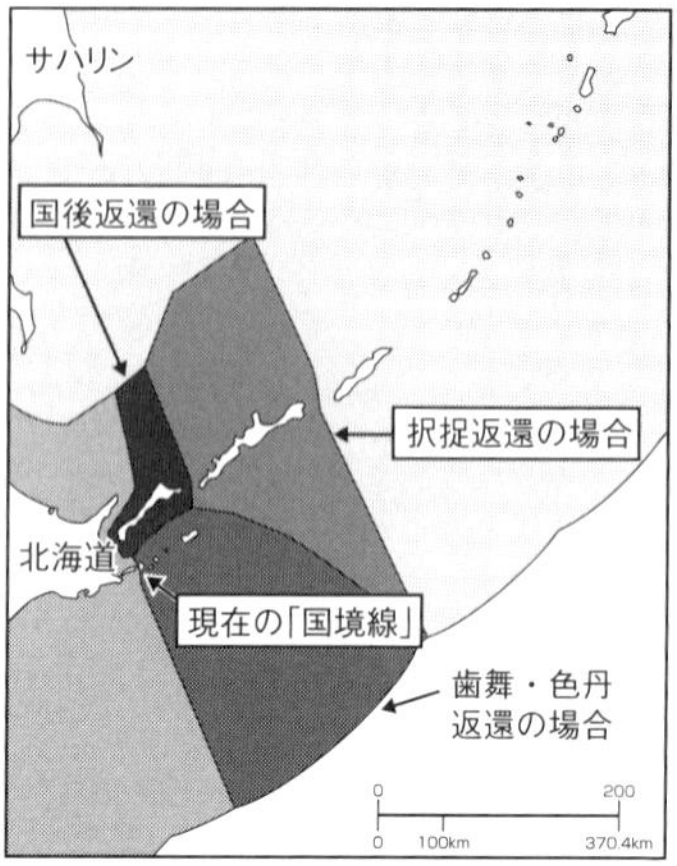

出所：岩下明裕『北方領土問題』2005、165頁より

求」の視点から、「国策としての観念的政治的要求」としての「北方領土概念」とセットになった「四島返還論」を批判している。[12]

藤井賢二は、竹島問題の背後に島根県漁民の不満があることを指摘する。藤井によると、1999年に日韓で結ばれた新日韓漁業協定は、大きな問題点を抱えていた。竹島周辺水域や好漁場の大和堆《やまとたい》の一部を暫定水域に設定したことである。暫定水域は本来なら日韓両国の漁船が操業できる水域であるが、現実には竹島に日本漁船は近づくことができなかったという。[13]これが事実なら、これは条約の不備の問題であると同時に、実際の地元の人々の利益が確保されていないことに対する政治への不満を意味している。漁業利益が真のニーズであれば、それを日韓の政策形成者が再度集まって協定を検討し直せばよいと思えるが、それができていないので、一気に「竹島奪還」の要求になっているのではないだろうか。もし韓国の主権保持と日本の漁業利益の確保がうまく補完的利益を構成すれば、竹島問題はうまく解決できる可能性が生まれる。

先に「合意は法に勝り、和解は判決に勝る」そして「各人にその取り分を」が紛争解決法の基本的考え方であるとした。この考えを採用すると、尖閣諸島、竹島、北方四島のいずれにおいても、〝合意と和解〟を目指して〝各人がその取り分をもらう〟解決方法が、もっとも「法と正義」にかなっているように思える。もし可能ならば、いずれの島嶼の場合においても「フィフティ・フィフティ」で分割するのが一番良い結果を生むのではないだろうか。双方が善意でもって譲り合い、善意でもって「贈り物を提供する」のである。友好と今後の協力発展のために。島々に海上警備隊を常住させたり、軍備を拡大して対立をエスカレートするよりもはるかに小さい代償で、大きな利益を得ることができる解決方法である。私たちの固定観念さえ変えれば。

もちろん、「フィフティ・フィフティ」といっても単に島の数だけでなく、面積や海域を含む分割方法が考えられるし、原が述べたようにまた別の問題とのリンケージによる「フィフティ・フィフティ」もありえるであろう。北方四島については、中ロの国境紛争解決という前例があり、「フィフティ・フィフティ」での解決の可能性が仄見えてきたのではないだろうか。竹島については、幸いというかなんというか、男島と女島があるので、もしできるならば、それらを分割する。できないならば、竹島周辺の小さな岩を「韓国国民からの日本国民への善意の贈り物」としてもらいうける、といった方法も考えられる。逆に、日本側としては、日本国民が韓国の植民地支配へのお詫びの表現として、韓国国民に竹島を譲るという形式をとることも選択肢の一つである。もちろん、日本政府が単純に「この問題は両国の間ですでに解決された」と宣言し、韓国にも伝え国民にも伝えるという方法もあるだろう。しかし、国境の画定という目的からすれば、何らかの文書でもって合意することが望ましい。

尖閣諸島に関しては、第三国の研究者も含めて島嶼の取得過程について検討し、その後で解決方法を考えるのである。これについても、従来、石油の共同開発から漁場の共同管轄を含むさまざまな選択肢が提案されてきた。しかし、最も重要なことがまだ検討されていないように思える。島嶼の分割である。尖閣諸島の五つの主要な島々と三つの岩礁を何らかの形で分割するのである。日中のいずれの側もすべての島を占有しない。二等分の方法も、石油や天然ガスの開発、漁業権の問題も含めて「フィフティ・フィフティ」であってもいい。日清戦争中に編入された久場島と魚釣島だけを中国に返還し、1921年に編入した大正島やその他の小島は日本が確保してもいい。お互いが最も適当と思える分割方法を考え出すのである。

日本は、ロシアに北方四島の返還を求めている。四島返還は現実的に考えて困難である。何らかの形で分割せざるを得ない。中国も尖閣諸島の返還を日本に求めている。しかし、すべての島を中国に返還することには抵抗があろう。そこで分割するのである。お互いの長期的な関係と利益実現の観点から、そして東アジア全域の平和と安全、発展にとって何が最も良い方法であるかという観点から、日中の「国境を画定するのである」。固有の領土云々の言い合いをやめて、〝良い垣根が良い隣人をつくる〟ように、〝良い国境は良い隣国をつくる〟ことを確信し、お互いが協力するのである。

繰り返し述べたように、本来、隣国との国境は、隣国同士の話し合いによってしか画定できない。こちら側の一方的な主張は相手側の攻撃と防御をまねき、ひるがえって相手側の攻撃と防御はこちら側の攻撃と防御を引き起こし、さらにこちら側の攻撃と防御が相手側の攻撃と防衛に発展するという〝エスカレーションの階段〟を上っていく。そのような不信と関係悪化の〝悪循環〟を望まないならば交渉するしかなく、交渉すれば何らかの形で妥協せざるを得ない。しかしその妥協は、「痛み分け」としての妥協ではなく、「歩み寄り」としての妥協である。それによって豊かな実りが両国に末永くもたらされるような。

注

1　服部良久編訳（2006）から引用。

2　日米構造協議の過程については、NaKa, Norio（1996）が詳細に明らかにしている。

3　金山宣夫・浅井和子（1990）の訳を参考にした筆者の訳。

4　第2期島根県竹島問題研究会（2011）、4頁。

5　保阪正康・東郷和彦（2012）、142―143頁。

6　もっとも、「実効支配」に関しては、国際法上は、領土宣言や前近代に遡る間接的な証拠ではなく、国家の公的な管轄権の行使が必要とされる。そうした意味では、小笠原をめぐる日本、イギリス、アメリカなどのどの国も確定的な権原は持っていなかった。実際は、小笠原の領有権をめぐって、それらの国は競合的な状況にあったと考えられる。

竹島や尖閣諸島の「編入」についても、前近代的な「版図」から近代的な「領土」へ転換する競合過程で起きた日本による先占行動という側面はある。しかし、すでに6章で述べたように、先占行動が戦時の占拠・占領行動と同時に起きており、それらを区別することができなくなってしまった。さらには、そのやり方が繰り返されたことによって、はっきりしたパターンが浮かび上がり、単なる先占ではなく「戦時における占拠と編入」であったことが全体として明瞭になった。

7　金子利喜男（２００１）、32頁。

8　国際法の判例では、係争事案に適宜抗議して自らの権利を主張しないと、暗黙の合意と見なされて、長い間には権利を失うという基準がある。相手側に「平穏な実効支配の既成事実を作らせない」という判断から行なう抗議行動であるが、国際法的には妥当な行動でも、国家間の良好な関係維持という面からすればマイナスであろう。

9　朝日新聞、２０１３年３月４日朝刊、８面。

10　筆者は、「動物実験のよう」という表現について何人かの人に感想を聞いた。「大気汚染がそれほどひどいという表現」という意見もあれば、「言いたいことはわかるが、表現としては誤解を招くおそれがある」、「動物実験のようと言われれば、それじゃ私たちは動物なのと言われるかもしれない」、「戦争中、中国人に七三一部隊による人体実験を行なった日本人が、今また動物実験という言葉を使っている」という意見もあった。同じようなことを言っても、人によって反応が違う。いかに言葉遣いやコミュニケーションの仕方が重要かがわかる。

11　原貴美恵（２０１０）、１０２頁。

12　小笠原信之（２０１２）、24頁。

13　藤井賢二（２０１１）、94頁。

第8章　国境画定問題の解決とポスト近代の多層多元的統治システムを目指して

1．紛争解決に関する三つの基本姿勢

「国境画定問題」を考えるに当たって大切なことは、ちょうど人間の避難行動に関して、自分は大丈夫・前回もそうだったから今回も大したことはないと思いがちな「正常性のバイアス」があるように、集団の縄張りやナショナリズムに関して「思考停止のバイアス」があることを認識することであろう。個人も集団も、自分の縄張りが脅かされるといきり立って冷静な思考が停止する。さらに強硬な主張をして対立を煽る人間が必ず出てくる。この「思考停止」や「扇動政治家」の傾向を知ることが、最初の出発点である。

防災を専門とする群馬大学教授の片田敏孝は、2011年の東日本大震災の前から子どもたちに防災教育を行なってきた。その結果、実際の地震の際に、釜石小学校のほとんどの児童が助か

るという〝釜石の奇跡〟が起きた。片田教授の提唱する「避難の三原則」は①想定にとらわれるな、②ベストを尽くせ、最善を尽くせ、③〝率先避難者〟になれ、という三つである。人間行動の「正常性のバイアス」を克服するための「避難の三原則」を真似れば、紛争解決に関する三つの基本姿勢が考えられよう。①従来の決まりきった固定観念にとらわれないこと、②対立・緊張を煽るのではなく、解決にベストを尽くすこと、③〝率先解決者〟になること、である。

すでに述べたように、「国境画定問題」を解決するためには、〝相手の考えや感情、利益を尊重し、話し合って合意を作っていくこと〟が大切である。決して〝独善・独断・独行〟にならないことである。紛争解決姿勢のための第一の基本姿勢は、従来の決まりきった固定観念にとらわれないことであり、現在の政治家の「想定する思考枠組み」にとらわれないことが大切である。国際的な安全保障も、軍備や軍隊を強化すれば守られるという「想定」を持たない方がよい。軍事専門家であれば、マジノ線の話をよく知っているだろう。マジノ線とは、第一次世界大戦後、フランス政府が、1927年から10年かけて作った独仏国境の防衛のための要塞線である。それは、仏伊国境を基点にして仏独国境からベルギーにまでおよぶ322キロメートルの対独要塞線であり、〝絶対に破れないという防衛神話〟を作り出した。結果は誰もが知っているように、ドイツ機甲部隊は、マジノ線を迂回してベルギーに侵入し、そこから簡単にフランスに侵攻した。膨大な資金と10年の歳月をかけて建設した強靱な要塞線も、ドイツ軍の侵攻と第二次世界大戦の勃発を防ぐことはできなかったのである。ロシアのウラジオストックの堅固な要塞群も、日露戦争ではほとんど役に立たなかった。

尖閣諸島周辺に、航空機や潜水艦を増大し集中配備することによって防衛を強化するというやり方は、政治家の「想定」と違って、逆の可能性を引き起こすであろう。一方が軍備を増大させれば、他方も対抗して軍備を増大させ、全体として一帯に軍隊の数が増せば、「偶発的な衝突」の可能性は高まる。国家間の安全保障は、相互的な話し合いによる信頼の構築によってしか実現できない。一方的な思い込みと相手側の敵視を増大させれば、相手側も一方的な思い込みと敵視を増大させるであろう。

一方、こうしたやり方とまったく正反対の方法を取った国の事例が、孫崎の本の中に出てくる。孫崎が東京外国語大学に講演に行ったときに、聴衆の中にいたノルウェーの研究者が言った。

「ノルウェーは一九四九年にＮＡＴＯに加盟した。ソ連との関係で北の最前線となる。ＮＡＴＯに守られている。しかし、同時に東西冷戦の最前線にいる。ノルウェーの指導者が考えたことは、冷戦の緊張の中で、いかに無用な戦争を避けるかであった。それで取った措置は、ノルウェー軍を国境線から約二〇〇キロメートル離すことであった。もちろんソ連側には理由を説明してある。ソ連も紛争を避けることに利益を持ち、兵力引き離しで不測の事態を避け、緊張を大きく減少させた」

こちらが軍備を増せば、相手国は当然増す。

今日の国際政治では紛争を避けることに多くの国は利益を見出している。[1]

孫崎の指摘するように、こちらが軍備を増せば相手国も当然軍備を増す。それよりも、相手と紛争・戦争を引き起こす意思がないことを相手側に伝え、現場での偶発的衝突が起きないように互いに兵力を引き離すことの方が、はるかに優っている。まさに、今日のように、高度に発達した経済社会を作っている国々は、他国との〝紛争を避けることに多くの利益を見出している〟はずであり、実際に多くの国々は見出している。しかしながら、日本政府や中国政府、韓国政府、ロシア政府がやっていることはその逆である。それぞれの国にとっていっそう重要な経済関係や社会文化交流に比べれば〝それほど重要でない小さな島〟の問題にいきり立ち、わざわざ訪島して相手側を刺激したり、「不法占拠」と言い張ったり、「棚上げは合意ではないし、国有化するかしないかはこちらの自由」と意気込んだりする。「あちらがああすれば、こちらはこうする」「ああなれば、こうなる」といった「想定」は、一方的な思い込みや固定観念の表れであることが多い。まさに〝釜石の奇跡〟で示されたように、「固定概念で事態を考えること」を変えるときではないだろうか。

〝釜石の奇跡〟を起こした「避難の三原則」の二番目は、「ベストを尽くす」と言うことである。これは「国境画定問題」を解決するに当たっても重要であろう。これまでのやり方では、戦後60年以上続く「国境画定問題」が解決できないことは明白である。相手との間で考えや感情、利害が一致しない場合、自分の側の見方や利益だけを強硬に主張しても、問題は解決しない。私たちの世代ができること、私たちが若い人たちに教えられることは、相手との間で考えや感情、利害が一致しない場合でも、一方的な自己主張や緊張を高めるような行動を取らないで、相手側と粘り強く話し合うという選択肢を選ぶということである。この意味で「ベストを尽くす」と表現できる。

さらに「率先避難者になろう」という原則については、他の人々や他の国々との間で考えや感情、利害の不一致が発生した場合、自分が率先して〝解決者〟になろうという原則に置き換えることができる。つまり、現在、横行しているような緊張や対立を煽るようなやり方でなくて、私たち一人ひとり、そして自分たちの選んだ政治家も〝率先解決者〟になろうと呼びかけることを意味する。

片田教授は、別の〝釜石の奇跡～子どもたちを救った「津波てんでんこ」〟というYouTubeの映像で、「〝防災は人が死なないこと〟、これを一義的な目標にすべき」と言っておられた。これをもじって、「〝防衛は人が死なないこと〟、これを一義的な目標にすべき」と言えるかもしれない。より正確に言えば、「国境画定問題」を外交交渉によって解決することが重要であって、それが結果的に日本国民の命と生活を守ることにつながるということである。

〝釜石の奇跡〟の事例は、このように「国境画定問題」を考えるに当たって参考になる。日本の「国境画定問題」も、これまでの決まりきった思考方法や「想定」にとらわれた大人たちではなく、〝紛争解決〟の原則や態度を身につけた若い世代の人たちが、〝率先解決者〟としてより良く問題を解決できるようになることを願いたい。まさに「我々の世代ではこの問題を解決できないから、次の世代の知恵に期待したい」とも思う。

アジア太平洋戦争が終ってからすでに60年以上、二世代がすぎようとしている。もし、固定観念にとらわれない子どもたちが成長し、そのうちの幾人かが国家的指導者になっていたなら、「国境画定問題」はとっくに解決できていたかもしれない。それができなかった以上、次世代には、現在私たちが経験しているような〝時代の状況の制約〟を克服して、さらによりよい東アジアを作ることを期待したい。

私たちの親の世代は悲惨な戦争を体験した。それは一部には、彼らの世代の知識や情報、社会制度の限界のせいでもあった。私たちの世代は長い冷戦を経験し、それなりの「繁栄」も経験したが、一方多くのよりよい機会や生活の向上の可能性も失った。戦後も東アジアでは、いくつもの戦争や紛争が起こり、直接、間接に地域の人々の生活に影響を与えた。すでに21世紀になって10年以上がすぎている。私たちの世代に何ができるであろうか？　日本の「国境画定問題」を当事者たちが満足のいくように（少なくとも大きな不満を持たずに）うまく解決できるだろうか。それとも、これまでと同じように〝のどに突き刺さった棘〟のような状態で次の世代に引き継ぐのであろうか。もしくは、これまで以上に悪化した状態で大きな〝負の遺産〟として残すのであろうか。

いずれの国も早急に解決しなければならない経済社会の問題が山積しているなか、全体としてみれば必ずしも人々の生活に大きな影響を与えない「国境画定問題」に、多大な時間とエネルギーを費やすことが賢明な行為と言えるだろうか。もちろん、日本の他の地域と違い、「国境地帯」に住む根室や島根、沖縄の住民にとっては、事態はもっと複雑であり、直接的に生活に影響を受ける場合も多々あるに違いない。また、中国に進出した日系企業にとっても、安心して中国社会で受け入れられてビジネスができるかどうかは〝死活問題〟である。

私たちは岐路に立っている。「国境画定問題」は、政治家や政党、外交交渉者だけでなく、国民の一人ひとりが考えなければならない重要な課題であり、どこかで決断しなければならない問題である。これまでと同じように、威勢のいい政治家やマスメディアに煽られ、自分たちの主張だけを声高に主張するのか、もしくは、長い目でみて、東アジア全体の発展を可能にし、ひいては自分たちの生活の向上にもつながるような〝互譲互恵・公平・満足〟の原則にしたがって解決するのか。これに成功すれば、私たちの生活も社会も今以上によくなるであろうし、失敗すれば今以上に悪くなるかもしれない。

東アジアにおける戦後の長い和解のプロセスは、まだ終っていない。ヨーロッパにおいてさえ、時折、戦後処理の問題が噴出する。例えば、旧チェコスロヴァキアのズデーテン地方から追放されたドイツ住民の認知や保障の問題などである。だが、そうした問題はあっても、当事者たちの努力によって、地道に着実に和解のプロセスは進んでいっている。何百年にもわたって戦争を繰り返してきたヨーロッパでそれが可能ならば、東アジアでどうして和解が可能でないことがあろうか。

日本そして東アジアに住む人々の一人ひとりにとって、今は試練の時であろう。3章の図3―4（97頁）で提起されているように、日本は、先延ばしにされてきた〝帝国の残滓〟の最後の清算をキチンと行なう必要がある。2013年という年は、日本や中国、韓国、ロシアのそれぞれが、自らの考え方や感情のあり方を省み、他の国の人々の考えや感情に思いをいたして共同で過去を清算し、〝東アジアの共同の未来〟の実現の方向を目指すのか、もしくは、いっそうの対立と分裂を引き起こして長い緊張と苛立ちの時代を迎えるのかの大切な一年になろう。

2．解決に向けての政治の役割――政治家の決断の必要性

「国境画定問題」の解決へ向けての〝政治の役割〟について考えるとき、欧州経済危機の解決に関して述べた元欧州中央銀行（ECB）理事、ロレンゾ・ビニスマギの言葉が大変参考になる。2009年に発覚したギリシア政府の財政赤字隠しに端を発した「欧州債務危機」の今後に関して聞かれたビニスマギは、最近の日本政府の政策と比較しながら、次のように答えている。

債務危機解決のための緊縮財政策は、短期的にみれば、確かにギリシアやスペインといっ

た国々の成長をそぐ。だが、さまざまな改革を進めて産業競争力を強めなければ、安定的な成長はできない。ドイツも10年前は『欧州の病人』と言われていた。厳しい時も正しい方向に変革し続けなければならない。日本の『失われた10年』の経験をみれば、素早い回復は幻想と言える。我々はまだ中間地点だ。ドイツのメルケル首相もあと5年と言っている。トンネルの先に光が見えるから苦境に耐えられる。政治家は希望を与えつつ、改革を続けることが重要だ。危機は我々に多くの変化を求め、それがユーロを形作っていく。この数年で統合がさらに進み、今とは違ったものになるだろう。重要なのは、正しい方向に向かっているかだ。［通貨安という］為替を通して競争力をつけようとするのは問題だ。製品を改善しなければ、安定的な競争力にはつながらない。金融緩和拡大のリスクは、政治家を責任から逃れさせ、日本のように政府債務がどんどん増え続けることだ。金融政策は時間をかせぐ手助けにはなるが、中央銀行は政治家の代わりはできない。日本銀行は10年間も時間を買い続けている。今は政治家が行動を起すべき時だ。中央銀行は信用が大事で独立性が求められる。日本経済の問題は、金融政策で解決できることなのか。本当は政治家がやらなければならないのに、中央銀行の政策に解決を求めようとするのは安易ではないだろうか。[2]

財政緊縮と成長政策のバランスは難しく、個々の経済政策については異なった見方もあるかもしれないが、〝政治の役割〟について述べたビニスマギ氏の言葉は大変参考になる。ビニスマギ氏の言葉をもじって日本の「国境画定問題」の解決について述べると、次のようになるだろうか。

国境画定とそれに関連した問題に関する現在の日本政府と近隣諸国の関係は、確かに短期的には厳しいものがある。しかし、一つひとつの問題を地道に解決していくのでなければ、安定的な信頼関係の成長は望めない。ドイツも昔は隣国と国境画定問題や補償問題を抱えていた。しかし、厳しいときを乗り越えて現在に至っている。サンフランシスコ平和条約時から数えた場合の『失われた60年』の経験をみると、「国境画定問題」の素早い解決は幻想と言える。しかし我々はまだ十分やっていない、道半ばだ。トンネルの先に光が見えるから、現在の苦境に耐えられる。政治家は国民に希望を与えつつ、国境画定問題の解決努力を続けることが重要だ。危機は我々に多くの変化を求め、それが新たな日中関係、日韓関係、日ロ関係を形作っていく。この数年で東アジアの経済社会統合がさらに進み、今とは違ったものになるだろう。重要なのは、よりよい方向に向かっているかだ。強硬意見でもって国民を煽るのは問題だ。お互いの疑心暗鬼を改善しなければ、安定的な関係形成にはつながらないし、長期的な東アジアの成長発展にもつながらない。「固有の領土論」のリスクは、政治家を解決の責任から逃れさせ、相手国との相互不信をどんどん拡大させることだ。「固有の領土論」は一部の国民の支持を得て時間をかせぐ手助けにはなるが、世論もマスメディアも官僚も政治家の代わりはできない。これまでの政治家や官僚の政策は、60年間も時間を買い続けているにひとしい。しかし、この問題に関しては、時間が経てばたつほど状況は悪化する。韓国の竹島領有の現実は簡単には変えられない。北方四島の開発によるロシアの実効支配は強まっている。尖閣諸島に関する中国政府の周辺海域での示威行動や国際的な場での宣伝活動は今後さらに強まるだろう。今は政治家が行動を起すべき時だ。隣国との長期的な経済的・社会的関係の構築には信用が大事で、政治家には強い意志と独立性が求められる。国境画定問題は、国民の一部におもねった「固有の領土論」で解決できることなのか。本当は政治家が決断して解決しなければならないのに、先延ばしにしているのではないか。

読者はどのように感じられただろうか。政治や政治家の役割について、欧州経済危機の解決に関して述べたビニスマギの言葉と、日本の「国境画定問題」の解決に関してのべた〝もじり〟が実にうまく合っているように感じられないだろうか。実際、債務問題や成長に関する〝経済の現実〟からどの政府も逃れられないように、〝国境画定問題の現実〟から、どの政府も逃れられない。解決への魔法《マジック》がない以上、「固有の領土論」で安易な幻想を振りまくのは無責任であろう。投資家や他国の銀行から資金を得ようとすれば、市場の現実において彼らと交渉しなければならない。いくら国民におもねって選挙で票を伸ばしても、経済の現実は変わらない。同様に、国境画定で他国の協力を得ようとすれば、外交の場において隣国政府と交渉しなければならない。いくら国民を煽って選挙で票を伸ばしても、未解決の現実は変わらない。

経済問題と外交問題の共通点は、いくら独断的・独善的な強硬論を叫んでも、事態の解決にはつながらないことである。市場には市場の論理があり現実がある。国際市場から撤退して昔ながらの自給自足経済に戻ることもできよう。だが、自給自足経済に戻るつもりがなければ、投資家や銀行と交渉せざるを得ない。たとえ国際市場から撤退しても、借りた借金は返さなければならないのだから。

外交問題も同じである。いくら独断的・独善的な強硬論を叫んでも、事態の解決にはつながらない。国家関係には国家関係の論理があり現実がある。相手国の態度が気に入らないからと内向きになり、国民向けに自己満足的な主張を繰り返しても問題は解決しない。〝相手側の不当さ〟を声高に叫べば腹は収まるかもしれないが、未解決な国境問題の現実はいつまでも続く。問題が未解決で火種を抱えたままであれば、きっかけさえあれば、いつでも燃え上がる、２０１２年の夏のように。今後それぞれの国の抱えている経済や社会の矛盾が深まるにつれ、これらの国境問題はそれぞれの国で必ず政治的に利用され、国家間の政治や経済関係に深刻な打撃を与えるようになるであろう。

２０１０年には中国漁船の衝突があった。２０１２年には中国海洋監視船の頻繁な進入と台湾の抗議船への放水、大規模な抗議デモや破壊行動が起こった。次はもっと大きな衝突と大規模なデモ・破壊行動が起こるかもしれない。中国の近代史をみると、１９００年の義和団事件以来、日本の外交行動にたいして〝抗日デモ〟が定期的に起こっているからである。[3] もしそれが起これば、両国の経済的・社会的関係は、今以上にダメージを受けるだろう。２０１２年の中国本土における破壊的な抗議デモで、日本企業の直接的な損失は５億円から１００億円と見積もられている。しかし自動車産業の輸出の減少や日本への観光客の減少、文化交流事業のキャンセルなどの間接的な損害を含めると、損失額はもっと膨らむにちがいない。そのようなことがまた起こる前に、政治家も国民も、「国境画定問題」を腹を据えて解決しなければならないのである。

3．想像力とコミュニケーション力の必要性

尖閣、竹島、北方四島の問題に関する議論をする場合、私たちはどうしても自分たちの側からの一方的な見方や感じ方をしがちである。相手側がこれらの問題をどう考え、どう感じているかを理解しようとすれば、今以上に想像力を働かせ、相手とコミュニケーションをする必要があるように思える。相手を理解する想像力の必要性について、朝日新聞の石合力・中東アフリカ総局長の「現代史と向き合う　内向きでいられる余裕はない」という報告記事が参考になる。次はその記事の内容の一部である。

２０１２年末に、イスラエルでアラブ系とイスラエル系のユダヤ人、日本人の役者を使ってエウリピデスのギリシア悲劇「トロイアの女たち」を演出した蜷川幸雄が、興味深い話を

してくれた。ギリシア軍に敗れ、火に包まれる祖国トロイアを背に、女たちが奴隷として船に乗り込む結末の場面を稽古したとき、パレスチナ難民やホロコーストの歴史を持つアラブ系やユダヤ系の役者は祖国を何度も振り返り、立ち止り、愛惜の思いでなかなか離れようとしない。一方、日本の役者の多くは、さっさと船に乗ってしまった。蜷川さんは、「戦後日本の繁栄のなかで、祖国を捨てるような大きな決別を日本人は3・11まで体験しなかった。それは幸せなことだったかもしれないが、祖国を失うことへの想像力まで枯れてしまったのか」と感じた。中東の役者たちは、生き死をかけた感情表現が豊かである。「彼らは、経験しているものが違う。日本の役者の多くはまだ、もまれていない気がする」という。蜷川さんはそのことを「現代史に向き合う」とも表現した[4]。

占領ではなく、文字通り「祖国を失う」経験を日本人はしていないかもしれないが、戦争世代は旧満州からの身一つの避難、都市爆撃の恐怖、沖縄の地上戦や広島長崎の原爆の悲惨さを経験している。問題は、そうした経験が十分受け継がれていないことであろう。さらには、自らの国が戦場になって多くの身内が殺され、植民地支配を経験した中国・韓国を含む東アジアの人々の経験について、多くの日本人は知らない。知らないから実感として想像することもできない。まさに、そうした「現代史（近代史）に向き合う」ことを、戦後世代の国民も政治家も十分してこなかったように思える。「国境画定問題」を解決するにあたって、まず中国の人々や韓国の人々が、〝なぜあのように考えるのか、あのように感じるのか〟を理解することから始める必要があるのではないだろうか。

２０１２年12月に、立教大学で〝「領土問題」の平和的解決はあるか？──中国と韓国からの留学生と語る〟という会合が開催された。経済学や法学、政治学を勉強する中国と韓国からの留学生（22歳から33歳までの学部４年生や大学院生）の５人が、参加者の前で、尖閣と竹島の「領土問題」に関する彼らの側の見方を話した。尖閣問題に関する中国人学生３人と、竹島問題に関する韓国人学生２人の話をまとめると次のようになる。

尖閣（釣魚）問題については、知っているようで知らない事実がある。尖閣諸島は１８９５年の日清戦争中に日本が占拠し、下関条約によって日本が不法に取得して１９４５年まで日本が実効支配した。１９４３年のカイロ宣言では、台湾の放棄が述べられている。１９５２年のサンフランシスコ平和条約に中国は参加していないので、その取り決めの合法性や有効性について中国政府は承認していなかった。１９７２年の日中国交回復と１９７８年の日中友好平和条約の際、領土問題は〝棚上げすること〟で合意されたが、２０１０年の中国漁船衝突事件で中国人船長を送検し暗黙の了解は喪失した。

一般の中国人は、日中戦争の特別の記念日以外は、日本人をどうのこうのと思っていない。いわゆる反日デモは反政府デモという面もある。多くの中国人は理性を持っている。反日デモに参加した人数は5万人から10万人くらいだろうが、中国の13億人の人口のごくわずかだ。人口比で言えば、日本人の5千人から1万人くらいだろうか。

しかしながら、日本政府の歴史認識には納得できない。尖閣問題は、近代史をどう理解するかという歴史問題でもある。もし日本政府が謝罪の気持ちを示していたら、日中関係は変わっていただろう。ドイツは謝罪の気持ちを示したから、理解された。日本人は広島や空襲など、戦争に関して被害感情が強い。中国人も戦争の被害者と言う、日本人も戦争の被害者と言う。両方が被害者だ。だったら、誰が加害者なのか？

尖閣問題は単に日中間の問題でもない。アメリカを抜きにしては考えられない。前都知事の意図は何か？　尖閣問題の政治的利用だろう。今後の解決としては、（たとえばアメリカなどの）第三国をはさまないで、日中が直接話し合うことも必要ではないだろうか。日中間には、すでに日中漁業協定やガス田共同開発の協定があるので、それらを利用することもできる。今の段階では尖閣問題は解決が難しいので、棚上げが一番良い。誰のものにしても経済関係には大きく影響しない。民間の交流があれば、政府間で何が起きても大丈夫ではないか。

韓国は1945年に日本支配から解放されたが、竹島（独島）は独立解放の象徴である。1900年に大韓帝国が竹島をすでに編入している。それは国際法上も認められているはずだ。無主地ではない。竹島問題は領土問題ではなく、歴史問題であり歴史の傷跡の問題である。歴史のトラウマの問題であるから交渉の対象にはならない。１９０５年に、韓国は外交権がなかったから竹島を奪われた。歴史については、許すが忘れないという気持ちだ。韓国では植民地時代の生存者がまだいる。韓国では歴史問題はまだ終っていない。

竹島問題について、政治家は声高だが、一般市民の声は聞こえない。日本人は韓日、中日の歴史をよく知らないのではないか。今現在、この問題が重要なのか。日本は財政や分権、少子高齢化、グリーンエコノミーなどもっと重要なことがあるのではないだろうか。小さな領土問題で、日本は自分たちの不利益になっているのではないだろうか。日中韓で仲よくするのがよいと思う。今後は、ある特定の日や領土問題に限定しないで、広島や慰安婦問題などの戦争の犠牲者についての悲しみを共有していくことも必要だし、また植民地時代にあったポジティヴな歴史も共有していくこともできるのではないか。

以上が留学生の発言の要約である。中国人学生も韓国人学生も、日本人や日本の社会が好きだが、こういう問題が発生するのは残念であると述べていたのが印象的であった。

4．政略論・〝鎖鑰論《さやくろん》〟を超えて

近年の尖閣・竹島・北方四島に関する議論を聞いていてつくづく感じることは、あまりにも

〝政略論〟、〝鎖鑰論《さやく》〟が多いことである。問題がひとたび領土論になると、まるで明治時代の藩閥政治家や昭和初期の軍閥官僚が盛んに行なっていた議論と瓜二つの議論を聞いているような印象を受ける。政略論というのは、いかに国家の利益や利権を確保するために策略をめぐらし相手国と駆け引きをするかという議論である。「鎖鑰」という言葉は近年は使われないが、幕末から明治にかけて盛んに使われた言葉である。「鎖鑰」とは、錠と鍵（戸締り）の意味で、転じて「外敵の進入を防ぐ重要な場所・要所」という意味である。

政略論・鎖鑰論でものを言う人たちは、いかに相手が脅威であるか、いかに相手が資源を奪おうとしているのかといった議論をする。そして、いかに貴重な鉱物資源を確保するために、相手の軍事的脅威に対抗するかという議論に飛躍するのである。「〝よい垣根はよい隣人をつくる〟と言いますから、ぜひ不明瞭・未画定の国境を画定し、仲よくやっていきましょう」という議論にはならない。これは奇妙なことではないだろうか？

普通私たちは、「お隣さんとの土地の境がはっきりしないから、話し合って線引きをしよう」と考える。ところが、政略論・鎖鑰論を行なう人々は、「隣の連中はこちらの土地を奪おうとしている、わずか10センチ四方といったって、その下に小判が埋まっているかもしれない。だいたい隣の連中は体がでっかく派手に振舞うせいか、こちらに脅威にみえる。どうすれば土地を守れるか。そうだ犬を飼おう。1センチだって譲らないぞ」となる。国と国についても〝未画定の国境問題〟のはずが、いつのまにか政論家たちによって「台頭する相手国の脅威にいかに対抗するか」の問題となる。そして、自称戦略家になり、「相手は第一列島線を突き抜けて、第二列島線に出ようとする。こちらは、潜水艦と高精度レーダーでもって対抗する」という議論を延々と説くのである。こうした議論の仕方には、いわゆる右派や左派、保守・革新、与党・野党の政治的立場には関係ない。どのような政治的立場を標榜しようと、このような議論の仕方をする人はいるものである。いわゆる〝軍略的な議論〟というのは、政治エリートの阿片のようなものであろう。現実の外交問題を、相手国と一つひとつ具体的に解決していこうというよりも、観念の世界でパワーゲームをするのである。

どのような政府にとっても、国民の安全を維持すること、そして政治共同体の安全保障は重要な政策課題の一つである。問題は、そうした安全保障の議論と国境画定の議論、そして経済資源の開発と利用の議論が一緒くたにされることである。さらには、国民一人ひとりの〝人間の安全保障〟の問題が、いつのまにか〝国家の安全保障〟の問題にすりかわる。そして「国境画定」の問題が「軍備の拡張」の問題にすりかわるのである。

こうしたことに関連して、つい最近、〝アジア主義の思想〟について研究している北海道大学の中島岳志が、日中関係について述べていたことが、国境画定問題を考える場合の姿勢について参考になる。中島によると、歴史をみる場合、そもそも「正しい歴史」などはありえないが、日中双方が自分がみたい物語の中に歴史を当てはめてきただけという。歴史を特定の立場から裁断するのではなく、なぜ相手はそう主張するのかと、議論を近づけていく作業が双方に必要である。

最近の日中関係についての議論は、利益や打算に基づく「政略」的なものに終始している。もっと長いスパンで大きな議論をしないと真の解決はできない。〝アジアとは何か〟をじっくりと問い直さなければならない。その努力を日中双方が怠った結果、相互不信の迷路に入り込んでいるようにみえる。〝近視眼的で単眼的〟になってしまった私たちのまなざしを、もう一度〝広くて複眼的なもの〟に引き戻す必要がある。欧州も中世のころから「欧州とは何か」を議論してきた。その積み重ねのうえに、ようやく民族も言語も超えた欧州連合という枠組みを作っていった。一方、「アジアとは何か」という思想的追求はまだまだ足りない。第二次大戦後、日本とアジアの人々との行き来は増えたが、本質的な意味で出会えているのか、出会い損ねがたくさんあるのではないだろうか、中島はこう指摘するのである。[5]

中島の指摘はもっともである。振り返ってみると、日本の政治エリートは戦前も現在も似たような議論を繰り返してきた。歴史家の菊池勇夫は『アイヌ民族と日本人』のなかで、北方の近世・近代史を論じるに当たって、19世紀に成立した「北門の鎖鑰」論的な見方が、不幸なことに「敵ロシア・ソ連」のイメージとともに近代日本で増幅されてきたと述べている。戦後もまた、米ソの冷戦構造にあって国家的対立の図式のなかに北方地域が置かれ、人々の意識を拘束してきた。戦前の歴史研究のなかでは、特に近世北方史が国家的利益を基準にして評価されてきた面があった。例えば、徳川斉昭の「蝦夷開拓論」の評価などがまさにそうである。斉昭の北進論は徳川光圀以来の「北方経路の雄図」で、百姓や漁民、町人まで武芸を学ばせ、千島の果までも備えを固め、追々はカムチャツカまでも取り返すべしとしていて、まことに遠大である、といった具合である。戦後になっても、ソ連による千島・樺太の占領、サンフランシスコ条約における千島放棄、日本政府による「固有の北方領土」の返還要求、ソ連の軍備脅威論といった形で、旧来的な「北門の鎖鑰史観」が十分に批判にさらされることなく頑固に生き続けてきた。しかし、国家を最優先する見方から解き放たれて、「近代日本」はアイヌの人々や国民、アジアの民衆にとって何であったかを省みながら問う時代を本格的につくりだすべきである、と菊池は指摘する。[6]

菊池がこの提案をしたのは１９９４年であるが、20年後の現在でも、私たちは似たようなフレームで議論をしているのではないだろうか。ロシアに対する「北門の鎖鑰論」に加えて中国に対する「南門の鎖鑰論」が流行している。状況は違っても思考フレームは同じである。固有の領土、領土の死守、同盟の強化、相手国の不当要求、覇権国の脅威への対応といったフレームである。

科学史家のトマス・クーンは、ある時代に科学者集団によって共有される特定の理論的（思考的）枠組みを「パラダイム」と呼んだが、北方四島や尖閣の問題に関する限り、このような「固有領土の資源防衛・隣国脅威への対抗」論的なパラダイムは、根強く持ち続けられているようにみえる。クーンが言っているように、ある時代の思考パラダイムは、それを支えている前提が根底から変わらない限り、ずっと使用され続けるのである。

実は、こうした「固有領土の資源防衛・隣国脅威への対抗」的思考方法は、形を変えた軍事論である。「防衛」とか「脅威」とかいった言葉がまさにそうであろう。軍事と政治の混同も、政治家が頻繁に用いる議論である。しかし、政治とは利害調整の活動であり、外交とは国家間の利害調整をコミュニケーションによって行なう活動であろう。そして利害調整とはまさに利害調整であって、「防衛」や「脅威への対応」といったこととは違うのではないだろうか？　〝国境の画定〟は、隣接国家同士が安心安全に暮らし、さらに経済的・社会的利益を拡大しつつわかち合うためのインフラである。川の中州にある小島をめぐってやり取りしている二国間関係を例にとってみよう。その二国は、両岸から中州に橋を掛け自由に行き来することによって、お互いの利益に資することができる。逆に、お互いが自国の所有を主張しあって川岸に大量に大砲を配置し、あまつさえ、武装艦艇でたえずパトロールして牽制しあうこともできる。

河川であればイメージしやすいことも、小島が海上にあると、とたんに思考が停止するのはなぜであろうか？　なにがそうさせないのか、もっと考えてもいいのではないだろうか。ちなみに、16世紀の戦国時代に、甲斐の武田信玄と越後の上杉謙信は、川中島をめぐって再三再四戦ったが決着はつかなかった。現在、長野県の人と新潟県の人は平和に暮していて満足しているが、なかには500年前の恨みが忘れられず、川中島を取り戻そうとして、密かに竹やりを隠し持っている人もいるかもしれない。しかし、実効支配をしている県が強いので、たとえ相手県の人々がいかにクレームをしても「領土問題は存在しない、そもそも500年も前のことではないか」と言い返すにちがいない。

読者の皆さんは、この話の滑稽さや馬鹿馬鹿しさについ笑ってしまうだろう。ところが、現代の尖閣諸島や竹島、北方四島の話になると、多くの人はとたんに態度を変え、いかに相手が不当で自分たちが正当であるかをまくし立てるのである。私たちの思考回路に、何か問題があるのであろうか？

実はあるように思える。〝ナショナリズムという罠〟が、私たちの思考と感情を麻痺あるいは刺激し、冷静な思考をできなくさせる。このナショナリズムという罠は、現在に生きる私たちの多くがそのなかにどっぷりつかっている思考フレームである。それは空気のように社会を覆い、その空気から逃れられる人はわずかしかいない。政治家もマスメディアも学者も民衆も、私たちの多くがこれにとらわれ、歪んだ思考で考え、歪んだコミュニケーションで会話をする。そして、いつのまにか「国境画定問題」が「領土問題」になり、「利害調整の問題」が「防衛」の問題になって、声高に論じられていくのである。

5．過去について理解を深めつつ、未来を切り開く

歴史のなかには、集団や政府（国家）の間で、さまざまな〝不十分な行為〟や〝不公正な行為〟がある。時には、単なるコミュニケーションの不十分さであり、別の場合には、明らかに不公正で不当な行為がある。それらのすべてを覆してやり直すことはできない。もちろん、大きく明らかに問題のある行為は、是正されることができるし、実際に是正されることも多い。例えば、

満州国の設置や朝鮮国の植民地化といった問題は、国家が独立を実現すれば、現実的にも法的にも一応解決される。[7]

しかし、集団や政府間の〝比較的小さく〟必ずしも明瞭でない問題や微妙な問題は、是正することが困難な場合が多い。なぜ困難かというと、問題をどのように考えればいいのかという観点が複数あったり、問題の性格が曖昧であったりするからである。当事者の一方にとっては重要であるが、他方にとってはそれほど重要とは思えない場合もある。竹島問題のように、一方にとっては〝比較的小さいこと〟かもしれないが、他方にとっては〝比較的大きいこと〟かもしれない。立教大で韓国の留学生が言った言葉が印象的である。竹島は「歴史のトラウマの問題であるから交渉の対象にはならない」。時には単純に、「補償のためのこれ以上の財政支出はしたくない」という動機や、「これ以上責められたくない」という防衛心から、提起された問題への取り組みに消極的になる場合もあろう。

しかしながら、一方の集団や政府が過去の問題にクレームをつけた時、他方は「もう終ってしまったことだから」とか「昔のことだから」と居直ったり、ごまかしたりしていいものだろうか？　個々人の場合も国家同士も、もし長期的に良好な関係や協力行動を保ちたいのであれば、そのような態度は逆効果であろう。相手側が何らかのクレームを持ち出した場合、大きく二つの対応がある。一つは、「相手が何を言っているのか」「なぜそう言っているのか」を理解しないで一方的に否定し、自分の主張だけをすることである。だがそれでは、物事は解決しないであろう。

へたをすれば、どんどん問題がこじれていき、最初は小さなことであったかもしれない問題が〝雪だるま式にふくらみ〟、最後はお互いの関係そのものが崩れてしまう場合も起こりうる。

もう一つの対応の仕方は、相手の主張（考えと感情）をしっかりと理解して受けとめたうえで、自分の主張（考えと感情）も表現し、話し合って利害調整し解決することである。すでに述べた〝尊重・交渉・合意の原則〟がそうである。相手の考えや感情を尊重して理解し、お互いに話し合って、新たな合意を作るという対応である。このような原則は、個々人にとっても国家にとっても、〝共同の未来〟を作るブロックやレンガのようなものであろう。それらを一つひとつ積み重ねることによってしか、東アジアの〝共同の未来〟は作れないのである。

近年、日本語の「もったいない」という言葉を、世界遺産のように人類社会に貢献する言葉として広げようという運動が広がっている。紛争解決に関しても、江戸時代の近江商人が商売の心得とした「三方良し」の考えも、それに値するのではないだろうか。「三方良し」とは、「売り手良し」「買い手良し」「世間良し」の〝三つの良し〟で、売り手と買い手がともに満足して社会的な貢献にもつながるという考え方である。大岡越前の「三方一両損」（逆に言えば、「三方一両得」）も、人類に貢献する知恵として広げるのもよい考えではないだろうか。特に近江商人のプリンシプルは、お互いが自分の考えや感情、欲求を表現し、第三者にも通用するような公正な原則にのっとって社会全体の利益を考えつつ、お互いが満足する利益も実現していくという紛争解決の原則にも通じる考え方である。こうした点では、現代の私たちよりも、江戸時代の人々のほうがはるかに先を行っているようにもみえる。

実際、「元禄竹島一件」や「小笠原島回収」の幕府の対応をみると、明治政府や現代の政府の対応と比較して、外交交渉や合意を重視するという点においてはるかに優れているという印象を受ける。例えば、幕府は、幕末の小笠原島再回収の際に外国政府に事前・事後通告を行なっている。また、水野忠徳とともに遠征に参加した小花作助は、明治の「再回収」の際に欧米系住民に対して「法令規則」を読み上げるという最初の回収の手続きを繰り返したうえで、法令規則を遵守するという署名を住民から得ている。

私たちは今一度、伝統社会が持っているさまざまな原理や原則、生活態度といったものを見直す必要があるのではないだろうか。長い人類社会の歴史からすると、ほんのわずかな期間、そして特殊な原理で動いている近代という時代を乗り越えていく〝新しい原理〟を見出し、それを用いるのである。そうした原理は、まったく新しい場合もあるだろうし、伝統社会の知恵を融合させたような原理であることもあるだろう。いずれにせよ、これまでと同じようなことをしていては、尖閣、竹島、北方四島の問題は解決できない。どのように考え、どのように解決できるか、今一度再検討する時期に来ているように思える。

もし〝このようにすれば解決できる〟という名案があれば、どんどん出してもらうのもいい。関係国の担当者や市民が一同に介して、議論を繰り返すのも一つの方法である。もし「国境の画定問題」は政府や政治家の専決事項だから、余計なことをしてもらうのは困るという考えの政治家や官僚がいるとすれば、「それでは、何か解決のための妙案がありますか」と質問することができる。明治や昭和初期の官僚や政治家のように、独善的独断的に外交を進めて多大な犠牲を出し、国家を破滅に追い込んだような外交でいいのでしょうか、それとも、国家の狭い枠や偏狭なナショナリズムにとらわれず、自分たちと自分たちの子孫、東アジアの〝共同の未来づくり〟のために、より良い選択肢や解決方法を考え出すほうがいいのではありませんか、と問うこともできる。もし国境画定問題について〝勝負〟ということがあるとすれば、それは〝誰が解決のためのより良いアイデアを出せるかの勝負〟であろう。

〝奪い合いの勝負〟は、いつまでたっても終らない。〝奪い合いの勝負〟に決着をつけようと宣伝合戦をし、軍備を強化して実力を誇示する方法はあるが、はたしてそれは〝賢い方法〟といえるだろうか？　少なくとも、第三者の目に映る姿はそうではないだろう。「領土問題」は、当事者たちにとっては大真面目の死活問題であるが、第三者にとっては滑稽な人ごとにしかすぎない。「領土問題」でもって国民を煽る政治家が多数出れば、むしろ国家的イメージとしてはマイナスであろう。「領土問題」を抱えている国は、多くの場合発展途上国であり、また先進国のなかでも〝比較的途上中〟の国々である。成熟した政治文化と外交マナーを持っている国々は、外交によって解決しようとするだろう。（「領土問題」で争っている地域に積極的に投資しようとする企業家がどれだけいるだろうか？　また、そうした問題を抱えている社会の間欠的に噴出するトゲトゲしい雰囲気は、ビジネスや観光でその国を訪れた人々にとっても、うんざりするものではないだろうか？）。

しかし問題がひとたび「国境画定問題」として設定されると、外交の知恵が発揮される。マスメディアも民衆も、〝より良い解決方法の案出〟をめぐって多数参加し競い合うことができよう。関係国の国民が〝より良い解決方法の案出〟をめぐって多数参加し競い合えば、土俵はもっと広がるだろう。21世紀とはこのような時代でありたいし、21世紀の東アジアとはこのような地域でありたい。「国境画定」も含めたさまざまな問題がありつつ、問題解決のためのより良いアイデアを競い合う、そういう時代と地域を私たちは作ることができる。そのような文化やそのようなプロセスを創ること、これが私たちの時代の大きな挑戦であり、その挑戦に私たち一人ひとりは答えていくことができるであろう。

6. 今後どのようにすればいいのか？ ポスト近代の多層多元的統治システムを目指して

これまで尖閣諸島、竹島、北方四島の問題について、さまざまな視点から論じてきた。これらをまとめると次のようになるであろう。これらの三つの国境画定問題に関する事実については、ある程度明らかになってきている。ただ尖閣諸島の編入過程については、歴史家による実証的な研究がさらに必要であろう。しかしながら、これらの問題を解決できない理由は、〝新たな資料〟やそれに基づいた〝新たな事実〟を発見するというよりも、むしろ〝基本的な考え方〟にあるように思える。というのも、たとえ〝新たな事実〟が見つかったとしても、当事者のいずれかの側が自分の主張を補強するために使おうとすれば、相手側はそれに反発して別の論理を持ち出すはずだからである。実際、三つの国境問題についての双方のこれまでの議論を聞いていると、恣意的とも思える論理をくりだして相手をやり込めようとする〝水掛け論〟の印象を受ける。第三者の目からみてとうてい説得力を持ち得ないような議論がまかり通り、時には詭弁とも思えるような論法が駆使される。

過去の議論のパターンは、三つのプロセスを経てきた。①係争地に関して、一方の側が「自国領土である」という前提で、自説を補強するために〝新たな資料（や事実）〟を提起する。↓②他方の側も、「自国領土である」という前提で、別の〝新たな資料（や事実）〟がある場合は、それを出して対抗する。それができない場合は、自己に都合のいい別の論理を持ち出す。↓③最初の側はそれに反発して、相手の非難を始める。結果は、さらなる反発、さらなる非難の連続で、いつまでたっても終わらない悪循環である（場合によっては、双方とも国内の経済社会状況が悪化しているのも、国際的イメージが傷ついていることにも気づかないで）。これでは、いつまでたっても問題は解決できないであろう。

それでは、どのように考えればいいのであろうか？　紛争解決論の視点からすれば、次のようになる。尖閣諸島、竹島、北方四島のいずれの問題についても、「自国領土」であるという前提から出発するのではなく、「国境線の引き方に問題があった、だから話し合いによって画定しよう」「近代を通じて両国の間にさまざまな経緯があったが、安定した国境の画定というやり残した問題がある。だから、それをやろう」という前提から始めることである。「領域の取得過程に問題があった」「コミュニケーションが不十分で、相手側に誤解を招いた」という前提で、「だから、今回はお互いが納得のいくように、気持ちよく話し合い、よりよい方法を見つけよう」という姿勢で取り組めば、なんとか道は開ける。過去は変えられない。過去の行動の不十分さをメンツとプライドでもって正当化する必要もない。むしろ、このように言ってもいいのではないだろうか。「私たちの親の世代は、国境の画定についてあまりよい方法を知らなかった。当時流行した「無主地先占」という論理を狭く解釈し、相手に照会したり交渉をしたりといったことをしなかった。だから、私たちはその負の遺産を背負わされて、いまだにギクシャクしている。私たちの親の世代は、相手国に植民地化や戦争で大変な思いをさせた（もちろん、私たちの親もそれなりに大変な思いをした。どの国の人間であれ、ほとんどの人にとって近代を生き抜くということは、次から次へと生じる困難と悲惨に耐え抜いていくことを意味した）。幸い、私たちは新しい世代だから、親の世代の感情的な行きがかりと知識のなさから自由になることができる。国際法の内容もひと昔とは変わってきている。もし「無主地先占」の概念を重要視する19世紀に、16―17世紀の「発見による権原の発生」を主張すれば、説得力はほとんど持たないだろう。同様に、現在において19世紀国際法の「無主地先占」に固執するのは、時代錯誤の面もある。現在の国際法の概念にもっと目を向けたい。歴史をすべてやり直すことはできないが、新たな合意を作ることはできる。新しい話し合いを始めよう。私たちには新しい未来をつくる責任がある」というように。

韓国や中国、ロシアの人々がどのように考えるかは、向こう側の問題ですぐには何とも言えないのであるが、彼らも、例えば次のように考えることができるかもしれない（このようなことは僭越なので、韓国や中国、ロシアの人々にはぜひお許し願いたい）。「戦争や植民地化の問題もあって、私たちの親の世代は日本には複雑な感情を持っている。私たち若い世代もそれに影響を受けていて、簡単にはいかない。過去の歴史をみると、私たちにもさまざまな感情が湧いてくる。歴史は忘れないが日本を許したいと思うし、日本の新しい世代の人々とはうまくやっていきたいとも思う。そう思うかたわら、時折報道される日本の一部の人たちの言動には感情が逆なでされる思いがする。しかし、私たちは未来に向かう新しい世代の人間であり、いつまでも、そうしたことに心を煩わされる必要はない。今以上に国を発展させる必要もある。経済格差や環境問題も含めて解決しなければいけない問題は山ほどある。両国の親の世代がうまく解決できなかった問題を、私たちの世代は知恵を使ってうまく解決できるように思える。未画定だった国境を画定することは、私たちすべてにとって利益になる。私たちの親の世代は身の回りのことで忙しく（なにしろ、経済も社会も十分発展していず、おまけに外国の干渉を受けて国が混乱状態にあったし、悲惨な戦争もあった）、国境画定の問題にうまく対処できなかった。しかし、今は十分な知識も力もある。さいわい、日本の若い世代もこの問題の重要性に気づき、私たちの気持ちを理解してくれてきている。話し合いの機運も高まってきている。国境の画定という親の世代がやり残した問題に、今こそ日本の若い世代と一緒に取り込もう」とでもいうように。

こうした姿勢でもって話し合いを始めるとして、尖閣諸島、竹島、北方四島の解決にむけて、どのような考え方が可能であろうか。いくつか例を挙げてみたい。まず、北方四島の問題については、近代を通じて、フランスとドイツの間で四回も領有が変わったアルザス・ロレーヌ問題のように、日本とロシアの間でも過去四回の国境の変化があった。１８５５年のアイヌの人々の居住地の分割による勢力圏の画定、１８７５年の樺太と千島を含む国境線の画定、１９０５年の樺太併合による再画定、１９４５年の第二次大戦終結による変更。最後の国境の変更は法的には確定していない。したがって、法的に画定するために、交渉を始めればよい。

図８―１と図８―２は、近代を通じてのドイツの国境の変遷と第二次世界大戦後の領土の喪失を描いている。これらの地図を見ると、近代を通じてドイツの国境がどのように変わってきたか、第二次世界大戦の敗戦によっていかに多くの領土を失ったかがわかる。旧国土の20％を失い、そこから約１０００万人が追放され、数十万の人が移動の途中で死亡したのではないかと推定されている[8]。ドイツの戦後は、敗戦の厳しい現実と真正面から向き合うことから出発した。「はじめに」で述べたように、筆者のルームメイトが言った〝Germans started the war and lost the war. That's it.〟（ドイツ人は戦争を始め、戦争に負けた。そういうわけだ［それ以外に何の議論のしようがあるだろうか、現実を受け入れるしかないではないか］）という状況である。しかしドイツ政府とドイツ国民は、その後、新しい原理と国家目標の実現に尽力した。それがヨーロッパの統合による和解と平和の実現である。領土を奪い合う歴史に決別し、ポスト近代という歴史の新たな段階を目指

したのである。孫崎はその転換を次のように表現している。「ドイツは国家目標を変更した。『自国領土を最重要視する』という古典的行き方から、『自己の影響力をいかに拡大するか』に切り替えた。その影響力は自己の領土を超えたものである。……『失ったもの（領土）は求めない、その代わり欧州の一員となりその指導的立場を勝ち取る』という国家目標は同じである」[9]。

日本もまた、今一度、67年前の敗戦の現実と向かい合い（なぜなら、おそらく今まで十分に向かい合ってこなかったであろうから）、〝帝国の残滓〟の清算を行なう時期に来ているように思える。帝

図8−1　ドイツの領土の変遷

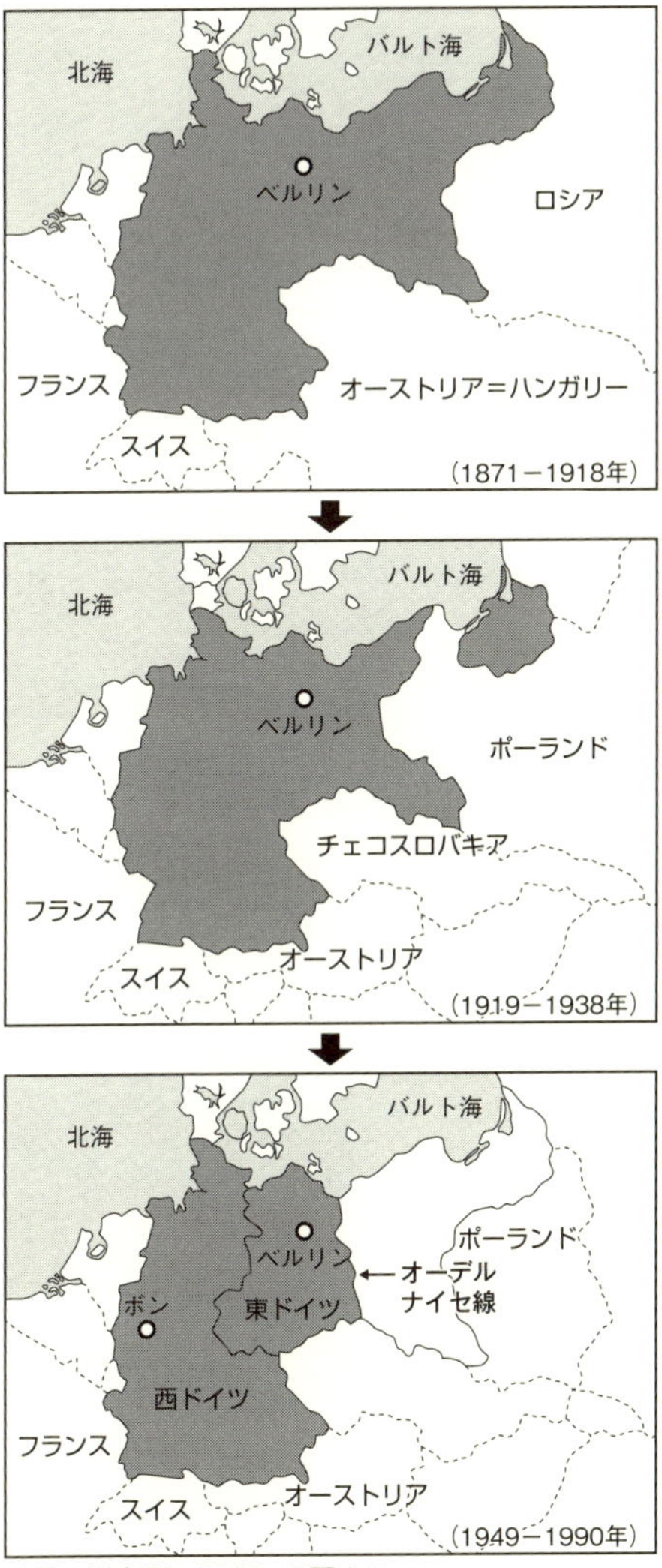

出所：林忠行、2006、7頁より

図8−2　第二次世界大戦後のドイツの領土変更

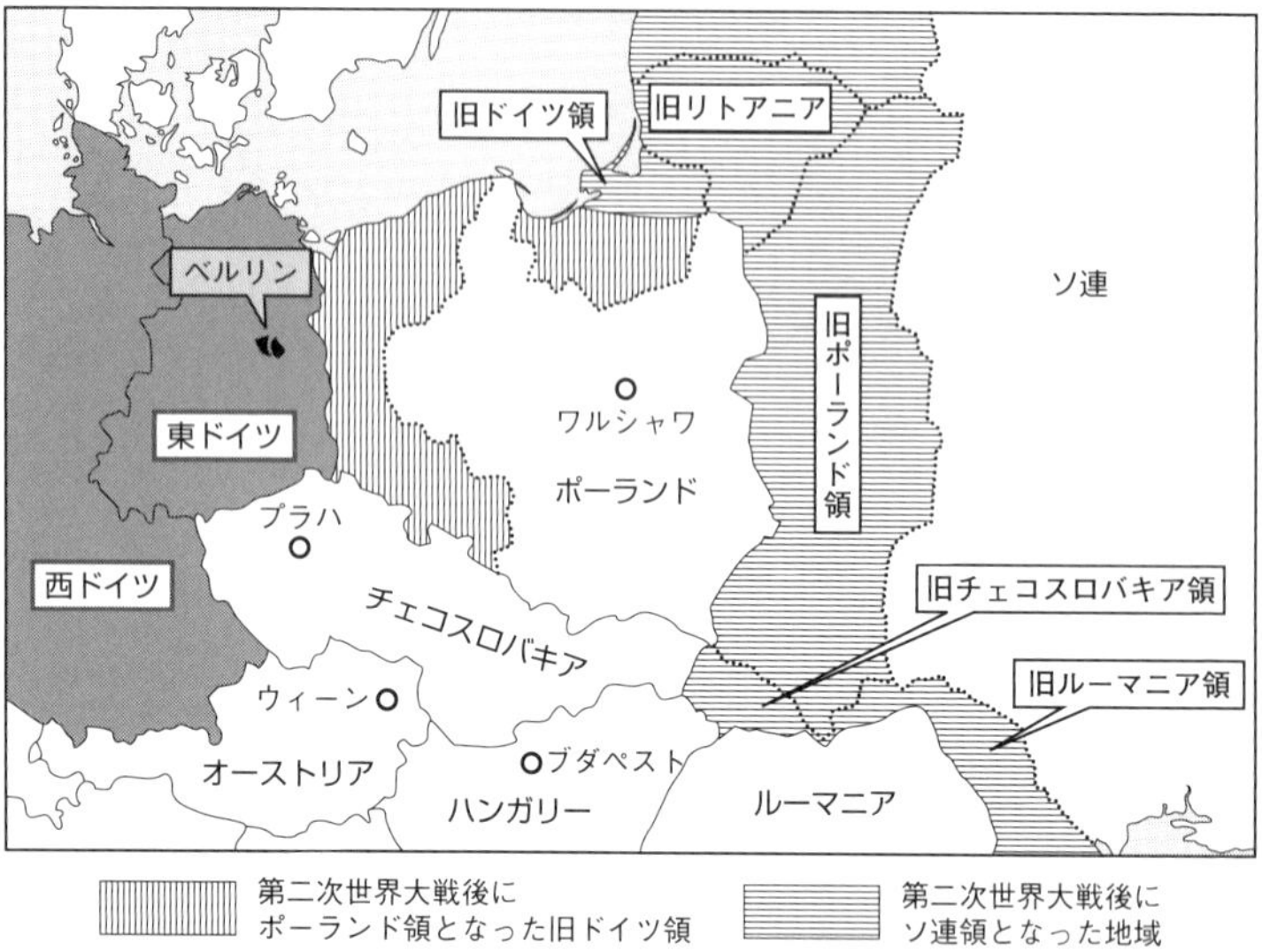

出所：林忠行、2006、21頁より

国の残滓〟の清算を行なったドイツは、失った領土以上のものを得た。安定した国境と近隣諸国の信頼、統一経済圏における繁栄である。そして、戦争によっていったんは失われた世界からの尊敬である。

新たな国境画定に取り組む日本にとって、元禄竹島一件に際して幕府の老中・安部正武が述べたとされる姿勢も参考になる。「鮑取りに行くだけの無益な島ごときのことで、日本と朝鮮の両国の関係がもつれてしまい、ねじれた関係が解けずに凝り固まって、これまで継続してきた友好関係が断絶するのも良くなかろう（この儀むすほられ、年来の通行が絶え候ても如何に候）。本来は筋の通らないことを、御威光や武威でもって相手をねじ伏せるようなやり方でこちらの意向を通そうというのも要らないことである」。[10]

実に見事な姿勢ではないだろうか。幕府の指導者たちは、〝硬直、傲慢、強欲〟な思考、感情、欲求ではなく、〝柔軟、共感、共有〟の思考、感情、欲求でもって、当時係争中だった鬱陵島と松島（現在の竹島）の問題を朝鮮と交渉し、問題をうまく解決したのである。

最後に、日本が〝帝国の残滓〟の清算を行なって三つの国境画定問題を解決し、「サンフランシスコ体制」を超えていくための一つのビジョンについて提起したい。図8—3の「社会の三つの理念型モデル」は、社会発展の段階を比較する方法の一つである。このモデルでは、前近代農業社会、近代産業資本主義社会、そして現在来つつあるポスト近代情報社会の三つの社会の政治、経済、社会、文化、アイデンティティ、国境の性格を理念型化して表わしている。「理念型」というのは、現実の社会の幾つかの側面を抽出して、論理的に整合性のある純粋型として構成されたモデルであり実証モデルではない。しかしそのモデルは、私たちが長期的な歴史の動きを考え政策を作る際の参考にすることができる。

人類の歴史は、数万年続いた狩猟採集社会の後、約1万年前に農業社会が始まった。18世紀の中頃、イギリスの「産業革命」とアメリカとフランスで起こった「市民革命」を経て、近代産業資本主義的社会が始まった。日本は、そこから約100年遅れて1868年の明治維新によって、近代社会に入った。

1980年代～1990年代は、①インターネットを含む情報通信革命、②経済の自由化、③

冷戦の終結、④ヨーロッパ連合（ＥＵ）の成立などを契機にして、近代の産業資本主義社会からポスト近代の情報社会への移行が現れはじめた時期である。この時期は、世界の政治経済における「複合的相互依存」の性格がますます強くなっていく時期にあたる。

政治の領域では、地方自治体（地方政府）、国民的中央政府、国際組織、ＮＧＯ（国際的非政府組織）、多国籍企業などによる多層的で多元的な統治（ガヴァナンス）システムが成長し始める。経済では、知識情報サービス産業が優勢になり、世界市場と国民的市場、地域市場が直接結びつく。さらには、国家による福祉を含む公共経済、企業生産を中心とする自由市場、地域の互酬的な相互扶助経済が相互補完的に合わさった複合的経済システムが形成されていく。社会の領域では、「エコロジカルな国際都市」とでも表現できるような人間生活の場と自然の調和が意識的に追及される一方、移住・移民の増加によって国際化がいっそう進むと考えられる。

そうした傾向が進み、社会の文化がより多文化的で多様化するようになれば、人々のアイデンティティ（〝自分が自分であることの意識〟、〝自分らしさの意識〟）も多元的になると予想される。つまり、人々が、「ローカル・エスニック」、「ナショナル」、「リージョナル」、そして理想的には「グローバル」な世界市民としての意識を複合的に合わせもったものになりうるであろう。ちょうど、ヨーロッパにおいて、例えば人々が、自分はバイエルン人であり、ドイツ人であり、同時にヨーロッパ連合の一員であると感じるように。さらにＮＧＯなどで働く人々は、自分は「世界市民」の一人でもあるとも言うであろう。東アジアでは、例えば「会津人」、日本国民、東アジ

図8−3　社会の三つの理念型モデル

	前《プレ》近代 農業社会	近代 産業資本主義社会	後《ポスト》近代 情報社会
1. 政治	分散的領邦国家	中央集権的国民国家	分権的な多層多元的統治システム（地方政府、中央政府、国際組織etc.）
2. 経済	農業社会（共同体的自給自足経済）	工業社会（国民的市場経済）	情報社会（国際的な複合経済）
3. 社会	身分的・人格的関係（農村的）	個人主義的・大衆的関係（都市的）	市民的・ネットワーク的関係（エコロジカルな国際都市的）
4. 文化	地方的（パローキアル）	国民的（ナショナル）	多文化的（マルチ·カルチュラル）
5. アイデンティティ	パローキアル・アイデンティティ	ナショナル・アイデンティティ	多元的アイデンティティ（ローカル/エスニック、ナショナル リージョナル、グローバル）
6. 国境の特徴	版図、開放国境	領土、閉鎖国境	領域、多様な国境

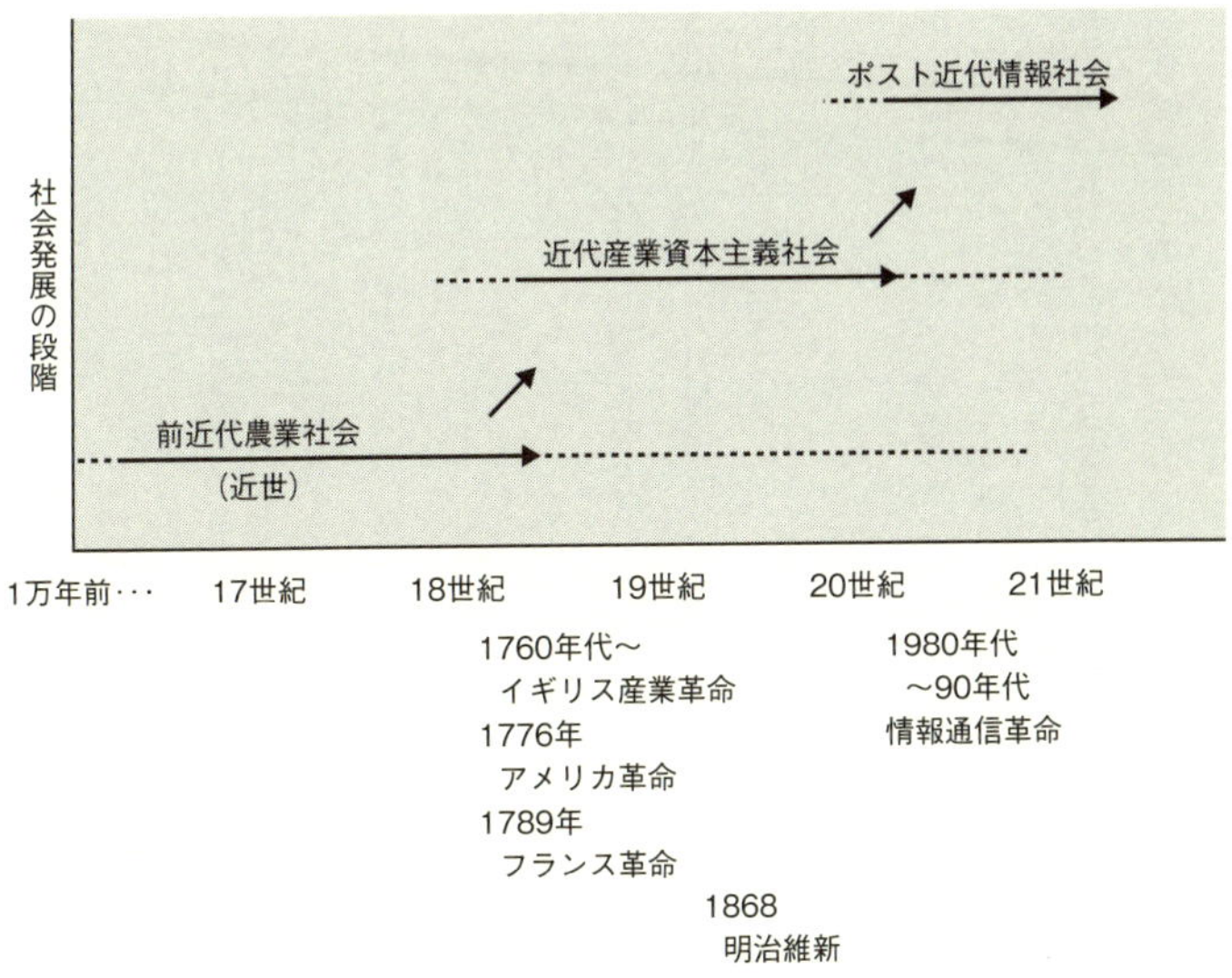

ア人、地球市民といったアイデンティティをもつこともできよう。

もちろん、これらは「理念型」であるから現実を単純化したものであり、実際の現実の社会ではさまざまな要因が絡み合っている。特にポスト近代の情報社会については、やっとその端緒が一部の先進国でみえてきた段階であり、実際にはこれらの特徴は長期にわたる変化を通して徐々に実現していくものであろう。現実には世界の多くの国々は、前近代社会から近代の「産業資本主義的国民国家」にやっと移行しつつあるという段階である。また、近代産業資本主義社会の社会的特徴を「個人主義的な大衆的関係」（バラバラの個人が大衆《マス》として集まっているような関係）と特徴付けたとしても、実際にはその程度は国や地域、また時期によっても異なっている。この特徴がよく当てはまるのは、例えば１９２０年代のドイツのベルリンや１９６０年代の高度成長期の東京であろう。産業化の進展にともない、地方から出てきて〝根なし草〟のようになってしまった人々が、自己の狭い生活関心を中心にして〝大衆の一員〟として相互作用するような社会である。もちろん、これは非常に単純化したイメージである。

しかしながら、理念型的な方法の特徴は、長期的な時間のなかで明瞭になってくるある社会の〝全体的特徴〟を相互にわかりやすく比較することにある。さらには、政策形成における一定のビジョンや方向性の指標として役立つという点にある。これらのモデルを念頭に置くことによって、私たちの社会が〝かつてどうあったのか〟、〝現在はどうあるのか〟、〝今後はどうなるのか〟をイメージすることができるようになるであろう。

日本が抱える三つの国境画定問題を解決するにあたって、〝かつてどうあったのか〟、〝現在はどうあるのか〟、〝今後はどうなるのか〟を考える際にも参考になろう。

本書の結論はこうである。私たちは過去の〝帝国の残滓〟の清算を適切に行なうことによって、ポスト近代の歴史のより高い段階を目指すことができる。そのために知恵を発揮することが求められると。最後に、日本の国境画定問題を考えるにあたって参考になると思える二つの言葉を引用したい。一つはすでに述べたが、もう一つはアインシュタインの言葉である。

問題を作り出した思考方法と同じレベルの思考方法では、私たちは問題を解決できない。
(We cannot solve our problems with the same level of thinking that created them.)

アルバート・アインシュタイン

各人にその取り分を。合意は法に勝り、和解は判決に勝る。

11—13世紀の南・西フランスにおける格言

注

1 孫崎享（2012）、44―45頁。

2 朝日新聞2013年1月5日、朝刊4面。

3 ある中国人の留学生は、日本のマスメディアは「反日デモ」という表現を使うが、「反日」ではなく、「抗日デモ」が適切な表現だと思うと述べた。つまり、ただ〝日本が嫌い〟だからデモをするわけでなく、日本政府の何らかの外交行動が中国国民の利益を侵害していると考えるから、それに対して抗議をしているというのが正確な理解だと述べた。

4 朝日新聞2013年1月5日、朝刊4面。

5 朝日新聞2013年3月19日、朝刊11面。

6 菊池勇夫（1994）、277―280頁。

7 もっとも、問題の性格にもよる。アフリカや中東諸国などで、植民地宗主国が一方的に引いた国境線を引きなおすことは困難な場合が多い。たとえ元々の宗主国の行為が不公正なものであったとしても、謝罪を求めて国境線を引き直すことは、そのことにかかる膨大なエネルギーとコストを考えると難しいであろう。もちろん、その困難さを押して、当事者たちが〝やり直すこと〟に合意すれば可能であるが。

8 林忠行（2006）、9頁。移動の途中での死者の数については、はっきりした統計はなく、40万人～200万人ではないかと推測されている。

9 孫崎享（2011）、54―55頁。

10 池内敏（2012）、26頁、78頁。

参考文献

秋月俊幸「千島列島の領有と経営」、大江志乃夫他『岩波講座近代日本と植民地1 植民地帝国日本』岩波書店、1992年、121―138頁。

麻田貞雄『両大戦間の日米関係』東京大学出版会、1993年。

――――「日本海軍と対米政策および戦略」、細谷千博他編『日米関係史 開戦に至る十年』東京大学出版会、1971年、87―150頁。

飛鳥井雅道『坂本龍馬』講談社、2002年。

網野善彦『続・日本の歴史をよみなおす』筑摩書房、1996年。

――――『歴史を考えるヒント』新潮社、2001年。

池内敏「竹島/独島論争とは何か」、『歴史評論』No.733、5月号、2011年、19―34頁。

――――『竹島問題とは何か』名古屋大学出版会、2012年。

石原俊『近代日本と小笠原諸島』平凡社、2007年。

伊藤隆監修・百瀬孝『史料検証日本の領土』河出書房新社、2010年。

井上清『尖閣列島』第三書館、1996年。

伊部英男『日米関係』ミネルヴァ書房、1990年。

岩下明裕『北方領土問題』中央公論新社、2005年。

――――編『日本の「国境問題」現場から考える』藤原書店、2012年。

――――編著『国境・誰がこの線を引いたのか』北海道大学出版会、2006年。

――――編著『日本の国境・いかにこの「呪縛」を解くか』北海道大学出版会、2010年。

臼井勝美『満州事変』中央公論社、1974年。

梅田正己『これだけは知っておきたい　近代日本の戦争』高文研、2010年。

浦野起央『増補版尖閣諸島・琉球・中国——日中国際関係史』三和書籍、2005年。

江口圭一『昭和の歴史第4巻十五年戦争の開幕』小学館、1988年。

榎森進『アイヌ民族の歴史』草風館、2008年。

大江志乃夫他『岩波講座近代日本と植民地1 植民地帝国日本』岩波書店、1992年。

大熊良一『歴史の語る小笠原島』南方同胞援護会、1966年。

大杉一雄『日中十五年戦争史』中央公論社、1996年。

大田昌秀『検証昭和の沖縄』那覇出版社、1990年。

小笠原信之『「北方領土問題」読本』緑風出版、2012年。

岡田和裕『ロシアから見た北方領土』潮書房光人社、2012年。

岡田充『尖閣諸島問題領土ナショナリズムの魔力』蒼蒼社、2012年。

奥原敏雄「尖閣列島の法的地位」(WEB上のPDFファイル、季刊『沖縄』第52号掲載)、1970年。

奥原碧雲『竹島及鬱陵島復刻版』ハーベスト出版、2005年。

小熊英二『〈日本人〉の境界』新曜社、1998年。

尾崎重義「尖閣諸島の帰属について(中)」、『レファレンス』261号、1972年、28—60頁。

——「尖閣諸島の国際法上の地位」、『筑波法政』18号、1999年、177—258頁。

外務省『日本外交文書』第八巻(1940)、第十八巻(1950)、第二十三巻(1952)、巌南堂書店。

——『外地法制誌第10巻』文生書院、1990年。

——「竹島問題を理解するための10のポイント」外務省アジア太平洋局北東アジア課、2008年。

加藤聖文『「大日本帝国」崩壊』中央公論新社、2009年。

金子利喜男『世界の領土・境界紛争と国際裁判』明石書店、2001年。

紙家敦之『琉球と日本・中国』(ブックレット)山川出版社、2003年。

——『歴史のはざまを読む——薩摩と琉球』(ブックレット)榕樹書林、2009年。

川島真・貴志俊彦『資料で読む世界の8月15日』山川出版社、2008年。

菊池勇夫『アイヌ民族と日本人』朝日新聞社、1994年。

木谷勤・望田幸男『ドイツ近代史』ミネルヴァ書房、1992年。

北原敦編『イタリア史』山川出版社、2008年。

鬼頭宏『図説人口で見る日本史』PHP研究所、2007年。

金学俊（保坂祐二監修、李喜羅・小西直子訳）『独島研究』論創社、2012年。

金柄烈（韓誠訳）『明治三十八年竹島編入小史』インター出版、2006年。

木村汎『日露国境交渉史』中央公論社、1993年。

――『北方領土軌跡と返還への助走』時事通信社、1989年。

木村靖二『ドイツ史』山川出版社、2001年。

金城正篤『琉球処分論』沖縄タイムス社、1978年。

後藤乾一「新南群島をめぐる一九三〇年代国際関係史」、『社会科学討究』1997年、309―336頁。

小森陽一『沖縄・日本・400年』（「NHKテレビテキスト　歴史は眠らない」）2010年12月―2011年1月。

佐藤卓己「八月十五日のメディア神話」、川島真・貴志俊彦『資料で読む世界の8月15日』、7―18頁、2008年。

佐藤尚武監修、鹿島平和研究所編『日本外交史1』鹿島研究所出版会、1972年。

参謀本部編『杉山メモ（上）』原書房、1994年。

下條正男『竹島は日韓どちらのものか』文藝春秋、2004年。

愼鏞廈（韓誠訳）『史的解明独島（竹島）』インター出版、1997年。

芹田健太郎『日本の領土』中央公論新社、2010年。

宋炳基（宋炳渉訳）『竹島（独島）・欝陵島歴史研究』新幹社、2009年。

第2期島根県竹島問題研究会「第2期竹島問題に関する調査研究中間報告書」2011年。

――「第2期竹島問題に関する調査研究最終報告書」2012年。

平良勝保『近代日本最初の「植民地」沖縄と旧慣調査』藤原書店、2011年。

高橋和夫・川嶋淳司『一瞬でわかる日本と世界の領土問題』日本文芸社、2011年。

高良倉吉・田名真之『図説琉球王国』河出書房新社、1993年。

竹島問題研究会「竹島問題に関する調査研究最終報告書」2007年。

――――「竹島問題に関する調査研究最終報告書（資料編）」2007年。

田中明彦『新しい「中世」』日本経済新聞社、1996年。

田中弘之『幕末の小笠原』中央公論社、1997年。

田村貞雄「内国植民地としての北海道」、大江志乃夫他『岩波講座近代日本と植民地1 植民地帝国日本』岩波書店、1992年、87―100頁。

塚本孝「奥原碧雲竹島関係資料（奥原秀夫所蔵）をめぐって」、竹島問題研究会「竹島問題に関する調査研究資料最終報告書」2007年、62―70頁。

――――「竹島領有権問題の経緯［第3版］」（WEB上のPDFファイル、国立国会図書館ISSUE BRIEF NUMBER 701）2011年。

東郷和彦『歴史認識を問い直す』角川書店、2013年。

――――『北方領土交渉秘録』新潮社、2007年。

豊下楢彦『「尖閣問題」とは何か』岩波書店、2012年。

内藤正中『竹島＝独島問題入門』（ブックレット）新幹社、2008年。

――――・金柄烈『史的検証竹島・独島』岩波書店、2007年。

――――・朴炳渉『竹島＝独島論争』新幹社、2007年。

長瀬隆『日露領土紛争の根源』草思社、2003年。

浪川健治『アイヌ民族の軌跡』（ブックレット）山川出版社、2004年。

野村甚三郎『国境とは何か』芙蓉書房出版、2008年。

ハインリスク、ウォルド（麻田貞雄訳）「アメリカ海軍と対日戦略」、細谷千博他編『日米関係史 開戦に至る十年』東京大学出版会、１９７１年、１５１―２１４頁。

朴裕河『和解のために』平凡社、２０１１年。

長谷川毅『北方領土問題と日露関係』筑摩書房、２０００年。

服部良久編訳『紛争の中のヨーロッパ中世』京都大学学術出版会、２００６年。

服部龍二『日中国交正常化』中央公論新社、２０１１年。

羽場久美子「尖閣・竹島をめぐる『固有の領土』論の危うさ」、『世界』2月号、２０１３年、42―48頁。

ハフナー、セバスティアン（山田義顕訳）『ドイツ帝国の興亡』平凡社、１９８９年。

濱川今日子「尖閣諸島の領有をめぐる論点――日中両国の見解を中心に」（ＷＥＢ上のＰＤＦファイル、国会図書館 ISSUE BRIEF NUMBER 565）、２００７年。

林忠行「日本の外で「固有の領土」論は説得力をもつのか」、岩下明裕編著『国境・誰がこの線を引いたのか』北海道大学出版会、２００６年、１―29頁。

原貴美恵『サンフランシスコ平和条約の盲点』溪水社、２００５年。

――――「北方領土問題の解決試案―北欧のオーランド・モデルから」、岩下明裕『日本の国境・いかにこの「呪縛」を解くか』北海道大学出版会、２０１０年、93―１１３頁。

原田敬一『日清戦争』吉川弘文館、２００８年。

原田禹雄『尖閣諸島琉球冊封使録を読む』榕樹書林、２００６年。

春田哲吉『日本の海外植民地統治の終焉』原書房、１９９９年。

半藤一利『ソ連が満州に侵攻した夏』文藝春秋、１９９９年。

玄大松『領土ナショナリズムの誕生』ミネルヴァ書房、２００６年。

ピーティー、マーク（浅野豊美訳）『植民地』読売新聞社、１９９６年。

平山裕人『アイヌ史を見つめて』北海道出版企画センター、１９９６年。

平岡昭利「沖大東島（ラサ島）の領土の画定と燐鉱採掘」、『長崎県立大学論集』3、1992年、432―448頁。

福田篤泰監修、石井通則『小笠原諸島概史（その一）』小笠原協会、1967年。

藤井賢二「島根県の漁業者と日韓漁業紛争」、第2期島根県竹島問題研究会「第2期竹島問題に関する調査研究中間報告書」2011年、84―95頁。

藤澤房俊『大理石の祖国』筑摩書房、1997年。

麓慎一『近代日本とアイヌ社会』（ブックレット）山川出版社、2002年。

古屋哲夫『日中戦争』岩波書店、1985年。

保坂正康・東郷和彦『日本の領土問題』角川書店、2012年。

細谷千博他編『日米関係史 開戦に至る十年』東京大学出版会、1971年。

堀和生「一九〇五年日本の竹島領土編入」、『朝鮮史研究会論文集』No.24、1987年、97―124頁。

孫崎享『日本の国境問題』筑摩書房、2011年。

――編『検証尖閣問題』岩波書店、2012年。

松井芳郎『国際法から世界を見る』東進堂、2001年。

松本俊一（佐藤優解説）『日ソ国交回復秘録北方領土交渉の真実』朝日新聞出版、2012年。

緑間栄『尖閣列島』ひるぎ社、1984年。

村田忠禧『尖閣列島・釣魚島問題をどう見るか』日本僑報社、2004年。

森田鉄郎・重岡保郎『イタリア現代史』山川出版社、1977年。

安岡昭男『明治維新と領土問題』教育社、1980年。

矢吹晋『尖閣問題の核心』花伝社、2013年。

山田朗『世界史の中の日露戦争』吉川弘文館、2009年。

山田吉彦『日本の国境』新潮社、2005年。

――『日本国境戦争』ソフトバンククリエイティブ、2011年。

吉田嗣延編集『季刊沖縄（特集尖閣列島第2集）』南方同胞援護会、第63号、１９７２年。

読売新聞政治部『基礎からわかる　日本の領土・海洋問題』中央公論新社、２０１２年。

ラムズボサム、オリバー、ウッドハウス・トム、マイアル・ヒュー（宮本貴世訳）『現代世界の紛争解決学』明石書店、２００９年。

ロー・ダニエル『竹島密約』草思社、２００８年。

ロング、ダニエル編著『小笠原学ことはじめ』南方新社、２００２年。

和田春樹『北方領土問題を考える』岩波書店、１９９０年。

――『北方領土問題――歴史と未来』朝日新聞社、１９９９年。

――『領土問題をどう解決するか』平凡社、２０１２年。

Allison, Graham (1971). *Essence of Decision: Explaining the Cuban Missile Crisis*. Glenview: Scott, Foresman and Company.

Burgess, Heidi and Guy M. Burgess (1997). *Encyclopedia of Conflict Resolution*. Santa Barbara: ABC-CLIO.

Deutsch, Morton and Coleman (2000). *The Handbook of Conflict Resolution*. San Francisco: Jossey-Bass Publishers.

Fisher, Roger, William Ury and Bruce Patton (1991). *Getting to* Yes. New York: Penguin Books.

Naka, Norio (1996), *Predicting Outcomes in United States-Japan Trade Negotiations*, Westport,: QuorumBooks, Greenwood Publishing Group.

Thomas, Kenneth (1976), "Conflict and Conflict Managements," In M. D. Dunnette (ed.), *Handbook of industrial and organizational psychology*. Chicago: Rand McNally, pp.884-935.

あとがき

本書を書きながら痛感したのは、近代初期のさまざまな国境画定問題の事実に関して、筆者自身もこれまでほとんど知らないままでいたということである。「はじめに」でも述べたように、新聞やテレビ報道、政府声明の常套句である「竹島編入」「尖閣諸島編入」という言葉の意味を、筆者もまたほとんど考えないままに、その言葉を当然のようにして使ってきた。北方四島や竹島についての「不法占拠」という言葉についても同様である。「不法」ということは、〃何をもって不法と言うのか〃とセットであるが、その部分についても十分考えることもなかった。

私たちは、古代や中世の人々が「国王は太陽神の子」であるとか「地球は平らで、太陽が地球の周りを回っている」と考えていたことなどを〃迷信〃とか〃無知〃と思ったりしてしまうが、私たち自身も多くのウソや無知に取り囲まれていることを忘れている。本書は、「国境画定問題」に関するウソや無知に対して、筆者自身が調べ直した過程でできあがったものである。この問題について、読者の皆さんがご自身で直接調べられることをお勧めしたい。

本書が述べたいことは次の三つである。（1）この問題に関するこれまでの議論は、一方が編入過程の歴史的経過を問題にし、他方が国際法の抽象的で形式的な論理を、時には恣意的な解釈を交えながら主張するという形に終始してきた。結果は、〃ああ言えばこう言う〃式の水掛け論であった。(2)したがって今後は、尖閣諸島、竹島、北方四島についての歴史的事実や編入に関する意思決定過程の問題点を、「国境の確定」という視点から検討し直し、さらにそれらを全体的な歴史の流れの中に位置づけて理解すること、(3)真に重要なことは、日本、中国、韓国、ロシアの国々が、お互いの考えや感情、利益を尊重し、21世紀のポスト近代の世界にふさわしい〝さまざまな国境画定の選択肢〟を協力してあみだし、問題を解決していくことである。

もちろん、短期的には、お互いの一方的な言動によって相手側を刺激したり挑発したりしないことや、尖閣諸島に関しては〝海洋監視船・海上巡視船の引き離し〟と〝兵力の引き離し〟によって衝突の危険を減らすこと、共同の危機管理組織を設けることなども必要であろう。それらを行なうと同時に、長期的な信頼関係や協力関係を構築するための「国境確定」の交渉も進めて行く必要がある。なぜなら、本書でも繰り返し述べたように、「国境」というのは、一方的な宣言や占拠によっては画定できず、本質的に隣接国家同士の交渉(とその結果の法的表現である条約)によってしか確定しえないものだからである。ただ、その交渉が困難な場合には、地域全部の国々を含む多国間交渉の場が役に立つ。さらには、二国間交渉の結果も、東アジア全域における国境画定と安全保障体制の構築によって安定的なものになるであろう。問題解決的交渉の理論と技法は、そうした交渉に役に立つにちがいない。

ところで二年ほど前、筆者の務める大学の生涯学習センターで「人はなぜ争うのか」という連続講義があり、筆者も紛争解決の理論と技法についての講義を行なった。その中で北方四島の問題を取り上げ、自分の側の視点だけでなく、相手の側の視点や第三者の視点から問題を見ること、お互いの考えや感情、利益を尊重する必要があること、異なった基準を用いれば歴史的事実の解釈も異なってくること、解決のためにさまざまな選択肢を協力して考え出すことの重要さなどについて話した。質問の時間になり、ある年配者が「そうはおっしゃいますが、ロシアは戦争終結時に千島に侵入し、大勢の日本人をシベリアに抑留してひどい目にあわせた。いまだに千島を不法占拠していて許しがたい」と述べられた。かくして、一時間半近くにわたって説明した紛争解決の講義の内容が、その方には伝わっていなかったことが判明した。

一方つい数日前、大学の建築科を卒業して分譲住宅の説明販売を行なっている青年に会った。会話のなかで尖閣諸島の話になり、どのように解決すればいいのだろうかと聞くと、「折半にすればいいのではありませんか」という答えが返ってきた。ほとんどの人が「尖閣は日本の領土」と思っている中で、別の選択肢の可能性を示したのである。学生などに聞いても、尖閣を自然保護区にしたほうがいいとか、石油の共同開発をしたり、島や漁場を共同管理にすればいいといった意見も出される。若い人たちが国境画定の〝さまざまな選択肢〟を考えつく柔軟性をみたような気がした。

世界の国境について書かれた本を読むと、実にさまざまな国境があることがわかる。中でも傑作なのは、ベルギーと国境を接するオランダ南部の町バーレである。オランダ側にベルギーの大小の〝飛び地〟があり、住居やビルディングの真ん中を国境が走っている場所もある。そういう場合は、建物の入り口が向いた方の国の行政機関に税金を払うことになっているそうである。もう一つの例は、フランスとスペインの国境地帯を流れるビダソア川の中州である６８２０平方メートルのフェザン島（コンパンジア島）である。１６５９年にフランス王ルイ14世とスペイン王フェリペ４世の間でピレネー条約が結ばれ、この島が両方の主権下にある共同統治領となった。半年ごとに交代で領有管理することになっているそうである。領土を〝空間的に分割する〟ことは普通にあるが、〝時間的に分割する〟例は聞いたことがない。川の中州とはいえ、特に誰が使用するということがなければ、半年ごとに主権を交代したところで何の問題も起こらない。しかも、この状態が３５０年あまり平穏に続いているのである。国境画定の知恵とは、こういうことを言うのであろうか。いかに〝新しい選択肢の創造〟が大切かがわかる。これまで誰も考え付かなかった解決方法を、新しい世代が考えついてもよい時期に来ているのではないだろうか？

最後に、国境画定問題に興味を持たれて出版の機会を与えてくださった神野斉編集長と明石書店に心からのお礼を申しあげたい。神野編集長の声かけがなければ、本書の企画の実現はずっと後になっていたであろう。筆者を支援してくれた家族や友人、同僚、学生の皆さんにも感謝の言葉を述べたい。本書が、多くの人にとって日本の国境確定問題について考えるきっかけになれば幸いである。

２０１３年５月１日

名嘉　憲夫

[著者紹介]

名嘉憲夫（なか　のりお）

１９５６年生。専門：紛争解決論、政治社会学、国際関係論。千葉大学人文学科卒業（１９８２）、Fort Hays State University 政治学修士（１９８８）、Purdue University 政治学博士（１９９４）、UC, Berkeley, Institute of East Asian Studies: Visiting Research Fellow（１９９５～１９９６）、国際基督教大学社会科学研究所：Research Associate（１９９７）を経て、東洋英和女学院大学准教授。早稲田大学紛争交渉研究所・客員研究員（２００６～２０１０）。

〈著書〉

Predicting Outcomes in United States-Japan Trade Negotiations（Quorum Books, 1996）、『紛争解決のモードとは何か』（世界思想社、２００２）、『地方分権：改革と課題』（共著、山川出版社、２００３）。

明石選書

領土問題から「国境画定問題」へ

――紛争解決論の視点から考える尖閣・竹島・北方四島

２０１３年７月５日　初版第1刷発行

著　者――名嘉憲夫

発行者――石井昭男

発行所――株式会社 明石書店

１０１-００２１ 東京都千代田区外神田６-９-５

電　話　０３-５８１８-１１７１

ＦＡＸ　０３-５８１８-１１７４

振　替　００１００-７-２４５０５

http://www.akashi.co.jp

装　丁――明石書店デザイン室

組　版――朝日メディアインターナショナル株式会社

印　刷――モリモト印刷株式会社

製　本――協栄製本株式会社

ISBN978-4-7503-3840-8

（定価はカバーに表示してあります）